ADAC Reiseführer

Karibik

Strände · Häfen · Wassersport · Wanderungen
Museen · Märkte · Feste · Hotels · Restaurants

Die Top Tipps führen Sie zu den Highlights

von Gerold Jung

Intro

Unterwegs

British Leeward Islands 89

Niederländische Antillen Nördlicher Teil 106

Französische Antillen 112

British Windward Islands 127

St. Vincent, die Grenadinen und Grenada 136

Trinidad und Tobago 151

Karibik Kaleidoskop

Leserforum

Die Meinung unserer Leserinnen und Leser ist wichtig, daher freuen wir uns von Ihnen zu hören. Wenn Ihnen dieser Reiseführer gefällt, wenn Sie Hinweise zu den Inhalten haben – Ergänzungs- und Verbesserungsvorschläge, Tipps und Korrekturen –, dann kontaktieren Sie uns bitte:

Redaktion ADAC Reiseführer
ADAC Verlag GmbH & Co. KG
Hansastraße 19, 80686 München
reisefuehrer@adac.de
www.adac.de/reisefuehrer

Karten und Pläne

Service

Karibik aktuell A bis Z 173

Register 189

Karibik Impressionen

Westindische Rhapsodie

Wer hat sie gezählt, die Inseln im Tropenwind, die aus dem Azur des Karibischen Meeres emporsteigen? Sind es 70, 700 oder 7000 Eilande? Das hängt ganz von der Perspektive des Betrachters ab. Derjenige mit dem Blick für Großes kann 70 Karibische Inseln entdecken. Zählt man jedoch die vielen kleinen Atolle, die Sandbänke, Korallenriffe und Felseninseln mit dazu, findet man Tausende. Jedenfalls handelt es sich um einen 4000 km langen Inselbogen, der sich von Miami bis an die Nordküste Venezuelas spannt, mit einer Gesamtfläche von 234 000 km^2 und einer Bevölkerung von etwa 35 Mio. Menschen aller Hautfarben.

Abenteuer und Luxus

Für viele Reisende ist die Karibik ein farbenfrohes Traumbild von einsamen, weißen, palmenbeschatteten Sandstränden, tiefblauem Meer und tropischen Wäldern. In dieser faszinierenden Inselwelt werden alte Abenteuerromane von mutigen Seeleuten und goldhungrigen Piraten wieder lebendig. Zugleich vermag der moderne Urlauber in den exklusiven Hotelanlagen und verträumten Ferienvillen den Lebensstil der reichen Plantagenbesitzer mit Genuss nachzuempfinden. Und mit dem Entdecker der karibischen Inselwelt, **Christoph Kolumbus**, stimmt er ein in jene Bewunderung für die Schönheiten der Natur, die im Zusammenklang von Meer und Landschaft, mit frischer Brise und brütender Hitze, intensiver Farbenpracht und exotischen Düften bezaubert. Hier findet man romantische Einsamkeit und berauschende Sonnenuntergänge, aber auch lebenslustige Menschen und ihre temperamentvolle Musik. In den Gesichtern der Bewohner liest man die Geschichte der Karibik, dieses Schmelztiegels der Nationen.

Oben: *Traum in Weiß – Segeltörn von Guadeloupe zu den Inseln Les Saintes*
Rechts: *Karibische Bilderbuchidylle an der Grande Anse des Salines von Martinique*
Oben rechts: *So schön wie das Gemälde eines Alten Meisters – Porträt aus Martinique*

Taíno und Afrikaner

Als Christoph Kolumbus bei der Erforschung des westlichen Seewegs nach Indien im Jahr 1492 die Karibische Inselwelt entdeckte, war er nicht nur von der vielfältigen Natur und ihrem Reichtum an Früchten beeindruckt. Er studierte vor allem die Bewohner, jene »gutmütigen und sanften Geschöpfe«, die er **Indios** nannte – da er ja glaubte, in Indien gelandet zu sein. Tatsächlich handelte es sich bei den Ureinwohnern um **Taíno**, die ebenso wie die nach ihnen eingewanderten **Kariben** (diese gaben den Inseln ihren Namen) von den Kolonialmächten, den Spaniern, Engländern, Franzosen und Niederländern, bald ausgerottet werden sollten. Die von den spanischen Entdeckern erhofften Schätze – Gold, Silber und Edelsteine – gaben die Inseln zwar nicht preis, doch der Reichtum kam schließlich durch die Landwirtschaft. Um jene ›Goldgruben‹, die **Zuckerrohrplantagen**, zu bewirtschaften, wurden seit dem 17. Jh. Hunderttausende von afrikanischen **Sklaven** auf die Inseln verschleppt. Deren Nachkommen bevölkern heute die Karibik und prägen mit ihren afrikanischen Traditionen den Lebensstil der meisten Inselstaaten. Die Erben der Kolonialherren, jener Spanier, Engländer, Franzosen etc., bilden hingegen eine verschwindend kleine Minderheit.

Weitere Einwanderer waren Inder, Chinesen, Malayen und Indonesier, die nach der Befreiung der Sklaven im 19. Jh. als Plantagenarbeiter angeworben worden waren. Heimatsuchende kamen auch aus Mittel- und Südamerika.

Vom Winde verweht

Politisch sind die Inseln und ihr Vielvölkergemisch heute in **25 Inselstaaten** gegliedert. Diese Staaten sind das Ergebnis der wechselvollen Geschichte, die mit der Inbesitznahme der Karibischen Inseln durch die Spanier begann und mit dem Eroberungskampf der später eindringenden Kolonialmächte Frankreich und England ihre Fortsetzung fand. Heute ist der größte Teil der Inselstaaten selbstständig. Geographisch unterscheidet man zwischen den **Großen Antillen** im Westen und den **Kleinen Antillen**, die den östlichen Inselbogen bilden. Während der äußere Inselbogen aus flachen **Kalkplateaus** besteht (Anguilla, Guadeloupe/Grande-Terre und Barbados), sind die Inseln des inneren Bogens gebirgig. Sie heben sich steil aus dem Meer empor. Die Inseln Saba, Montserrat, St. Kitts, Martinique, Guadeloupe/Basse-Terre, St. Lucia, St. Vincent und Grenada führen ihre Entstehung auf **Vulkane** zurück. Einige von ihnen sind heute noch tätig. Unter klimatischen und navigatorischen Gesichtspunkten lassen sich die Kleinen Antillen in weitere zwei Gruppen unterteilen, in die **Inseln über dem Wind**, sie reichen von den Virgin Islands bis Trinidad, und die **Inseln unter dem Wind**

Oben links: *Bananenblick auf Les Saintes*
Oben rechts: *›Wreck Tow Boat‹ vor Curaçao*
Mitte: *Poppiger Shop in Road Town, Tortola*
Mitte rechts: *Kids mit Lutschern auf Dominica*
Unten: *Hafenzauber Port Elizabeth, Bequia*
Unten rechts: *Tropicana Federfantasie im kubanischen Havanna*

(Aruba, Bonaire und Curaçao). Während die Inseln der nördlichen Kette voll vom Passatwind erfasst werden und dank zahlreicher Regengüsse mit dichter tropischer Vegetation bedeckt sind, liegen die Inseln vor der Küste Venezuelas in der regenarmen Zone. Hier besteht die Vegetation aus Kakteen und genügsamem Gestrüpp. Fauna und Flora haben oft schon südamerikanischen Charakter. Im Englischen unterscheidet man zusätzlich zwischen den **Leeward Islands**, Virgin Islands bis Dominica, und den **Windward Islands**, Martinique bis Grenada.

Kunterbunte karibische Kultur

Dem multinationalen karibischen Völkergemisch entspricht eine babylonisch anmutende Sprachenvielfalt. Neben den offiziellen Landessprachen Spanisch, Englisch, Französisch und Niederländisch hat

sich auf den Karibischen Inseln eine Art Esperanto gebildet, das Elemente aus den europäischen Sprachen mit afrikanischen und indianischen Dialekten verquickt. Verbreitet sind das englische **Patois**, das französische **Créôle** und das niederländische **Papiamento**.

Karibische **Musik**, Tanz und Rhythmus sind vielfältig wie Sonne, Sand und Meer. Auch in dieser Hinsicht pflegt jeder Inselstaat seine eigenen Traditionen, die in Reggae, Dancehall, Calypso, Soca, Salsa, Merengue und Reggaeton ihren Ausdruck finden.

Glaube und **Religion** haben für die Bevölkerung der Karibik bis heute große Bedeutung. Dominierend sind die römisch-katholische und die anglikanische Kirche. Dazu kommen Dutzende von christlichen Denominationen, die Elemente der karibischen Mythen und der Urreligionen Afrikas bewahren. Einige stehen jenen Glaubensrichtungen nahe, die es z. B. als Voodoo (Haiti) und Santéria (Kuba) zu großer Bekanntheit gebracht haben.

Auf dem Gebiet der **Kunst** und Architektur bringt die karibische Bevölkerung vielfältige und farbenfrohe Werke hervor. Berühmt ist vor allem die Naive Malerei aus Haiti, typisch sind aber auch Batikstoffe aus Martinique und Holzskulpturen aus Jamaika. Die **Architektur** ist weitgehend von europäischen Vorbildern geprägt. Auf den Großen Antillen findet man spanischen Kolonialbarock (Kuba, Hispaniola, Puerto Rico), auf den einstigen französischen Besitzungen Neoklassizismus à la France. Auf den Niederländischen Antillen lebt das Amsterdam des 17. Jh. unter karibischer Sonne weiter, während sich die Architekten der britischen Inseln im Zuckerbäckerstil der viktorianischen Zeit ergingen. Und überall gibt es Holzhäuser im sog. Gingerbreadstil zu bewundern.

Vielfältige **Sinneseindrücke** und **Genüsse** locken auf allen Inseln der Karibik, also kommen Sie doch mit auf die Fahrt über den Regenbogen, in jenen Teil der Welt, den Kolumbus für Westindien hielt.

Insel-Telegramm – Traumziele für jedes Temperament

Die Preiswerte

Kuba praktiziert karibischen Sozialismus bei günstigen Preisen. Glanz und Glamour der Hauptstadt Havanna, einst Königin der Antillen, mögen verblichen sein, doch die Faszination bleibt. Touristische Hauptattraktionen sind die Strände von Varadero, das Cabaret Tropicana und die Lieblingskneipen von Ernest Hemingway in der Altstadt von Havanna, ›Floridita‹ und ›Bodequita del Medio‹, in denen Mojito ausgeschenkt wird, das Lieblingsgetränk des Literatur-Nobelpreisträgers.

Die Exotische

Das bildschöne **Jamaika** besitzt alle Attribute einer Trauminsel: weiße Strände, dichter Regenwald und tropische Blütenpracht. Bei Rum und Reggae machen Ausflüge zu roten Bauxitseen und durch blaue Berge doppelt Spaß. Und Abenteuerlustige unternehmen z. B. eine Floßfahrt den Rio Grande hinunter auf den Spuren Errol Flynns.

Die Beliebte

Früher war die Insel Hispaniola – heute geteilt in die Staaten **Dominikanische Republik** und Haiti – Mittelpunkt der Neuen Welt. Heute ist die Dominikanische Republik beliebtes Reiseziel. In der Metropole Santo Domingo gibt es prächtige Kolonialarchitektur zu entdecken, und die Strände, darunter das berühmte Punta Cana, erfüllen alle karibischen Wunschträume.

Die Malerische

St. Lucia bietet unvergessliche Bilder: weiße und goldfarbene Strände vor der blumenbunten Kulisse üppiger Tropenvegetation und die ›Zuckerhüte‹ der beiden Pitons, die Wahrzeichen der Antilleninsel und seit 2004 UNESCO Weltnaturerbe. Die schönste Badebucht ist der Reduit Beach, Segler schätzen die malerische Marigot Bay als Naturhafen.

Die Englische

Very british – aber nicht steif – ist die Atmosphäre auf **Barbados**. Die Hauptstadt Bridgetown mit Uhrturm und Nelson-Denkmal erinnert an Londons Big

Ben und Trafalgar Square. Das 34 km lange und 21 km breite Eiland ist touristisch ausgezeichnet erschlossen und bietet kulturelle wie landschaftliche Attraktionen.

Die Niederländischen

Holländische Kolonialherren prägten im 17. Jh. das Bild der ABC Inseln: **Aruba**, **Bonaire** und **Curaçao**. Die Bilderbuchkulisse aus der guten alten Zeit macht Curaçaos Hauptstadt Willemstad zum Amsterdam der Karibik.

Die Calypsokönigin

Heiße Calypsorhythmen, Karneval und verschnörkelte Gingerbread-Architektur sorgen für heitere Stimmung in Port of Spain auf **Trinidad**. Wer im Urlaub einsame Traumstrände sucht und wunderschöne Tauchgründe erkunden möchte, der wählt die hübsche kleinere Schwesterinsel **Tobago**.

Die Exklusiven

In **Mustique** sind die Reichen und Schönen unter sich. In der Nachbarschaft von VIPs und Adligen sind Villen mit Privat-

pool für bis zu 45 000 US $ pro Woche zu mieten. Ein weiterer Liebling der VIPs ist **Necker Island**, ein Anhängsel von Virgin Gorda. Der Besitzer Sir Richard Branson besitzt hier eine Villa im balinesischen Stil und schart Prominente wie Harrison Ford, Jodie Foster, Robert de Niro und Steven Spielberg um sich. Auch finanzstarke Manager sind willkommen, wenn sie für sich und die bzw. den Liebste/n einen Zimmerpreis ab 26 495 US$ pro Woche hinblättern können.

Die Gemütliche

Ein Refugium für Aussteiger und Weltenbummler ist die kleine gemütliche Grenadineninsel **Bequia**. In den Bars an der Admiralty Bay trifft man Expatriates und Skipper aus aller Herren Länder.

Die Inseln der Gourmets

Die Küchenchefs der Inseln **St. Maarten/St-Martin** und **Martinique** bieten beste französische Nouvelle Cuisine und herrlich gewürzte kreolische Speisen. Der kleine Ort Grand Case auf St-Martin allein lockt mit über 20 Gourmetrestaurants.

Geschichte, Kunst, Kultur im Überblick

Von Kolumbus und Kariben, Europäern und Piraten, Zucker und Sklaven

Präkolumbische Epoche

ab 3500 v. Chr. Siboney-Indios aus Venezuela setzen mit ihren leichten Kanus auf die Karibischen Inseln über und besiedeln sie.

1. Jh. n. Chr. Aus Venezuela kommen Taíno vom Volksstamm der Arawak auf die Karibikinseln. Sie stehen auf einer höheren Kulturstufe, bringen Ackerbau mit, gründen Königreiche und treiben Handel mit Mexiko und Kolumbien. Die Siboney gehen vollständig in der Taíno-Kultur auf.

8. Jh. Kriegerische Indios vom Stamm der Kariben aus dem Amazonas-Gebiet verdrängen die Taíno von den Kleinen Antillen. Nach diesen ›Kannibalen‹ werden die Karibischen Inseln später benannt.

11. Jh. Zweite Einwanderungswelle der Taíno.

Zeitalter der Entdeckungen

1492 Am 12. Oktober landet Christoph Kolumbus (1451–1506) mit einer kleinen Flotte auf der Bahama-Insel Guanahani und tauft sie auf den Namen San Salvador. Am 27. Oktober entdeckt er Kuba und glaubt, Indien erreicht zu haben. Am 6. Dezember strandet er mit seinem Flaggschiff ›Santa Maria‹ vor der Nordküste von Hispaniola. Er gründet dort La Navidad, die älteste europäische Siedlung in der Neuen Welt.

Denkmal des großen Entdeckers: Kolumbus-Statue in Santo Domingo

1493–96 Kolumbus kehrt mit einer Flotte von 17 Schiffen nach Hispaniola zurück und entdeckt in der Folgezeit u. a. die Jungferninseln, Puerto Rico, Jamaika und Dominica.

1496 Christoph Kolumbus gründet mit seinem Bruder Bartolomé Colón auf Hispaniola ›Santo Domingo‹, die erste europäische Stadt in der Neuen Welt.

1498 Auf seiner dritten Reise entdeckt Kolumbus Trinidad und die Nordküste Venezuelas.

1499 Amerigo Vespucci aus Florenz erforscht Venezuela. Nach ihm wird der neu entdeckte Kontinent ›Amerika‹ genannt.

1502–04 Kolumbus unternimmt seine vierte und letzte Erkundungsfahrt und läuft u. a. erstmals Martinique an.

Kolonialisierung und Sklaverei

1511 Der Mönch Fray António de Montesino prangert die Misshandlung der Ureinwohner durch die Kolonialherren an.

1542 Erlass der ›Leyes Nuevas‹, der Neuen Gesetze, die ein generelles Verbot der Indiosklaverei beinhalten. Als Ersatz für die Indios, die zu diesem Zeitpunkt auf vielen Inseln bereits ausgerottet sind, werden Sklaven aus Afrika in die Karibik gebracht. Sie müssen auf den Zuckerrohrplantagen Puerto Ricos, Hispaniolas und anderer Inseln arbeiten. – Zeitalter der Piraten.

ab 1577 Seeräuber und Freibeuter machen die Karibik unsicher. Im Auftrag der englischen Queen Elizabeth I. erbeutet Francis Drake zahlreiche spanische Schiffe. Er und der Pirat Walter Raleigh werden wegen ihrer Erfolge in den Adelsstand erhoben.

1588 Die Engländer unter Sir Francis Drake vernichten die Spanische Armada und beenden damit die spani-

Petroglyphen auf St. Vincent

Fragliche Idylle: Kolumbus begegnet den Taíno (Jamaika, 1494)

Henry Morgan (1635–1688), gefürchteter ›General der Seeräuber‹ auf Jamaika

sche Seeherrschaft. Andere europäische Kolonialmächte nutzen das Machtvakuum und engagieren sich in der Karibik.

1623 Die Engländer besetzen die Inseln St. Kitts, Nevis und zwei Jahre später auch Barbados.

1634 Die Niederländer unter Peter Stuyvesant erobern Curaçao.

1635 Die Franzosen besetzen Guadeloupe und Martinique.

1636 Antigua und die Leeward Islands werden britische Besitzungen.

1640 Beginn des Dreieckshandels zwischen Europa, Westafrika und der Karibik: Europäische Manufakturwaren werden in Afrika gegen Sklaven getauscht, die dann in der Karibik verkauft werden. Vom Erlös erwerben die Händler Zucker, Tabak und Gewürze für Europa.

1655 England erobert die Insel Jamaika.

1665 Frankreich besiedelt den Westteil der Insel Hispaniola (heute Haiti).

1671 Dänemark erobert St. Thomas, 1718 ebenfalls St. John und kauft 1733 St. Croix von Frankreich.

1692 Port Royal auf Jamaika, Fort der englischen Flotte und Piratennest, wird durch ein Erdbeben zerstört.

1719 Die Franzosen erobern die Insel St. Vincent.

Zeitalter der Freiheitsbewegungen

1789 Die Französische Revolution mit der Forderung nach Freiheit, Gleichheit, Brüderlichkeit für alle Menschen rüttelt auch die Unterdrückten der Karibik auf. Die Sklaven verlangen ihre Freiheit.

1793 Aufstand der Schwarzen und Aufhebung der Sklaverei auf Haiti. Gründung des Kaiserreichs Haiti. Auf anderen karibischen Inseln werden in dieser Zeit zahlreiche Sklavenaufstände blutig niedergeschlagen.

1822 General Boyer von Haiti erobert den Ostteil der Insel Hispaniola und vertreibt die Spanier. 1843 wird der General gestürzt, und im Osten entsteht der Staat Dominikanische Republik.

1834 Die Briten heben die Sklaverei auf. 1848 folgen die Franzosen, 1863 die Niederländer. Als letzte geben die Spanier 1886 ihre Sklaven frei.

1898 Spanien verliert den Krieg gegen die USA und muss Kuba und Puerto Rico aufgeben. Kuba wird von den USA abhängig.

Mit der Peitsche zum Gehorsam gezwungen – afrikanische Sklaven in der Karibik

Bewacht von den USA: gefangene Kubaner auf Grenada, 1983

1902 Auf Martinique bricht der Vulkan Mont-Pelée aus und vernichtet die Hauptstadt St-Pierre. 30 000 Menschen kommen dabei ums Leben.

Weg in die Unabhängigkeit

1914 Aufgrund ihrer Lage gewinnen die Karibischen Inseln nach der Eröffnung des Panamakanals an Bedeutung.
1917 Die USA kaufen Dänemark die Jungferninseln ab, um den Panamakanal mit zu kontrollieren.
1919–33 Während der Jahre der amerikanischen Prohibition kommen die Karibischen Inseln als Rumhersteller und -lieferanten zu Wohlstand: Sie versorgen die USA mit illegalem Alkohol.
1930–61 Diktatur des Generals Trujillo in der Dominikanischen Republik.
1940–44 Auf Kuba regiert Diktator Fulgencio E. Batista.
1946 Guadeloupe und Martinique werden mit Réunion und Guayana französische Départements. Die Einwohner erhalten volle französische Bürgerrechte.
1957 Auf Haiti erhebt sich Dr. François Duvalier, genannt Papa Doc, zum Diktator und etabliert ein brutales Polizeiregime, das sein Sohn Jean-Claude (›Baby Doc‹) nach seinem Tode 1971 fortführt.
1958 Revolution auf Kuba unter Fidel Castro Ruz (* 1927) und Che Guevara (1928–1967).
1959 Castro wird Ministerpräsident von Kuba, des ersten sozialistischen Staates der Karibik. Vom amerikanischen CIA ausgebildete Exilkubaner starten mit Unterstützung der USA 1961 von der Schweinebucht aus einen Umsturzversuch, der jedoch scheitert.
1962 Während der Kubakrise trifft die Sowjetunion bei dem Versuch, Mittelstreckenraketen auf Kuba zu installieren, auf schärfsten Widerstand vonseiten der USA. Es droht ein nuklearer Konflikt, doch die UdSSR lenkt schließlich ein. – Jamaika sowie Trinidad und Tobago werden unabhängig.
1963 Militärputsch in der Dominikanischen Republik gegen den dortigen frei gewählten Präsidenten Juan Bosch Gavino. 1966 übernimmt Joaquín Balaguer die Regierung.
1967 Die meisten der britischen Kolonien werden unabhängig, verbleiben jedoch im Commonwealth.
1968 Die karibische Freihandelszone CARIFTA wird eingerichtet, 1973 wird sie in CARICOM, Caribbean Common Market, umgewandelt, einen gemeinsamen Markt, der sich auf die Inseln der Kleinen Antillen beschränkt.
1976 Trinidad und Tobago wird Republik, verbleibt aber im Commonwealth. Einige Inseln der Kleinen Antillen werden mit der Europäischen Union assoziiert.
1979 William Arthur Lewis, auf St. Lucia geborener zeitweiliger Präsident der Karibischen Entwicklungsbank, erhält den Nobelpreis für Wirtschaftswissenschaften.
1983 Invasion Grenadas durch die USA, Barbados und Dominica, um den prokubanischen, sozialistischen Kurs von Premierminister Maurice Bishop zu stoppen. – Die Inseln St. Kitts und Nevis werden unabhängig.
1986 Haitis Diktator Jean-Claude Duvalier (Baby Doc) muss die Insel Hispaniola verlassen. Generalleutnant Henri Namphy leitet eine Interimsregierung.
1989 Auf Jamaika übernehmen die Sozialisten unter Michael Manley wieder die Macht. – Der sowjetische KP-Generalsekretär Michail Gorbatschow besucht Kuba.
1990 Auf Haiti wird Jean Bertrand Aristide zum Präsidenten gewählt, nach acht Monaten jedoch durch General Raoul Cedras gestürzt.
1992 Dem 1930 auf St. Lucia geborenen Autor Derek Walcott wird der Literatur-Nobelpreis verliehen.
1994/95 Kuba gerät zusehends in politische und wirtschaftliche Schwierigkeiten. Tausende von ›Boat People‹ verlassen die Insel in Richtung Florida. – Nach einer Militär-Intervention der USA auf Haiti kehrt Jean Bertrand Aristide in sein Amt zurück.
1996 Bei den Stichwahlen um das Präsidentenamt der Dominikanischen Republik wird Leonel Fernandez Nachfolger des langjährigen Staatschefs Balaguer.

Teile der Bevölkerung von Nevis fühlen sich in ihrem Staat nicht repräsentiert und sind für eine Trennung von St. Kitts, doch eine entsprechende Volksabstimmung scheitert.

1997 Im Sommer bricht auf Montserrat der Vulkan Soufrière Hills aus und verwüstet weite Teile der Insel.

1998 Papst Johannes Paul II. besucht das kommunistisch regierte Kuba.

2000 Die erste Internationale Ökotourismuskonferenz der Karibik, TURNAT, findet im kubanischen Pinar del Rio statt.

2002 Die ersten Bewohner können auf die Insel Montserrat zurückkehren.

2004 Auf Haiti kulminiert der monatelange Widerstand gegen Präsident Jean Bertrand Aristide in blutigen Auftständen, die zum Rücktritt Aristides am 29. Februar und seiner anschließender Flucht führen. Der Sicherheitsrat der UN entsendet eine Eingreiftruppe zur Wiederherstellung von Stabilität und Ordnung. – Im Mai kommt es in Haiti und der Dominikanischen Republik infolge schwerer Regenfälle zu Überschwemmungen, die etwa 3000 Todesopfer fordern. – Anfang September verwüstet Hurrikan Ivan Grenada und Jamaika. Auf Haiti sterben im Tropensturm Jeanne 3000 Menschen, über 16 000 werden obdachlos.

2005 Der Sprinter Asafa Powell aus Jamaika läuft im Juni beim Athener IAAF Super Grand Prix mit 9,77 Sek. Weltrekord über 100 m. – Mit 24 Stürmen ist 2005 das Jahr mit den bislang meisten Atlantischen Unwettern.

2006 1. Januar: Jamaika, Barbados, Trinidad & Tobago, Suriname, Belize und Guyana gründen die Caribbean Single Market and Economy zur Förderung von Wirtschaft und freiem Handel. – Bei den Wahlen im Februar erhält Jamaika mit Portia Simpson Miller (PNP) zum ersten Mal eine Premierministerin. – Im Juli übergibt Kubas Máximo Líder Fidel Castro die Amtsgeschäfte aus gesundheitlichen Gründen an seinen Bruder Raúl.

2008 Am 17. April stirbt der Dichter und Politiker Aimé Cesaire 95-jährig in Fort-de-France, der Hauptstadt seiner Heimatinsel Martinique. – Bei den Olympischen Sommerspielen im August in Peking läuft der jamaikanische Sprinter Usain Bolt Weltrekorde über 100 m und 200 m. Auch in der 4 x 100 m Staffel der Herren läuft er mit seinem Team zum Sieg. – Im Sommer und Herbst suchen nacheinander vier Hurrikane, Fay, Gustav, Hanna und Ike, die Karibik heim.

2009 Die Bürger von Saint Vincent and the Grenadines bestätigen ihre Staatsform der Monarchie mit Queen Elizabeth II als Oberhaupt.

2010 Am 12. Januar fordert das schwerste Erdbeben in der Geschichte Amerikas auf Haiti 316 000 Menschenleben und macht 1,85 Mio. Haitianer obdachlos. – Am 10. Oktober werden Curaçao und St. Maarten autonome Länder innerhalb des Königreichs der Niederlande. Bonaire, Saba und St. Eustatius sind fortan ›besondere Gemeinden‹ der Niederlande.

2011 Im April übernimmt Raúl Castro den Vorsitz der Kommunistischen Partei Kubas und sagt weitere Wirtschaftsreformen zu.

Fidel Castro im Jahr 2006, kurz vor seinem Rückzug

2012 Bei den Olympischen Spielen in London gelingt Usain Bolt ein ›Double Triple‹ – wie schon in Peking 2008 siegt er erneut in drei Wettkämpfen. Die dritte Goldmedaille holt er bei der 4 x 100 m Staffel zusammen mit Michael Frater, Nesta Carter und Yohan Blake in einer neuen Weltrekordzeit von 36,84 Sek. – Im Dezember spricht sich die Mehrheit der Puertoricaner dafür aus, dass die Insel ein US-Bundesstaat wird.

2013 Am 19. März stehen sich zwei karibische Staaten im Finale des World Baseball Classic gegenüber. Die Mannschaft der Dominikanischen Republik besiegt die Gegner aus Puerto Rico.

Double Triple – Usain Bolt erringt bei der Olympiade 2012 in London erneut drei Siege

Unterwegs

Das Segelschiff ›Sea Cloud‹ vor der Prince Rupert Bay von Dominica

Große Antillen – imposante Trauminseln

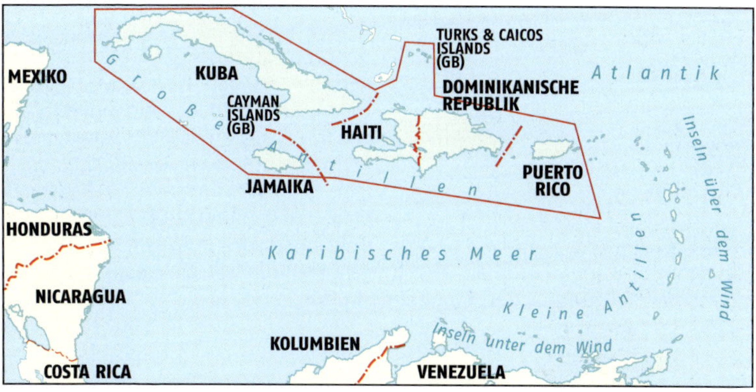

Aufgereiht wie Perlen auf einer Kette liegen Kuba, Jamaika, Hispaniola und Puerto Rico, die vier großen Hauptinseln des karibischen Inselbogens, zwischen Florida und den Inseln über dem Wind. Vielfältige Naturschönheiten, die kunterbunte Kultur, paradiesisch schöne Sandstrände und die Lebensart ihrer Bewohner machen die Großen Antillen zu einem bezaubernden Urlaubsgebiet.

Entstanden sind die Inseln vor 150 Mio. Jahren, und geologisch gesehen bilden sie die Fortsetzung der nordamerikanischen Kordilleren. Faltengebirge, Vulkane und gehobene Sedimentschichten ließen beachtliche **Berge** entstehen wie den *Pico Duarte* (3175 m) auf Hispaniola, den 2256 m hohen *Blue Mountain Peak* auf Jamaika und den *Pico Turquino* (2005 m) auf Kuba. Sie pointieren tief eingeschnittene Täler und weit verzweigte Flusssysteme mit fruchtbarem Schwemmland in den Mündungsgebieten. Berge und Ebenen sind mit Regenwäldern überzogen. Hier wächst die ganze Fülle tropischer Vegetation: Palmen, Helikonien, Anthurien, Ameisenbäume, Baumfarne, Lianen, Bromelien, Orchideen, Hibiskus, Oleander, Bougainvillea – um nur einige zu nennen.

Die Konquistadoren suchten im 16. Jh. zunächst nach Gold und Silber, wovon sie aber nur geringe Mengen fanden. Als einträglicher erwiesen sich die später angelegten **Plantagen**, von denen aus Europa mit Zucker, Kaffee, Tabak, Kakao, Gewürzen und Rum versorgt wurde. Auf Hispaniola, Kuba und Puerto Rico entstanden die ersten **Siedlungen** der Neuen Welt. In den Altstädten von San Juan, Santo Domingo und Havanna findet der Besucher noch heute bedeutende Sehenswürdigkeiten aus der Kolonialzeit, darunter Kathedralen, Festungen und Paläste. Die meisten historischen Bauwerke von Port Royal auf Jamaika hingegen wurden im 17. Jh. durch ein verheerendes Erdbeben zerstört.

Nicht nur die europäischen Nachbarn Spaniens blickten mit Neid und Missgunst auf den Reichtum Westindiens. Auch **Piraten**, gefördert von den Herrscherhäusern ihres jeweiligen Heimatlandes, fühlten sich von den wohlhabenden karibischen Metropolen geradezu magisch angezogen. Die Überfälle der Freibeuter auf Schiffe und Städte rissen im Verlauf des 16. und 17. Jh. nicht ab. Deshalb bauten die Kolonialherren gewaltige **Befestigungsanlagen**, die die Jahrhunderte bis in die heutige Zeit zum Teil unbeschadet überdauert haben.

Oben: *Schief ist schön – Palmen an der Playa Bonita von Samaná, Dominikanische Republik*
Unten: *Erntehelfer unterwegs bei Guantánamo im Osten Kubas*

Rum, Reggae und Revolution – Karibik total

Strand, Sand und Sonne satt! Heute gehören Kuba und die Dominikanische Republik zu den beliebtesten Reisezielen der Europäer. Und obwohl die Großen Antillen mit jeder Saison mehr Touristen anlocken, erhält sich doch jede der Inseln ihr unverwechselbares **Flair**. Und daher ist es überaus lohnend, sich auf Jamaika, Puerto Rico oder einer der anderen Inseln außerhalb der Touristenzentren auf die Suche nach der lebendigen, facettenreichen karibischen **Kultur** zu begeben.

1 Kuba

Die größte Insel der Karibik, berühmt für ihre schönen Strände, den hochprozentigen Rum, die dicken Havannazigarren und heißen Musikrhythmen, das spanische Kulturerbe und die eigensinnige Politik der Castros.

Sozialistische Republik
Größe: 110 922 km²
Einwohner: 11,5 Mio.
Hauptstadt: Havanna (La Habana)
Sprache: Spanisch
Währung: Kubanischer Peso (CUB, Moneda nacional, MN) und Peso cubano convertible (CUC, Chavito, Fula, an den US $ gebunden, trotz des Namens nicht frei konvertierbar)

Weite Teile der größten Karibikinsel sind mit **Zuckerrohrfeldern** bedeckt. Sie liefern die wichtigsten Exportgüter Zucker und Rum. Neben der Tabak-, Kaffee- und Nickelproduktion ist außerdem die Tourismusindustrie ein willkommener und wichtiger Devisenbringer.

Allen wirtschaftlichen und politischen Miseren zum Trotz gelten die Kubaner als lebensfrohe Menschen. **Musik** und Rhythmus liegen ihnen im Blut. Tänze wie Rumba, Mambo oder Cha-Cha-Cha traten Anfang des 20. Jh. von Havanna aus ihren Siegeszug um die Welt an. In Kubas temperamentvoller Musikfolklore verbinden sich Elemente aus Afrika, Südamerika und Europa. Wim Wenders Dokumentarfilm ›**Buena Vista Social Club**‹ (1998) über die kubanische Musikszene und die ›Supergroßväter‹ um den Altstar *Compay Segundo* (1907–2003) verhalf Salsa, Son und Trova erneut zu Weltruhm.

Solche Erfolge haben am politischen Kurs von Staaatschef **Fidel Castro** (* 1926) und seinem im Februar 2008 als neuem Regierungschef vereidigten Bruder **Raúl Castro** (* 1931) wenig geändert. Die *sozialistische Revolution* prägte die Insel ebenso stark wie einst Kolumbus und die Kolonialherren. Die kubanische Politik konzentriert sich auch im 21. Jh. noch stark auf den Erzfeind USA. Gleichzeitig boomt der internationale *Tourismus*, denn Kuba ist dank seiner landschaftlichen Reize, der über 300 Strände und der lebendigen Kultur ein attraktives Reiseland.

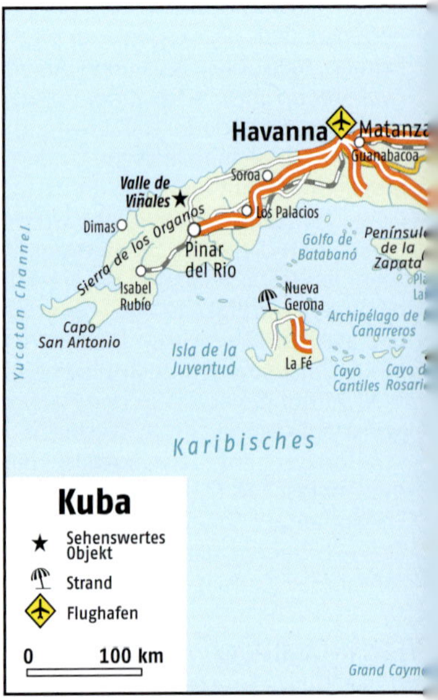

Geschichte Im 2. Jahrtausend v. Chr. kamen Indio-Stämme von Mittelamerika nach Kuba. Die Guanahatabey siedelten sich im Westen, die Siboney im Zentrum der Insel an. In einer zweiten Welle zogen um 300 n. Chr. Taíno aus Südamerika, die sich auf Ackerbau und Töpferei verstanden, über die Karibischen Inseln und verdrängten frühere Kulturen.

Im 16. Jh. lebten schätzungsweise annähernd 500 000 Kariben auf der Insel, die in mehrere Kazikenreiche gegliedert war. Der Mittelteil, **Cubanacán**, gab der ganzen Insel den Namen. Am 28. Oktober 1492 hatte Kolumbus Kuba entdeckt und für Spanien in Besitz genommen. Doch erst 1511 gelang es *Diego Velázquez*, die Insel tatsächlich zu erobern und an der Nordostküste die Siedlung **Baracoa** zu gründen. Er wurde auch gleich erster Gouverneur der Insel, auf der bald die Städte Trinidad, Sancti Spiritus, La Habana und Santiago de Cuba entstanden. Im selben Maße, wie sich die Spanier auf der Insel ausbreiteten, wurden die Indios zurückgedrängt. Krankheit, Kriege, Zwangsarbeit und kollektiver Selbstmord dezimierten die Ureinwohner innerhalb weniger Jahre. Die Städte und Plantagen der Weißen aber blühten, das fruchtbare Land brachte reiche Ernte. Dieser Wohlstand lockte nicht nur andere europäische Kolonialmächte an, er rief auch Piraten auf den Plan. Immer wieder

Hübsches Havanna – Wohnkultur des Art Deco gibt es in der Altstadt zu bewundern

wurden Kubas Städte geplündert. Daher bauten die Spanier im 16. Jh. den Hafen von *Havanna* zur stärksten **Festung** der Karibik aus, 1607 wurde sie Hauptstadt von Kuba.

Doch 1762 eroberten die **Briten** Kuba, um die Insel gegen Florida einzutauschen. Bereits ein Jahr nach der Einnahme durch

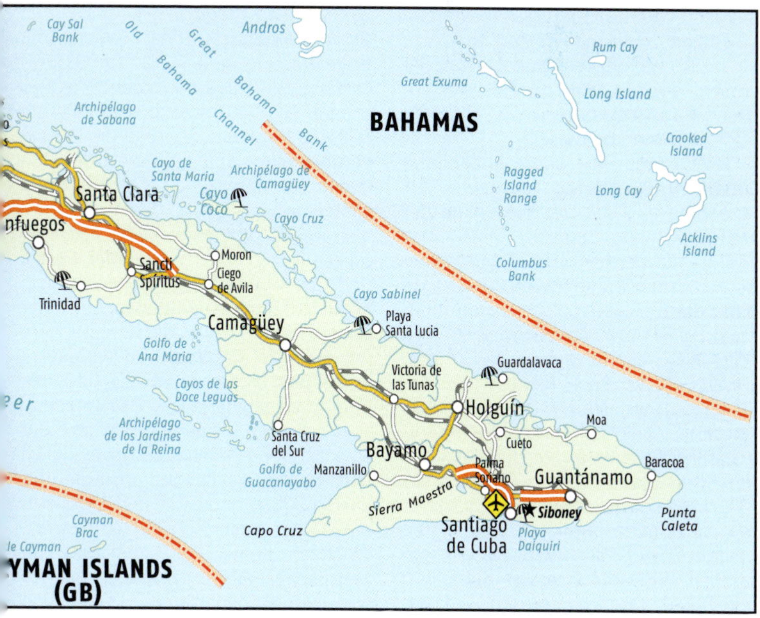

La Habanas mächtiges Castillo de la Real Fuerza (vorne) und die elegante Kuppel des Capitolio

die Engländer wehte über Kuba wieder die spanische Flagge.

Prosperierende Plantagen und der expandierende **Sklavenhandel** prägten das 18. Jh. Hunderttausende von Afrikanern wurden nach Kuba verschleppt, um auf den Zuckerrohr- und Tabakplantagen zu arbeiten. Havanna entwickelte sich zu einem der wichtigsten Handelsplätze der Neuen Welt. Als 1886 die Sklaverei abgeschafft wurde, holte man Arbeitskräfte aus China und Südostasien.

Bereits 1868 war der 1. kubanische **Unabhängigkeitskrieg** ausgebrochen, er endete 1878 mit der Niederlage der Freiheitskämpfer. Spaniens Macht und Einfluss auf der Karibikinsel wurden jedoch zusehends geschwächt. 1895 folgte dann der 2. Unabhängigkeitskrieg unter Führung des Nationalhelden *José Martí* (1853–1895), der in diesem Kampf sein Leben ließ. Als am 15. Februar 1898 das US-Kriegsschiff ›Maine‹ im Hafen von Havanna in die Luft gesprengt wurde, erklärten die Amerikaner den Spaniern den Krieg und marschierten in Kuba ein. 1902 wurde die **Republik Kuba** ausgerufen, die unter Kontrolle der Vereinigten Staaten stand. Statt von einem spanischen Gouverneur wurde Kuba nun von einer USA-hörigen Marionettenregierung beherrscht. Das Volk litt unter Ausbeutung, Korruption und Unterdrückung. Auf der anderen Seite investierten amerikanische Konzerne riesige Summen in die Modernisierung der Zucker- und Tabakindustrie. Im Jahr 1924 begann das Schreckensregime des Präsidenten *Gerardo Machados*. Dieser regierte mit Unterstützung der USA, bis ihn 1933 das Militär unter Sergeant *Fulgencio Batista* stürzte. Ab 1940 regierte dieser Batista Kuba als Präsident, während die Insel in immer größere Abhängigkeit zu den USA geriet. Mit mehrjähriger Unterbrechung blieb Batista bis 1959 an der Macht.

In diesen turbulenten Zeiten fielen die sozialistischen Ideen von **Fidel Castro** und **Che Guevara** bei der Bevölkerung Kubas auf fruchtbaren Boden. Am 2. Dezember 1955 landeten die Revolutionäre mit der Jacht ›*Granma*‹ an der Südküste Kubas und eroberten von dort aus die Insel in vierjährigem Guerillakampf. Präsident Batista setzte sich 1959 mit der Staatskasse nach Florida ab. Unverzüglich machte sich die **Revolutionsregierung** an die Arbeit, Industrie und Landwirtschaft zu verstaatlichen und die Planwirtschaft einzuführen. 1960 nahm Kuba offiziell Beziehungen zum Bruderstaat Sowjetunion auf. 1961 kam es zu einem von den USA unterstützten Invasionsversuch durch 1500 Exilkubaner in der **Schweinebucht**, doch die ›Konterrevolution‹ wurde niedergeschlagen.

Im Jahr 1962, auf dem Höhepunkt des Kalten Krieges, verdunkelte die **Kubakrise** den karibischen Himmel. Als die Sowjetunion auf Kuba Raketen stationieren wollte, fühlten sich die USA bedroht. In letzter Minute konnte durch das Einlenken der UdSSR ein nuklearer Krieg der Supermächte verhindert werden.

1965 wurde die **Kommunistische Partei Kubas (PCC)** gegründet. Die Russen nahmen der Karibikinsel nicht nur einen Großteil ihrer Zuckerproduktion ab, sondern zahlten auch Milliarden an Subventionen. Mit dem Ende der Sowjetunion 1990 versiegten diese Mittel, und Kuba stand politisch wie wirtschaftlich zwischen allen Fronten. Man war sich zwar darüber einig, dass die Errungenschaften der Revolution (z. B. kostenlose Gesundheitsversorgung und Ausbildung, soziale Absicherung) nicht verspielt werden durften, doch für die meisten Menschen ging es jetzt ums pure Überleben. Sie flohen zu Tausenden auf Schiffen, selbst gebauten Flößen, ja sogar in Gummibooten Richtung Florida. Zu dessen Küste sind es nur 165 km. Das seit 1995 erneut verschärfte **US-Embargo** fand weltweit immer mehr Kritiker, unter ihnen Papst Paul II., der mit seinem Kuba-Besuch 1998 Zeichen setzte. Der **40. Jahrestag** der Revolution am 1. Januar 1999 sah Castro keineswegs in einer milden Stimmung: Während der **Tourismus** mit 1,4 Mio. Besuchern Rekorde feierte, verschärfte der Präsident erneut die geheimpolizeiliche Kontrolle über die Bevölkerung. Im Juli 2006 aber sah sich der *Máximo Líder* aus gesundheitlichen Gründen gezwungen, die Führung des Landes seinem Bruder **Raúl** zu übergeben. Auf dem Parteitag der PCC im April 2011 trat er auch deren Vorsitz an ihn ab. Präsident Raul Castro verkündete, dass die Amtszeit der Partei-Funktionäre künftig begrenzt wird, um die politische Führung zu verjüngen. Auch soll der Kurs hin zu mehr **Marktwirtschaft** und privatem Engagement verstärkt und Immobilienhandel erlaubt werden.

Der Tourismus boomt währenddessen weiter: Heute zählte man auf Kuba 2,7 Mio. ausländische Gäste, und die Branche trägt ein Sechstel zur Ökonomie bei.

Havanna (La Habana)

Die Hauptstadt Kubas mit ihren knapp 3 Mio. Einwohnern gilt als eine der bedeutendsten Metropolen der Karibik – in wirtschaftlicher wie kultureller Hinsicht. Das älteste Viertel der 1519 gegründeten Stadt, **La Habana Vieja**, erstreckt sich zwischen dem Castillo de la Punta an der Hafeneinfahrt im Norden, der Prachtstraße Prado im Westen und dem Hauptbahnhof im Süden. Das Quartier mit seiner Fülle an eindrucksvollen spanischen Kolonialbauten, Kirchen, Klöstern, Palästen und Festungsanlagen wurde 1982 zum UNESCO Weltkulturerbe erklärt.

Das Castillo de los Tres Reyes del Morro aus dem 16. Jh. bewacht den Hafen von Havanna

Der Rundgang beginnt an der königlichen Burg **Castillo de la Real Fuerza** ❶ (1558–78), einem der ältesten Forts der Karibik. Die sternförmige Anlage diente bis zum 18. Jh. als Wohnsitz der Gouverneure. Von der Spitze eines Festungsturmes grüßt die bronzene Wetterfahnenfigur der *Giraldilla* (Original im Museo de la Ciudad), ein Wahrzeichen Havannas. Neben Souvenirgeschäften und einem Café beherbergt das Fort heute das dem Töpferhandwerk von der Frühzeit bis zur Gegenwart gewidmete *Museo Nacional de la Céramica* (tgl. 8.30–16.30 Uhr).

Unweit des Castillo liegt die **Plaza de Armas**, der von den Spaniern im 16. Jh. angelegte Paradeplatz. In der Mitte steht das Denkmal des Nationalhelden Carlos Manuel de Céspedes (1819–1874), der 1868 im Osten Kubas den 1. Unabhängigkeitskrieg begann. Zu den schönsten Kolonialbauten an der Plaza gehört der **Palacio de los Capitanes Generales** ❷, der Ende des 18. Jh. erbaute Sitz der Militärmachthaber, später Residenz der Gouverneure und 1902–20 Wohnsitz der ersten Präsidenten Kubas. Heute ist in den Räumen das Stadtmuseum **Museo de la Ciudad** (tgl. 9–18 Uhr) untergebracht. Die Prunksäle und Exponate, darunter das Original der *Giradilla* (1631), illustrieren die Vergangenheit Havannas. In dem 1776 erbauten **Palacio del Segundo Cabo** ❸ wohnten einst Staatsgäste, hohe Offiziere und Beamte. Heute beherbergt das sehenswerte Gebäude das Kultusministerium.

Der kleine Tempel **El Templete** ❹, 1828 im klassizistischen Stil erbaut, steht im

Im Herzen der kubanischen Hauptstadt – die Catedral de La Habana

Osten der Plaza, an der Stelle, wo bei der Gründung Havannas die erste christliche Messe gelesen wurde. Gegenüber erhebt sich der **Palacio de los Condes de Santovenia** 5, in dem das Luxushotel *Santa Isabel* (www.hotelsantaisabel.com) seit 1867 seine Gäste verwöhnt.

Zwei Straßenblocks weiter westlich liegt die *Plaza de la Catedral*, beherrscht von der barocken Fassade der **Catedral de San Cristobal de La Habana** 6 (offiziell tgl. geöffnet, tatsächlich jedoch häufig geschl.) mit ihren Säulen, mächtigen Portalen, zierlichen Ornamenten und den beiden ungleich breiten Glockentürmen. Mitte des 18. Jh. gründeten Jesuiten diese Kirche, die in der Folgezeit durch Um- und Anbauten wiederholt verändert wurde. Prunkstück ist ihr *Hochaltar*, ganz in Gold, Silber und Marmor gestaltet. Die Fresken im *Mittelschiff* werden Giuseppe Perovani zugeschrieben, die übrigen Malereien stammen von Jean Baptist Vermay. In der *Capilla de Nuestra Señora de Loreto* liegen die meisten Bischöfe Kubas begraben. Ob auch die Gebeine von Christoph Kolumbus einst hier beigesetzt waren, wie vielfach behauptet, darf bezweifelt werden [s. S. 57]. Die Häuser und Paläste rund um die Plaza de la Catedral bilden eine harmonische Einheit: Da gibt es die **Casa del Marqués de los Aguas Claras** 7 von 1777 zu bewundern, in dem sich heute das Restaurant *El Patio* befindet, den **Palacio del Marqués de Arcos** 8 (1741) und die **Casa de Lombillo** 9 (1737). Im ältesten erhaltenen Kolonialbau Havannas, der *Casa Bayona* (1720), zeigt das **Museo de Arte Colonial** 10 (tgl. 9–18.30 Uhr) Möbel und Kunsthandwerk aus der Kolonialzeit.

Die stimmungsvolle **Calle Obispo** 11 zeichnet sich durch bunt bemalte Bürgerhäuser und Stadtpaläste aus. Man flaniert vorbei an Cafés, Bars, Boutiquen und Kunstgewerbeläden. Im museal konservierten Zimmer 511 des *Hotels Ambos Mundos* (Ecke Calle Mercaderes) wohnte in den 1930er-Jahren der Schriftsteller Ernest Hemingway (1899–1961).

Schließlich gelangt man zum **Parque Central** 12, in dessen Mitte das Denkmal des Freiheitskämpfers *José Marti* thront. Jenseits des Platzes steht das neoklassizistische *Hotel Inglaterra*, dessen Foyer im maurischen Stil einen Blick wert ist. Gegenüber befindet sich das berühmte, 1838 erbaute **Gran Teatro** 13, in dem Aufführungen des kubanischen Nationalballetts und der Staatsoper stattfinden. Nahebei ragt das 1929 eingeweihte **Capitolio Nacional** 14 (tgl. 9–18.30 Uhr) auf, ein Monumentalbau nach Art des Washingtoner Kapitols mit 62 m hoher Kuppel. Der einstige Sitz des Repräsentantenhauses beherbergt heute die Akademie der Wissenschaften, die Nationalbibliothek und das Umweltministerium.

Im früheren *Centro Asturiano* südlich des Parque Central ist heute die Colección de Arte Universal des **Museo Nacional de Bellas Artes** ⑮ (www.museonacional.cult.cu, Di–Sa 10–18, So 9–13 Uhr) untergebracht. Die Nationalgalerie präsentiert hier europäische Kunst, darunter Gemälde von Goya, Rubens und Canaletto. Im modernen *Palacio de las Bellas Artes* weiter nördlich (Calle Trocadero zw. Agramonte und Avenida Bélgica) zeigt der zweite Teil des Museums die **Colección de Arte Cubano** (Di–Sa 10–18, So 10–14 Uhr) Kunst aus der Kolonialzeit Kubas, aber auch Gemälde von Impressionisten und Gegenwartskünstlern.

Gegenüber dokumentiert im früheren Präsidentenpalast das **Museo de la Revolución** ⑯ (tgl. 10–17 Uhr) die Geschichte der Befreiungskämpfe bis zur Revolution 1959. Darauf stimmen schon vor dem Gebäude größere Exponate ein, etwa die Jacht ›Granma‹, mit der Fidel Castro 1956 auf Kuba landete, sowie die zum Teil unkonventionellen Waffen und Fahrzeuge der Revolutionäre. Der Rundgang durch Altstadt und City endet am **Monumento a Máximo Gómez** ⑰. Hier teilen sich die Wege. Die Hauptstraße führt am **Castillo de la Punta** ⑱ vorbei durch den Túnel unter der Hafeneinfahrt zum Stadtteil Casablanca und zur Befestigungsanlage **Castillo de los Tres Reyes del Morro** ⑲ (tgl. 8–20 Uhr). Die beiden Festungen dienten seit dem 16. Jh. zum Schutz des Hafens, heute beherbergen sie in ihren mächtigen Mauern Museen und Restaurants. Nach Westen zweigt der **Malecón** ⑳ ab, die mehrspurige einstige Prachtstraße mit teils bröckelnden, teils hübsch restaurierten historischen Fassaden und moderner Skyline. Die nach wie vor beliebte Promenade führt in das Hotel- und Geschäftsviertel *Vedado*.

Die Bar des toten Dichters – musikalisches Intermezzo in der Bodeguita del Medio

Der alte Mann, das Meer und der Mojito

Hemingways Novelle ›Der alte Mann und das Meer‹ (1952) spielt in **Cojimar**, einem 7 km östlich des Zentrums gelegenen Vorort Havannas. Im dortigen Restaurant **La Terraza** (Calle Real 161 y Candelaria, Tel. 07/763 94 86) wird *Hatuey Bier* ausgeschenkt, das schon Literatur-Nobelpreisträger **Ernest Hemingway** (1899–1961) hier schlürfte. Ein weiterer Treffpunkt für Fans des amerikanischen Autors ist die **Bodeguita del Medio** (Calle Empedrado 207) unweit der Plaza de la Catedral in Havannas Altstadt. In dieser Lieblingsbar Hemingways wird *Mojito* serviert, ein Rumcocktail mit gestoßenem Eis und einem grünen Minzestängel. Kaum ein Fleck an den Wänden oder im Holz der Theke blieb ohne eingravierten Spruch oder Namenszug. Hier haben sich Berühmte und weniger Berühmte, Trinker und Intellektuelle verewigt. Zwischen vergilbten Fotos von Hollywoodstars, Revolutionären und Künstlern finden sich Verse von Françoise Sagan und das Hemingway-Zitat »Mi Mojito en mi Bodeguita, mi Daiquiri en mi Floridita« – »Meinen Mojito in meiner Bodeguita, meinen Daiquiri in meiner Floridita«. Im Restaurant **Floridita** (Calle Obispo 557, Havanna, Tel. 07/867 12 99 www.floridita-cuba.com) ließ sich einst Hemingway von Barmann Constante seinen Daiquiri (genannt Papa Doble) mixen, ein Cocktail aus Rum, Maraschinolikör, Limetten- und Grapefruitsaft.

Hemingways einstiger Wohnsitz, die **Finca Vigía** (Calle Vigía y Steinhart, Mo–Sa 10–17 Uhr, Fotogebühr), liegt in *San Francisco de Paula* 17 km südöstlich von Havanna. Betreten kann man das Herrenhaus nicht, man darf lediglich hineinschauen. Da hängen die Jagdtrophäen des Großwildjägers Hemingway neben Werken von Picasso, alten Stierkampfplakaten aus Spanien und allerlei Angelgerät, denn er war auch ein begeisterter Hochseeangler. Und überall liegen Bücher und Manuskripte herum, als hätte der Schriftsteller das Haus gerade erst verlassen.

Varaderos kilometerlanger Traumstrand war einst Tummelplatz von Millardären

In südlicher Richtung geht es nun vorbei am Campus der Universität und dem **Castillo del Principe**, einer 1774–79 auf einem Hügel angelegten Festung zur **Plaza de la Revolución**. In der Mitte des weitläufigen Platzes, der für Massenkundgebungen der Castro-Regierung geschaffen wurde, steht das **Memorial José Martí**, das Denkmal für den Helden des kubanischen Unabhängigkeitskampfes, und dahinter ein 105 m hoher *Obelisk* mit sternförmigem Grundriss und einer Aussichtsplattform (Mo–Sa 9.30–17 Uhr). Eine Dokumentation zeichnet das Leben José Martís (1853–95) nach. Der Platz der Revolution wird gerahmt von Repräsentations- und Verwaltungsbauten: Regierungspalast, Palast der Revolution, Hauptquartier der Kommunistischen Partei Kubas, Ministerien, José Martí Nationalbibliothek und Teatro Nacional de Cuba.

Westlich liegt der riesige Kolumbusfriedhof **Cementerio de Colón**. Hier sind Mitglieder lokaler Adelsfamilien und Zuckerbarone Havannas beigesetzt, sowie Revolutionäre, Diktatoren und Künstler.

Matanzas

Matanzas, östlich von Havanna an den Ufern der Flüsse Yumuri und San Juan, ist eine interessante Provinzhauptstadt. Einige Zeugnisse der kolonialen Pracht sind am **Parque Libertad** im Zentrum erhalten. Neben dem Rathaus gibt es nostalgische Hotels und die Casa de Cultura. Einen Eindruck vom Leben in früherer Zeit gewinnt man auch beim Besuch der **Museo Farmaceutico** (Milanés 49, S. Teresa y Ayuntamiento, Mo–Sa 10–17, So 10–14 Uhr) in der Apotheke Triolet mit Originalausstattung von 1882.

Nahe Matanzas liegen die **Cuevas Bellamar** (tgl. 10–17 Uhr, alle 60 Min.). Sie sind mit gut 3 km Länge Kubas größtes zugängliches Höhlensystem. Zu den riesigen glitzernden Gewölben mit säulenartigen Stalaktiten und Stalagmiten gehört z. B. die 26 x 80 m große *Gotische Halle*. Die Tropfsteingebilde tragen so fantasievolle Namen wie ›Mantel des Kolumbus‹ oder ›Kapelle der 12 Apostel‹.

Varadero

Schon seit 1870 gilt Varadero, rund 120 km östlich von Havanna gelegen, als *der* Badeort Kubas. An der Nordküste hinter Matanzas ragt eine schmale Landzunge, die *Peninsula de Hicacos*, in den badewasserwarmen Golfstrom. Der weiße **Sandstrand** wird auf einer Länge von 20 km von Schatten spendenden Pinien und Palmen gesäumt – paradiesische Bedingungen für Badeurlauber. Vor der Castro-Revolution tummelten sich hier amerikanische Milliardäre. Ihre extravaganten Villen wurden von der Revolutionsregierung enteignet und in ›Paläste des Volkes‹ verwandelt, so z. B. die mondäne **Villa Dupont** (auch Villa Xanadú, 1928–31) des französisch-amerikanischen Unternehmers Irénée du Pont de Nemours, deren 18-Loch-Golfplatz (www.varaderogolfclub.com) heute noch bespielt wird. Nach Besichtigung der kostbar möblierten Räume speist der Gast in der früheren Bibliothek oder im Roten Salon. Es gibt auch eine stilvolle Bar und einige Hotelzimmer.

Varaderos umfangreiches **Sportangebot** reicht von Tennis, Golfen und Biken bis zu Hochseeangeln, Surfen, Segeln und Tauchen. Ein schönes Erlebnis für die ganze Familie ist der Besuch im **Delfinario** (Autopista del Sur km 14, tgl. 11–15 Uhr), in dem dreimal täglich Delfine ihre Kunststücke vorführen. Erwachsene Urlauber hält das **Nachtleben** von Varadero in Atem. Ob Disco oder Tanz unter den Sternen, ob Cabaret oder Musikrevue, hier amüsiert man sich gut.

Der Westen

Die Fahrt von Havanna ins westliche Kuba führt über Guanajay und San Cristobal zur Provinzhauptstadt **Pinar del Rio**. Der Ort, 1571 als *Nueva Filipina* gegründet, wurde durch Tabakanbau groß. Klassizistische und Jugendstil-Bauten im Zentrum, darunter der **Palacio Guasch** mit dem naturkundlichen *Museo de Ciencias Naturales* (Mo–Sa 9–18, So 9–13 Uhr), zeugen vom Wohlstand vergangener Tage. Auf den Kalkböden der Umgebung reiht sich ein Tabakfeld an das andere. Beim Besuch einer Plantage und der **Fábrica de Tabacos Francisco Donatien** (Calle Antonio Maceo, Mo–Fr 9–12 und 13–16 Uhr) erfährt man, wie die berühmten Havannazigarren entstehen. Die getrockneten Tabakblätter werden immer noch kunstvoll von Hand gerollt.

Die Umgebung von Pinar del Rio bietet landschaftliche Höhepunkte, etwa die Bergwälder der **Sierra de los Organos** und die buckligen Karstfelsen des **Valle de Viñales** (UNESCO Weltkulturerbe seit 1999), *Mogotes* genannt. Sie sind Überreste eines riesigen Höhlensystems. Im pittoresken Valle San Vincente nördlich des Ortes Viñales liegt die **Cueva del Indio** (Tel. 048/7961, tgl. 9–17 Uhr), eine Tropfsteinhöhle mit einem unterirdischen Fluss, der mit Booten befahren werden kann. Frühabends verlassen Scharen von Fledermäusen die Höhle.

Gen Osten

Unweit des hübschen Hoteldorfs **Guamá** im Norden der **Peninsula de Zapata** führt ein Freilichtmuseum in die Frühgeschichte Kubas. In Kanus gleiten Besucher durch ein rekonstruiertes Pfahlbaudorf der Taíno an der *Laguna del Tesoro*. Eine weitere Attraktion der *Boca de Guamà* ist die **Criadero de cocodrilos** (tgl. 9–17 Uhr), Lebensraum für etwa 8000 Krokodile. In den Mangrovensümpfen der Zapata, die zum *Gran Parque Natural Montemar* gehören, können etwa 165 Vogelarten sowie Krokodile und Leguane beobachtet werden (Touren).

Cienfuegos

Auf dem Weg nach Cienfuegos liegt die **Bahiá de Cochinos**, die Schweinebucht. Von hier aus starteten 1961 Amerikaner und Exilkubaner die Invasion Kubas, um Fidel Castro zu stürzen, was allerdings

Märchenland – das Valle de Viñales mit seinen buckeligen Bergen und üppigen Tabakfeldern

In tropisches Grün gebettet ist Trinidad, das Juwel spanischer Kolonialarchitektur

misslang. Bald darauf erreicht man den Hafen von **Cienfuegos** (›Hundert Feuer‹) am Ende einer tief ins Land eingeschnittenen Bucht. Die Stadt wurde im 16. Jh. gegründet (UNESCO Weltkulturerbe seit 2005). Sie erlangte Reichtum und Ansehen durch den Anbau von Zuckerrohr und die Produktion von Rum. In Cienfuegos wurde die erste Zuckerrohrmühle Kubas errichtet, und hier entstand der größte Zuckerexporthafen der Insel. Der zentrale Platz **Parque Martí** ist mit Palmen, Denkmälern und Musikpavillon geschmückt und wird von imposanten Kolonialbauten gerahmt: von der *Catedral* (1869), der *Casa de la Cultura* (1918) und dem **Teatro Tomás Terry** (tgl. 9–17 Uhr), das der Zuckerbaron Terry 1887–89 zu Ehren seines Vaters bauen ließ. In dem Musentempel traten einst sogar Enrico Caruso und Sarah Bernhardt auf.

Der **Paseo del Prado** führt vom Zentrum zur Halbinsel *Punta Gorda* mit dem spanisch-maurisch gestylten **Palacio de Valle** (tgl. 10–22 Uhr). Der 1890 erbaute Palast fasziniert durch Fenster mit Buntglas, gedrechselte Säulen, Mosaikböden, Stuck und farbige Kacheln. Im *Erdgeschoss* verwöhnt heute ein **Restaurant** seine Gäste, inkl. Pianomusik. Die *Bar* auf der Dachterrasse mit wunderbarem Ausblick auf Hafen und Stadt hat bis nachts geöffnet.

Trinidad

Das südlich gelegene Trinidad war eine der ersten Siedlungen der Spanier in der Neuen Welt. Weil die Anbindung an das moderne Straßennetz erst relativ spät erfolgte, hat sich das städtebauliche Kleinod unverfälscht erhalten, mit holprigem Kopfsteinpflaster und Meisterwerken der Kolonialarchitektur. Die ganze Stadt steht heute unter Denkmalschutz und ist seit 1988 Weltkulturerbe der UNESCO.

Im Herzen der *Ciudad antigua* liegt die **Plaza Mayor**, um die sich alte Bürgerhäuser und Paläste der Zuckerbarone aus dem 19. Jh. gruppieren. Einige von ihnen beherbergen heute Museen. Das **Museo Municipal** (Sa–Do 9–17 Uhr) im gediegenen *Palacio Cantero* (1827–30) nahe der Plaza führt durch die Stadtgeschichte. Neben der **Iglesia de la Santísima Trinidad** mit dem hochverehrten ›Cristo de Veracruz‹ zeigt das **Museo Romántico** (auf unbestimmte Zeit wg. Restaurierung geschl.) im *Palacio Brunet* von 1741 koloniale Wohnkultur. Die Kolonialarchitektur ist auch Thema des **Museo Arquitectura Trinitaria** (Sa–Do 9–17 Uhr). Der zeitgenössischen Kunst wiederum ist die **Galeria de Arte Universal** (Mo–Sa 9–17 Uhr) im *Palacio Ortíz* gewidmet. Das eindrucksvolle Gebäudeensemble um die Plaza Mayor wird vom Wahrzeichen der Stadt, dem weiß-gelben Glockenturm der Kirche überragt, die zum 1813 im Barock-Stil errichteten Kloster **Convento de San Francisco de Asís** gehört.

Valle de los Ingenios

Im 19. Jh. war dieses Tal (UNESCO Weltkulturerbe seit 1988) in der Nähe von Trinidad das Zentrum der kubanischen Zuckerindustrie. Noch heute bekommt der Besucher einen guten Eindruck von jener Zeit: Niedrige Sklavenbaracken, prunkvolle Herrenhäuser und nostalgische Zuckerrohrmühlen sind Zeugen der Epoche. Die Plantage der Iznaga in *Manaca* (13 km von Trinidad) ist vor allem wegen des über 45 m hohen **Torre Iznaga** (Aussicht!) bekannt, von der aus einst Sklaven überwacht wurden. Um den Turm ranken sich *Legenden* wie diese: Die beiden Söhne des Zuckerbarons Iznaga konkurrierten um die Gunst des Sklavenmädchens Isabella. Der Vater bestimmte, wer den höchsten Turm oder den tiefsten Brunnen baue, solle Isabella zur Frau bekommen. Nach einer Woche wurde nachgemessen – und siehe da, die beiden Bauwerke waren exakt gleich hoch bzw. tief, nämlich 45,55 m. Da nahm der Vater die schöne Isabella selbst zur Frau und seine Söhne hatten das Nachsehen.

Sancti Spíritus

Die hübsche Kolonialstadt entstand im 16. Jh. am Ufer des Río Yayabo. Sehenswert sind die Kirche Parroquial Mayor Espíritu Santo (1522), die Plaza Sanchez, der Callejón del Llano und das **Museo de Arte Colonial** (tgl. 9–17 Uhr) in einem Kolonialpalast der Iznaga von 1744 mit Originaleinrichtung.

Von Santa Clara bis Bayamo

Nun geht es zu Städten, die im 16. Jh. gegründet wurden und während der Unabhängigkeitskämpfe des 19./20. Jh. bedeutende Rollen spielten. In **Santa Clara** sind *Che Guevara* ein Monument und ein Museum gewidmet. **Camagüey** ehrt den Freiheitskämpfer des ersten Bürgerkriegs von 1873, *Ignacio Agramonte*. Und in **Bayamo**, der Hauptstadt der Provinz Granma am Fuße der Sierra Maestra, wurde der Nationalheld *Carlos Manuel de Céspedes* geboren, der hier auch erstmals die Unabhängigkeit Kubas proklamierte.

Beschwingte Komposition – die klassizistische Catedral von Santiago de Cuba

Santiago de Cuba

In Santiago de Cuba (550 000 Einw.) schließlich verkündete Fidel Castro 1959 vom Balkon des Rathauses aus den Sieg der Revolution. Die Stadt gilt als die lebenslustigste des Landes und wird auch als heimliche Hauptstadt Kubas bezeichnet. Im 16. Jh. war sie tatsächlich Regierungssitz und steht heute an zweiter Stelle hinter Havanna.

Die schöne Lage auf Hügeln über dem Hafen mit der vorgelagerten Insel **Cayo Granma** verleiht der Stadt ihren besonderen Charme. Mittelpunkt der City ist der **Parque Céspedes**, ursprünglich Exerzierplatz, dann Bühne des gesellschaftlichen Lebens und heute Versammlungsort der Pensionäre. Ringsum sorgen sehenswerte Gebäude aus der Kolonialzeit für Atmosphäre. Die **Catedral**, 1522 erbaut und 1922 in klassisch-kühlen Formen erneuert, birgt ein wunderschönes Chorgestühl. Papst Johannes Paul II. hielt hier eine Versöhnungsmesse. Bemerkenswert sind auch das klassizistische Rathaus und das *Hotel Casa Granda* mit seiner luftigen Terrasse, ein Logenplatz mit Blick auf Santiago. Ältestes Haus am Platze ist die *Casa de Diego Velázquez* von 1530, die dem ersten Inselgouverneur als Residenz diente und heute das **Museo de Ambiente Historico Cubano** (Mo–Do, Sa 9–16.45, Fr 13–16.45, So 9–13 Uhr) birgt. Die Freunde des Frohsinns zieht es ins **Museo de Carnaval** (Di–So 9–13 Uhr) mit historischen Kostümen, Masken und Dekorationen. Das **Castillo del Morro** (Mo–Fr 9–17, Sa/So 8–16 Uhr) wurde im 17. Jh. über der Hafenbucht errichtet, seit 1997 ist es UNESCO Weltkulturerbe. Im Laufe der Zeit diente es auch einmal als Gefängnis, heute nimmt hier das *Museo de la Piratería* die Besucher gefangen.

Am Atlantik

Zum Schluss lohnt ein Besuch an der Atlantikküste im Nordosten, denn hier liegen einige der schönsten **Strände** Kubas: Playa Santa Lucia, Playa Pesquera, Playa Turquesa und Playa Guardalavaca. In der Region gibt es aber auch präkolumbische Ausgrabungsstätten, z. B. nahe dem **Museo Chorro de Maíta** (Mo–Fr 9–17, So 9–13 Uhr) bei Guardalavaca. Der etwa 1800 Jahre alte Taíno-Friedhof wurde in den 1980er-Jahren entdeckt und gilt als die größte Indio-Totenstadt in der Karibik. Im Museum sind Schmuck, Werkzeuge und Keramik ausgestellt, außerdem lädt ein originalgetreu nachgebautes Taíno-Dorf zum Besuch ein.

Ein paar Kilometer weiter westlich, in der **Bahía de Bariay**, landete Kolumbus am 28. Oktober 1492. Ein Denkmal erinnert an die Landnahme. Es symbolisiert die Begegnung der Alten Welt (griechische Säulen) mit der Neuen Welt (indianische Götterbilder). Der begeisterte Seefahrer notierte in seinem Bordbuch: »Nie sah ich ein schöneres Land, noch freundlichere Menschen.«

Inseln im Strom

Rund um Kuba schwimmen rund 1000 Inselchen, Cays und Atolle im Golfstrom, von denen die meisten unbewohnt sind. Das größte Eiland liegt im Süden, heißt **Isla de la Juventud** und ist ein Paradies für Taucher (Hotels, Geräteverleih, Tauchschule). Als die Isla noch Gefängnisinsel war, ›beherbergte‹ sie auch einmal den späteren Staatschef Fidel Castro.

Die 25 km lange Insel im Canarreros-Archipel vor der Südküste Kubas, **Cayo Largo**, zieht Freunde schattenloser weißer Sandstrände an. Sie ist touristisch erschlossen und besitzt eine Landepiste für Kleinflugzeuge sowie einen Jachthafen.

Cayo Coco, die Trauminsel vor der Nordküste Kubas mit herrlichen Stränden wie Playa del Perro, Playa Larga, Playa Coloradas und Playa del Norte, ist über einen 20 km langen Damm zu erreichen. Sie und ihre Nachbarinselchen sind Urlaubsparadiese und Naturidyllen zugleich.

Tropicana-Tanzfieber

Karibisches Tanzparadies unter Sternen: Im Süden Havannas liegt das berühmte **Cabaret Tropicana** mit Freilichtbühne in bezaubernder Umgebung. Eine der größten Shows der Welt präsentiert etwa 160 kubanische Tänzerinnen und Tänzer in atemberaubenden Kostümen, die zu afrokubanischen Rhythmen durch die tropische Nacht wirbeln. Ein buntes Kaleidoskop an Farben und Formen, eine Mischung aus Folies Bergères und Carnaval Cubana (Linea del Ferrocarill y Calle 72, Marianao, Tel. 07/267 17 17, www.cabarettropicana.com, Reservierung empfohlen).

Praktische Hinweise

Tel.-Vorwahl Kuba: 00 53

Information

Infotour, Calle 28 303 e (zwischen 3. und 5. Ave.), Playa, Havanna, Tel. 07/204 06 24, www.infotur.cu

Asistur, Paseo del Prado 208 (zwischen Trocadero und Colón), Havanna, Tel. 07/866 44 99, www.asistur.cu

Alarm Center Asistur, Tel. 07/866 85 27

Kuba im Internet: www.cubainfo.de

Hotels

Horizontes Los Jazmines, Carretera a Viñales, Km 25, Viñales, Tel. 048/79 62 05, www.cubanacan.cu. Das moderne Urlaubshotel mit 74 Zimmern thront in exponierter Hügellage und bietet malerische Ausblicke auf die Mogotes.

Mélia Las Américas, Playa de Las Américas, Varadero, Tel. 045/66 76 00, www.solmeliacuba.com. Attraktives Spitzenhotel am Strand und neben dem Golfplatz mit fünf Restaurants, vier Bars, fünf Pools sowie umfangreichem Wassersportangebot.

Parque Central La Torre, Calle Neptuno e/ Prado y Zulueta, Havanna, Tel. 07/860 66 27, www.hotelnhparquecentral.com. Komplex aus zwei Luxushotels am Rand der Altstadt mit gutem Service und Pool auf der Dachterrasse.

Tryp Cayo Coco, Playa Larga/Jardines del Rey, Cayo Coco, Ciego de Ávila, Tel. 033/30 13 00, www.solmeliacuba.com. Am langen Strand wohnt man wie in einem Dorf der Kolonialzeit in villenartigen Bungalows. Restaurants mit kubanischer, chinesischer und italienischer Küche. Großes Sportangebot.

Flotte Meeresflitzer zieren den berühmten Seven Mile Beach von Grand Cayman

2 Cayman Islands

Die aus drei kleinen Inseln bestehende Steueroase bietet Ferienerlebnisse wie paradiesische Strände, eine Schildkrötenfarm, die Stachelrochen-Stadt und die Cayman Wall, eine Märchenwelt für Taucher.

Britisches Überseeterritorium
Größe: 260 km^2
Einwohner: 52 000
Hauptstadt: George Town
Sprache: Englisch
Währung: Cayman Islands Dollar (CI $, KYD)

Dem Motto ›Sun & Fun‹ folgend, reisen viele Urlauber auf die zwischen Kuba und Jamaika liegenden Cayman Islands, zu denen *Grand Cayman, Cayman Brac* und *Little Cayman* gehören. Die Sonne war schon immer da, zur ungetrübten Ferienfreude gehören aber auch komfortable Hotels und Resorts. Am Seven Mile Beach, dem schönsten Strand von Grand Cayman, finden verwöhnte Gäste alles, was das Herz begehrt. Und auch die Bewohner der Inseln führen ein vergleichsweise privilegiertes Dasein. Die Einnahmen aus dem Tourismus und dem Geldverkehr garantieren dem britischen Überseeterritorium hohen Lebensstandard und geringe Arbeitslosenzahlen. Doch das Paradies hat seinen Preis, hier ist es teuer, und der Cayman Islands Dollar notiert sogar stabiler als die US-Währung. Vielleicht aus diesem Grund ernähren sich die vorwiegend nordamerikanischen Touristen eher von Hamburgern als von der ausgezeichneten caymanischen Küche. Einheimische Spezialitäten sind Schildkrötensteak und -suppe. Manch einer isst sie hier vielleicht ohne ökologische Schuldgefühle, denn das Fleisch stammt von einer Schildkrötenfarm bei West Bay.

Geschichte Als Christoph Kolumbus im Jahre 1503 die Cayman Islands entdeckte, wimmelte es hier derart von Schildkröten, dass er den Archipel **Las Tortugas**, die Schildkröteninseln, nannte. Eine Turiner Seekarte aus dem Jahr 1523 weist die Inselgruppe allerdings als **Lagartos**, Inseln der Alligatoren, aus. Die Seefahrer verwechselten offensichtlich die hier lebenden Echsen mit Krokodilen. Auf einer anderen Karte aus dem 16. Jh. ist bereits der Name *Cayman* vermerkt, was in der Sprache der Kariben so viel bedeutet wie Krokodil. Nachdem die Spanier die Inseln entdeckt hatten, vergaßen sie sie auch gleich wieder. Schließlich gab es rundherum in der Karibik vielversprechendere Regionen. Warum sollte man sich mit Schildkröten und Echsen abgeben?

Ende des 16. Jh. begannen die Engländer, sich für die Gegend zu interessieren. Auf dem Weg nach Santo Domingo kam **Sir Francis Drake** 1586 vom Kurs ab und erreichte die Caymans. Sechs Jahre später segelte **William King** vom benachbarten Jamaika aus nach Grand Cayman. Er befand, dass es hier genügend frisches Wasser und Schildkröten zur Ernährung von Seeleuten gab. 1643 liefen bereits so viele Schiffe die Caymans an, dass die Spanier befürchteten, die Kontrolle über die Inseln zu verlieren und deshalb die ankommenden Fregatten angriffen. In diesen Konflikt mischten sich auch Seeräuber ein, die auf eigene Faust oder im Namen der Englischen Krone jedes spanische Schiff aufbrachten, das reiche Beute versprach. Es entstand eine regelrechte Freibeuter-Armada.

Im Jahr 1654 beschloss **Oliver Cromwell**, das ganze Gebiet für England zu erobern, und fuhr mit 7000 Mann über den Atlantik. Als erstes griff er Hispaniola an und erlitt eine verheerende Niederlage. Dann wandte er sich Jamaika zu und verleibte diese Insel dem britischen Imperium ein. Den Eroberern Jamaikas folgten Kolonialherren, die von dort aus auch die Caymans besiedelten. Es wird berichtet, dass zwei desertierte Soldaten aus Cromwells Armee – *Bodden* und *Watler* – die ersten richtigen Bewohner der Inseln waren. Der bekannteste Seeräuber, der sich auf den Caymans niederließ, war **Edward Teach**, genannt Blackbeard. Seine Abenteuer verarbeitete Robert Louis Stevenson in seinem Roman ›*Die Schatzinsel*‹ (1883). Blackbeards Gold- und Juwelenschatz, den er irgendwo auf den Caymans versteckt haben soll, ist bis heute nicht gefunden worden.

1730 endete das Zeitalter der Piraten. Die Steuerfreiheit wurde den Inseln 1788 von King Georg III. als Belohnung verliehen, weil die Bewohner Schiffbrüchige von zehn vor der Ostküste Grand Caymans

Piraten der Königin

Sie sind in die Geschichte eingegangen als Seeräuber, gesetzlose und grausame Plünderer und Mörder. Doch auch unter ihnen gab es gesellschaftliche Unterschiede. Pirat oder Bukanier nannte man den Räuber, der sich ausschließlich um des eigenen Profits willen bereicherte. Die Freibeuter und Korsaren hingegen handelten im königlichen Auftrag. Die Grenzen waren in der Praxis jedoch eher fließend.

Die größte Förderin dieser wagemutigen Unternehmungen war die britische **Queen Elizabeth I.** (1558–1603). In ihrem Auftrag oder mit ihrer Billigung beraubten **Francis Drake, Walter Raleigh**, **John Hawkins** und viele andere die spanischen Schiffe, die mit Gold und Silber beladen von den mittelamerikanischen Kolonien gen Sevilla segelten. Als schließlich die Spanische Armada 1587 ausgeschickt werden sollte, um Francis Drake ein für allemal das Handwerk zu legen, kam er diesem Schlachtplan zuvor, indem er die Flotte im Hafen von Cadiz in Brand steckte.

Francis Drake (um 1540–1596) wurde ebenso wie Henry Morgan für seine Verdienste zum Ritter geschlagen. **Henry Morgan** (um 1635–1688), einer der brutalsten Piraten der Epoche, beherrschte die verrufene Piratenmetropole **Port Royal** auf Jamaika. Später wurde er als Sir Henry Morgan zum Gouverneur der Insel ernannt.

Pedro Castle auf Grand Cayman – hier spukt angeblich Henry Morgan

Blackbeard, mit christlichem Namen Edward Teach, war ein Furcht erregender Riese von Pirat, der sich angeblich brennende Lunten in seinen schwarzen Bart steckte, um seine Gegner zu erschrecken.

Wenig verwunderlich ist es, dass die Engländer schließlich einen Piraten beauftragten, der Seeräuberei in der Karibik den Garaus zu machen. **Woodes Rogers** war ab 1718 Gouverneur der Bahamas-Insel Nassau, auf der sich die Piraten nach der Zerstörung von Port Royal durch ein Erdbeben 1692 zurückgezogen hatten. Er zwang seine ehemaligen Kollegen dazu, sich einer ›Umschulung‹ zu unterziehen.

gesunkenen Schiffen gerettet hatten.

Weitere Meilensteine in der Geschichte waren die Einweihung des Flughafens 1954 und der Beginn des **Tourismus**. Als Jamaika 1962 unabhängig wurde, entschieden sich die Cayman Islands für den Verbleib bei Großbritannien. 2009 erhielt die britische Besitzung ihre heutige Verfassung. Wirtschaftlich machen die Koralleninseln schon seit über 30 Jahren von sich reden. Grand Cayman hat sich zum fünftgrößten **Offshore Finanzzentrum** der Welt gemausert, zum ›Little Switzerland‹ der Karibik, einem sicheren Hafen für Investoren und Steuerflüchtlinge. Die Caymans sind nicht nur zollfrei, sondern auch weitgehend abgabenfrei. Begriffe wie Einkommens-, Kapitalertrags- und Vermögenssteuer sind unbekannt; das Bankgeheimnis wird bisher gehütet wie der Schatz des Seeräubers Blackbeard.

Grand Cayman

Die größte der drei Inseln ist so klein, dass man sie per Mietwagen bequem in einem halben Tag umfahren kann. In der Hauptstadt der Caymans, **George Town**, stehen neben modernen Regierungsgebäuden bunte Holzhäuschen im Gingerbreadstil inmitten gepflegter Gärten. An den Büro- und Geschäftshäusern in der *Harbour* und *George Street* künden die Schilder der Banken und Notare von Finanzmacht. Im Old Courts Building zeigt das **Cayman Islands National Museum** (Tel. 345-949-8368, www.museum.ky, Mo–Fr 9–17, Sa 10–14 Uhr) seine Sammlung zur Geschichte der Inseln. Jedes Jahr im November sind in George Town zehn Tage lang die Freibeuter los. Während des **Pirates Week Festival** (www.piratesweekfestival.com) legen im Hafen zwei historische Segelschiffe an, und in der Stadt gibt es Musik, Kostümshows und Feuerwerk.

Östlich von George Town führt die Straße durch einige typische Inseldörfer. Bei Savannah liegt die **Pedro St. James Historic Site** (Tel. 345-947-3329, www.pedrostjames.ky, tgl. 9–17 Uhr) über dem Meer. Zentrum ist ein ehem. Plantagen-Herrenhaus. Es wurde 1780 erbaut, und nach einer Restaurierung im Stil des 19. Jh. beherbergt es heute eine Multimedia-Show zu seiner Geschichte. Immerhin gilt dieses *Great House* als das älteste Gebäude der Caymans und als Wiege der Demokratie, denn hier fanden 1831 die ersten Wahlen statt.

Am Ostende von Grand Cayman, zwischen **Half Moon Bay** und **East End**, steigen aus dem durchlöcherten Korallenboden *Wasserfontänen* in die Luft und sorgen für ein interessantes Naturschauspiel. Bei Flut und hohem Wellengang wird das Seewasser durch unterirdische Kanäle und Höhlen gepresst und entweicht als Geysire ins Freie. Vor der Küste liegen Schiffswracks, die in den letzten 400 Jahren auf die messerscharfen Korallen gelaufen sind. Hier nach verborgenen Schätzen zu suchen gilt unter Sporttauchern als verlockendes Abenteuer.

Im Distrikt *North Side* präsentiert der **Queen Elizabeth II Botanic Park** (Tel.

Tête-à-Tête mit einem Stachelrochen – Stingray City im poolschönen North Sound

345-947-94 62, www.botanic-park.ky, tgl. 9–17.30 Uhr) die Wunder der karibischen Pflanzenwelt und dokumentiert den Lebensraum der ersten Siedler mit historischen Häusern, Hütten und Nutzgärten. Außerdem werden hier Caymanische Echsen, die vom Aussterben bedrohten *Blue Iguana*, aufgezogen. Auf der anderen Seite der Bucht *North Sound* liegt die ›Hölle‹ – die Poststation **Hell**, von der man eine Postkarte in die Heimat schicken kann. Zwar ist der Name Hölle für den Nordwesten Grand Caymans übertrieben, doch im Vergleich zur paradiesischen Landschaft des Südens wirkt das schwarze Korallenplateau unwirtlich.

Auf dem Weg in die ›Hölle‹ aber kommt der Reisende durchs Paradies: Der **Seven Mile Beach** wird trotz kontinuierlicher Bebauung mit Hotels und Ferienhäusern seinem Ruf als einer der schönsten Strände der Karibik gerecht. Der 10 km lange weiße Sandsaum und das klare Karibikwasser sind ideal zum Sonnen und Schwimmen. Außerdem kann man hier auch Surfen, Segeln, Hochseeangeln usw.

TOP TIPP

Nordöstlich von **West Bay**, dem zweitgrößten Ort der Insel, liegt die **Cayman Turtle Farm** (Tel. 345-949-38 94, www.turtle.ky, Mo–Sa 8–16.30, So 10/11–16.30 Uhr). Weil die Meeresschildkröten, die früher die Gewässer der Caymans bevölkerten, auszusterben drohten, wurde 1968 diese Farm eingerichtet, die den Bestand wieder herstellen soll und Restaurants mit Schildkrötenfleisch versorgt.

Eine berühmte Unterwasserattraktion ist **Stingray City** in der Bucht North Sound. Hier können Schnorchler und Taucher mit Stachelrochen schwimmen.

Rund um Grand Cayman und die beiden kleineren Cayman Inseln erwarten den passionierten Aquanauten atemberaubende *Tauchgründe*. Unvergesslich ist ein Ausflug zur spektakulären **Cayman Wall**, die aus zahlreichen Steilabfällen besteht. Hier bricht der Landsockel fast senkrecht bis in eine Tiefe von 2000 m ab. Die Wall gilt als eine der besten Tauchreviere der Welt. Das Gebiet ist vor allem deshalb so interessant, weil sich hier relativ dicht unter der Wasseroberfläche Fische und Pflanzen befinden, die eigentlich erst in viel größeren Tiefen vorkommen. Sehenswert sind auch die bizarren Korallenriffe, die einige seltene Korallenarten aufweisen und zahllose Fischschwärme einschließlich stattlicher Haie anziehen.

TOP TIPP

Grimmige Barracuda-Patrouille am Wrack ›Captain Keith Tibbetts‹ vor Cayman Brac

Little Cayman

Die kleinste der Cayman Islands (15 km lang, 3 km breit) kann von Grand Cayman aus per Boot oder Kleinflugzeug erreicht werden. Sieben Hotels gibt es in diesem Idyll mit schönen Stränden und Tauchrevieren wie dem berühmten Steilabfall *Bloody Bay Wall*.

Cayman Brac

Auch Brac (gälisch für Kliff, 19 km lang, 3 km breit) ist per Boot und Flugzeug zu erreichen. Neben tropischer Fauna, einsamen Stränden und guten Tauchrevieren gehören weitverzweigte Tropfsteinhöhlen und eine vielfältige Vogelwelt zu den Attraktionen der Insel.

i Praktische Hinweise

Tel.-Vorwahl Cayman Islands: 001-345

Information

Cayman Islands Department of Tourism, The Pavilion, Cricket Square, George Town, Tel. 345-949-06 23, www.caymanislands.ky

Hotels

Grand Cayman Beach Suites, Seven Mile Beach, Grand Cayman, Tel. 345-949-12 34, www.grand-cayman-beach-suites.com. Schönes Strandhotel mit zwei Restaurants, Pools, Fitness Center, großem Wassersportangebot und Tauchbasis.

The Ritz-Carlton, Seven Mile Beach, Grand Cayman, Tel. 345-943-90 00, www.ritzcarlton.com. Attraktives Luxushotel mit Strandvillen, Restaurants, Spa, Golfplatz, Öko-Touren à la Cousteau etc.

3 Jamaika

Die drittgrößte der Karibischen Inseln ist zugleich eine der schönsten. Sie bietet traumhafte Strände und exklusive Hotels, prächtige Herrenhäuser, lebendige Städte – und eine unvergleichliche Atmosphäre.

Parlamentarische Demokratie
Größe: 10 990 km²
Einwohner: 2,9 Mio.
Hauptstadt: Kingston
Sprachen: Englisch, Patois
Währung: Jamaican Dollar (J $)

Jamaika, das sich wie der zerfurchte Panzer einer Riesenschildkröte aus dem Meer erhebt, ist voller faszinierender Kontraste. Zu seinen Naturschönheiten gehören grüne Hügel, blaue Berge, rauschende Wasserfälle im tiefgrünen Regenwald und Bilderbuchstrände in Negril, Port Antonio und an der Nordküste. Auf der 236 km langen und 82 km breiten Insel verbrachten schon die britischen Kolonialherren gern die Wintermonate. Heute ist Jamaika auch für andere Urlauber erschwinglich geworden. Neben zahlreichen Wassersportaktivitäten bietet es einige der besten Golfplätze der Welt. Außerdem kann man reiten, auf Flößen die Flüsse hinabfahren, Wasserfälle erklimmen, mit Delfinen schwimmen, Wandern, Mountainbiken oder per Seilzug, Canopy Zipline, durch den Regenwald brausen. Auch das Landesinnere mit den **Blue Mountains**, dem **Cockpit Country**, den Rumdestillerien, Kaffeeplantagen und den in grünes Hügelland gebetteten Dörfern hat seinen ganz eigenen Reiz.

›**Out of many, one people**‹ heißt das Motto des jamaikanischen Wappens, ›Aus vielen Völkern ein Volk‹. Und tatsächlich kann der aufmerksame Beobachter in den Gesichtern der Menschen Herkunft und Vermischung der Völker noch heute erkennen. Die Jamaikaner gelten als geschäftstüchtig und aufgeweckt, stolz und liebenswürdig, frech und lebenslustig. Ihre außergewöhnliche Kreativität und Motivation zu großen Leistungen stellen sie vor allem in den Bereichen Musik und Sport unter Beweis. Zugleich ahnt man, dass auch für sie nicht immer die Sonne lacht. Denn rund um die Luxushotels und schönen Strände liegen für viele Jamaikaner Armut und wenig Hoffnung auf eine bessere Zukunft. Die Löhne sind, wie andernorts in der Karibik, in der Regel niedrig, die Lebenshaltungskosten hoch, besonders in den vom Tourismus geprägten Orten. Und doch währt allen wirtschaftlichen und politischen Problemen zum Trotz eine unbeirrbare Liebe der Bewohner zu ihrer Insel.

Geschichte Die Ureinwohner, die Taíno vom Stamm der Arawak, gaben der Insel den klangvollen Namen **Xaymaca**, Land aus Wald und Wasser. Christoph Kolumbus, der Jamaika am 4. Mai 1494 auf seiner zweiten Westindien-Reise entdeckte, übersetzte den Namen fälschlicherweise mit Land des gesegneten Goldes. In der St. Ann's Bay, wo Kolumbus am 5. Mai jamaikanischen Boden betreten hatte, gründeten spanische Siedler 1509 als ersten Ort **Sevilla la Nueva**. Später, ab 1534, entstand an der Südküste Villa de la Vega, das heutige **Spanish Town**. Was ausblieb, war das erhoffte Gold, und bald zeigte die Spanische Krone kaum noch Interesse an der Insel. Im Jahre 1655 nahmen die **Eng-**

Üppige tropische Vegetation und kleine Buchten prägen die Küste rund um Montego Bay

länder Jamaika im Handstreich. Admiral William Penn und General Robert Venables trafen bei der Landung und dem anschließenden Marsch nach Spanish Town kaum auf Widerstand. Im Vertrag von Madrid wurde 1670 die Übergabe der Insel an die britische Krone besiegelt und Spanish Town zur Hauptstadt erklärt. In den folgenden Jahrzehnten erlebte Jamaika seine wirtschaftliche Blütezeit. Zuckerproduktion, Viehzucht sowie Anbau von Kaffee, Tabak, Kakao und Bananen brachten den einst von den Spaniern vergeblich erhofften Reichtum.

Mit Beginn des 18. Jh. entwickelte sich Jamaika zum bedeutendsten **Sklavenmarkt** der Karibik. Von hier aus wurden sogar die Kolonien der Neuen Welt mit Arbeitskräften aus Afrika versorgt. Aufruhr und Ungemach verursachten die **Maroons**, entlaufene Sklaven, die sich in den Bergen versteckt hielten und den Siedlern und Behörden durch Raub und Überfälle zu schaffen machten. Erst 1739 kam es zu einem Friedensvertrag zwischen Engländern und Maroons. Deren Anführer Cudjoe erreichte, dass seinen Leuten Freiheit garantiert und Land im Cockpit Country zugesichert wurde.

Neben den Sklaven machten die **Piraten** den Kolonialherren auf Jamaika das Leben schwer: Bis zu seinem Untergang infolge eines Erdbebens am 7. Juni 1692 war **Port Royal** die berüchtigtste und reichste Piratenstadt der Karibik. Hier trieb der Freibeuter *Henry Morgan* sein Unwesen, später macht er jedoch legal Karriere – als Gouverneur der Insel.

Die großen wirtschaftlichen Erfolge waren nur durch die Ausbeutung Hunderttausender afrikanischer Sklaven möglich gewesen. Doch Ende des 18. Jh. zog die Französische Revolution auch in der Karibik ihre Kreise. Auf Jamaika kam es in dieser Zeit zu den ersten folgenschweren **Sklavenaufständen**. 1807 wurde schließlich der Sklavenhandel verboten, 1838 erfolgte die Abschaffung der Sklaverei in allen britischen Kolonien.

Nach dem Ende des Plantagenzeitalters steuerte Jamaika, weiterhin von Krisen geschüttelt, langsam aber stetig in die Unabhängigkeit. 1884 erhielt die britische Kronkolonie die Teilautonomie. Während des Zweiten Weltkrieges kam es zur Gründung der beiden jamaikanischen **Parteien**: *Norman Manley* und die sozialistisch orientierte **PNP** (People's National Party) setzten sich seit 1938 für die Unabhängigkeit des Landes ein. *Alexander Bustamante* wurde Anführer der konservativen **JLP** (Jamaica Labour Party) und nach der **Unabhängigkeit** Jamaikas am 6. August 1962 der erste Premierminister. Die folgenden Jahrzehnte waren vom erbitterten Machtkampf der

It wasn't me – Shaggy ist einer der Superstars der jamaikanischen Musikszene

Reggae Sumfest

Im Sommer 1978 fand in Montego Bay erstmals das legendäre Musikfestival **Reggae Sunsplash** statt, das 20 Jahre lang das bedeutendste Podium der Reggae Musik bleiben sollte. In den 1990er-Jahren aber lief ihm das TOP TIPP **Reggae Sumfest** (Tel. 876-953-2933, www.reggaesumfest.com) den Rang ab. Es wartet nun alljährlich in der zweiten Julihälfte mit einem viertägigen Showprogramm auf, das Tausende von Besuchern aus aller Welt nach MoBay zieht. Jede Sumfest-Nacht steht unter einem anderen Motto. Den Auftakt bildet eine große *Beach Party* (So) mit den Hits der Saison von den Plattentellern angesagter DJs. Als Showdown der Superstars heiß ersehnt ist vor allem die *Dancehall Night* (Do), bei der Stars wie Mavado, Busy Signal, I-Octane, Konshens oder Lady Saw ihre neuen Kreationen zu Gehör bringen. Es folgen die *International Nights* (Fr/Sa), zu der Berühmtheiten aus derinternationalen Musikszene eingeladen werden, flankiert von Damian Marley, Bunny Wailer, Shaggy, Jah Cure, Tanya Stephens, Tarrus Riley, Etana und anderen Größen des Reggae.

beiden Parteien gezeichnet. 1980 konnte die JLP-Regierung unter *Edward Seaga* die Erwartungen, die man in eine proamerikanische Politik gesetzt hatte, nicht erfüllen. Eine zweite Amtszeit *Michael Manleys* (des Sohnes von Norman Manley) begann 1989 auf gemäßigtem Regierungskurs. Aus gesundheitlichen Gründen übergab Manley sein Amt 1992 an *Percival J. Patterson* (PNP), der auch die drei folgenden Wahlen für sich entscheiden konnte. 2006 erhielt das Land mit *Portia Simpson Miller* (PNP) zum ersten Mal eine Premierministerin. Nach Amtszeiten der JLP-Poltiker *Bruce Golding* und *Andrew Holness* konnte sie 2012 erneut die Wahlen für sich entscheiden.

Ein ungeheurer Siegestaumel erfasste Jamaika anlässlich der Olympiade in Peking 2008, denn das Athletenteam des Landes gewann mehr Medaillen denn je zuvor (6 Gold, 3 Silber, 2 Bronze). Aufsehen erregte vor allem der lässig agierende Sprinter **Usain Bolt**, der drei Weltrekorde aufstellte. Bei der Weltmeisterschaft in Berlin ein Jahr später errang der Läufer mit dem Spitznamen *Lightning Bolt* wiederum drei Titel und verbesserte seine Rekordzeiten über 100 m und 200 m auf unfassbare 9,58 und 19,19 Sek. In London 2012 sorgten die jamaikanischen Sprinter erneut für Aufsehen. Das Team um Usain Bolt, der heute als der schnellste Läufer aller Zeiten gilt, stellte in der 4 x 100 m Staffel mit 36,84 Sek. einen neuen Weltrekord auf.

Montego Bay

Eine monumentale Fotowand, die Usain Bolt in Aktion zeigt, begrüßt Reisende am *Sir Donald Sangster International Airport* von Montego Bay, der zweitgrößten Stadt und touristischen Hochburg der Insel. Die Metropole an der Nordküste verdankt ihre stürmische Entwicklung zum Ferienzentrum um 1900 den heilkräftigen Mineralquellen, die am **Doctor's Cave Beach** (Tel. 876-952-2566, www.doctorscavebathingclub.com, tgl. 8.30–18.30 Uhr) sprudeln. Heute geht es an diesem hübschen Strand nicht mehr um Heilung, sondern um Sonnenbaden und Wassersport. Und das Restaurant *The Sand Bar* kredenzt dazu Erfrischungen.

MoBay, wie Montego Bay kurz genannt wird, bietet zahlreiche touristische Attraktionen und Sportangebote von Tauchen bis Mountainbiking, von Polo bis Parasailing, und es ist bekannt für sein abwechslungsreiches **Nachtleben**, das sich in Bars, Discos oder am Strand abspielt. Im Mittelpunkt stehen *Reggae* und *Dancehall Music*, dessen schnellere und frechere Variante. Die Musikszene ist die produktivste der Welt, täglich werden etliche neue Songs produziert und jedes Jahr zahllose Konzerte veranstaltet.

Montego Bay erstreckt sich zwischen Meer und Hügeln. In der Unterstadt, der

Downtown, befindet sich der Central Business District mit Geschäften, Märkten, Büros und Verwaltungsgebäuden. Im Zentrum, rund um den **Sam Sharpe Square**, befinden sich das alte Gefängnis *The Cage*, das *Montego Bay Civic Centre* (Tel. 876-952-55 00, Di–Fr 9–17, Sa 10–15, So 12–17 Uhr) mit Theater, Kunstgalerie, Stadthalle und dem Museum of St. James zur Geschichte der Region, das *Strand Theatre* und das *Georgian House*. Weitere Bauten aus dem 18. Jh. säumen die *Church Street*, darunter das Town House und die St. James Parish Church.

Am nahen *Howard Cooke Boulevard* lockt der **Craft Market** (tgl. 8–19 Uhr) mit zahlreichen Shops, die Korbwaren, Malereien und Holzschnitzereien anbieten. Auf einem Steg in der Bay thront das Restaurant **Pier One** (Tel. 876-952-24 52, www.pieronejamaica.com). Es bietet Köstlichkeiten wie Fisch und Meeresfrüchte mit Blick aufs Meer, besonders romantisch bei Sonnenuntergang. Hinzu kommen Parties, Folklore und Livemusik.

Folgt man dem Howard Cooke Boulevard nach Norden, gelangt man zum Strandbad **Aquasol Theme Park** (Tel. 876-979-94 47, tgl. 10–22 Uhr) am Walter Fletcher Beach mit Restaurant und Wassersportangebot. Auf der anderen Seite der *Gloucester Avenue* sieht man die Reste des **Fort Montego** und einen kleinen Craft Market. Gloucester und Kent Avenue verbinden nicht nur die Strände MoBays miteinander, sie werden wegen ihrer Bars, Restaurants und Nightclubs auch *The Hip Strip* genannt. Am oberhalb verlaufenden Queen's Drive und in Miranda Hill prangen einige der schönsten Hotels der Stadt in üppigen Gärten.

Im Süden MoBays liegt der **Montego Bay Freeport**, ein Tiefseehafen mit Freihandelszone, mit dem Kai für Kreuzfahrtschiffe, einem Shopping Center, zwei Hotelkomplexen und dem Yacht Club.

Die Nordküste von Falmouth bis Port Antonio

Von Montego Bay führt die A 1 entlang der Nordküste. Nach etwa 15 km erreicht man **Rose Hall Great House** (Tel. 876-953-23 23, www.rosehall.com, Führungen tgl. 9.15–17.15 und 18.30–21.15 Uhr). Der 1770 errichtete Herrensitz erweist sich als *very british* und hat auch einen Hausgeist: Annie Palmer, die Anfang des 19. Jh. hier Gutsherrin war, soll ihre drei Ehemänner sowie zahlreiche Liebhaber getötet haben. Dann wurde sie selbst von einem ihrer Diener nach einer Liebesnacht ermordet. Seitdem geistert sie, so will es die Legende, als *White Witch*, als Weiße Hexe, durch das Gebäude.

Als nächste Station auf der Küstenfahrt bietet sich die Erlebnisschau **Outameni Experience** an (Coopers Pen, gegenüber dem Hotel Breezes Trelawny, Tel. 876-954-40 35, www.outameni.com, Führungen Mi–Fr 10–15 Uhr alle 30 Min., Sa–Di nur für

Im Rose Hall Great House soll Annie Palmer Ehemänner und Liebhaber gemeuchelt haben

Gruppen auf Voranmeldung). Die Besucher wandeln hier durch originalgetreu ausgestattete Kulissen, in denen Schauspieler, Tänzer und Musiker die Geschichte Jamaikas von der Zeit der Taínos bis in die Gegenwart lebendig werden lassen.

Einen Abstecher lohnt auch die alte Hafenstadt **Falmouth**. Sie ist bekannt für ihre georgianischen Bauten des 18./19. Jh., darunter das *Courthouse* in der Seabord Street sowie *The Baptist Manse*, *Vermont House* und *Moulton Barrett House* an der Market Street. Aus langem Dornröschenschlaf erwachte Falmouth 2011, mit der Eröffnung des preisgekrönten *Cruise Port*, in dem gigantische Kreuzfahrtschiffe wie die ›Oasis of the Sea‹, das größte Schiff der Welt, anlegen können.

Einige Kilometer südlich von Falmouth erricht man den Fluss **Martha Brae**. Das *Rafters Village* (Tel. 876-940-6398, www.jamaicarafting.com, tgl. 9–16 Uhr) ist hier Ausgangspunkt für Fahrten mit Bambusflößen stromabwärts. Auf diese Weise wurden auf Jamaika einst Bananen transportiert. Doch dann kam der Hollywood-Star *Errol Flynn* auf die Idee, für seine Freunde Floßfahrten auf dem Rio Grande bei Port Antonio zu veranstalten.

Discovery Bay, ein kleiner Ort mit Strandvillen, ruhigen Buchten und einer Förderanlage für Bauxit, macht St. Ann's Bay den Ruf streitig, die Stelle zu sein, an der Kolumbus 1494 erstmals jamaikanischen Boden betrat. Der kleine *Columbus Park* an der Küste erinnert an dieses Ereignis. Kurz vor **Runaway Bay** mit seinen Sandstränden und Hotelanlagen laden die **Green Grotto Caves** (Tel. 876-973-2841, tgl. 9–16 Uhr) zur Besichtigung ein. In den Tropfsteinhöhlen mit einem unterirdischen See sollen sich einst entlaufene Sklaven versteckt haben.

Noch weitaus geschichtsträchtiger ist **St. Ann's Bay**. Im Westen vor der Stadt liegen an der Kreuzung der A 1 und A 3 im **Seville Great House and Heritage Park** (Tel. 876-972-2191, tgl. 9–16 Uhr) die Reste der ersten spanischen Siedlung, des 1509 von Diego Colón gegründeten Sevilla la Nueva. Vorbei am *Columbus Monument*, das einen eher jugendlichen Entdecker zeigt, und über die Main Street mit dem Markt geht es zur Library. Hier steht die Bronzestatue des Nationalhelden **Marcus Mosiah Garvey** (1887–1940). Garvey kam in St. Ann's Bay zur Welt. In den USA gründete er eine panafrikanische Erneuerungsbewegung. Seine *Universal Negro Improvement Association (UNIA)* setzte sich für die Rechte der Schwarzen ein und unterhielt sogar eine Schiffsflotte, die ›Black Star Line‹, mit der die Schwarzen in das Mutterland Afrika zurückkehren sollten. Ferner prophezeite Garvey das Erscheinen eines schwarzen Erlösers aus dem Hause David und wurde dadurch zur Schlüsselfigur der Glaubensgemeinschaft der *Rastafari* [s. S. 44].

Kurz vor Ocho Rios lockt ein besonderes Naturschauspiel, der **Dunn's River Falls and Park** (Tel. 876-974-2857, www.

Es muss nicht immer Gondel sein – per Floß durch tropisches Grün auf dem Martha Brae River

dunnsriverfallsja.com, tgl. 8.30–16 Uhr). Kühle kristallklare Gebirgswasser stürzen hier über Kalksinterterrassen, sammeln sich in Felswannen, schwappen über und sprudeln wild schäumend weitere Stufen hinab, bis sich sie sich an einem schönen Sandstrand ins Meer ergießen.

Die **Dolphin Cove** (Tel. 876-974-5335, www.dolphincovejamaica.com, tgl. 8.30–17.30 Uhr, Voranmeldung empfohlen) in der Nachbarbucht lädt zur Begegnung und zum Schwimmen mit Delfinen, zum Hätscheln von Haien ein. Anschließend können Besucher sich am Strand tummeln oder auf dem *Jungle Trail* die tropische Flora und Fauna erkunden.

Im Naturpark **Mystic Mountain** (Tel. 876-974-3990, www.rainforestadventure.com) geht es mit dem Sessellift *Sky Explorer* über die grünen Häupter des Regenwaldes hinweg zum Gipfel des Mystic Mountain. Hier steht die *Jamaican Railway Station*, ein Bau im Stil eines Bahnhofs von 1900. Er birgt ein Restaurant, Shops, den Aussichtsturm und eine Ausstellung zu Kultur und Sport in Jamaika. Abenteuerlustige haben die Wahl zwischen einer Fahrt per *Bobsled*, einer Partie am Seilzug durch die Baumwipfel mit der *Zipline* oder Badespaß im Infinity Pool mit Wasserrutsche und Panoramablick.

Die nächste Station ist das einstige Fischerdorf **Ocho Rios**, dessen Strände Turtle Beach (auch UDC Beach) und Mallards Bay heute von Hotelkomplexen gesäumt werden. Im **Island Village** am Ortseingang stehen bunte Holzhäuser im Kolonialstil, und am Sandstrand lockt das Restaurant *Margaritaville* (www.margaritavillecaribbean.com) mit Pool, Wasserrutsche und feuchtfröhlichen Parties. Im Zentrum von Ocho Rios gibt es zahlreiche Shopping Center, Duty Free Läden und den **Craft Park**. Sie sind Ziel der Passagiere von Kreuzfahrtschiffen, die in Ocho Rios Zwischenstation machen, und bieten Souvenirs für jeden Geschmack.

Im Hügelland südlich der Stadt beeindrucken **Shaw Park Botanical Gardens and Waterfall** (Tel. 876-974-2723, www.shawparkgardens.com, tgl. 8–16 Uhr) und **Coyaba River Gardens and Mahoe Falls** (Tel. 876-974-6235, www.coyabagardens.com, tgl. 8–17 Uhr) mit sprühenden Wasserfällen, uralten Baumriesen und exotischer Pflanzen- und Blütenpracht.

Bei der Fahrt durch den urtümlichen **Fern Gully**, ein tiefes, dich bewaldetes Tal, sieht man allenthalben Farne ihre Fächer ausbreiten. Der Bestand an Riesenfarnen

Touristisches Ringelreihen im tosenden Wasser der Dunn's River Falls von Ocho Rios

jedoch, der dem Tal den Namen gab, ist heute dezimiert. Er soll wieder aufgeforstet werden, sobald der Gully durch einen neuen Highway verkehrsentlastet wird.

Weiter östlich reihen sich an der Küste die schönsten Strände aneinander. Sie gehören zu Luxushotels wie *Sandals Royal Plantation* und *Jamaica Inn* (jamaicainn.com). Die **Prospect Plantation** (Tel. 876-994-1058, www.prospectoutbackadventures.com, tgl. Touren auf Voranmeldung) kann man per Farmwagen, Bike, Pferd oder Kamel erkunden. In den Pflanzungen wachsen Bananen, Zuckerrohr, Kaffee, Kakao, Cassava und Kokospalmen. Vom *Sir Harold's View Point* genießt man den Ausblick auf Hügel und Meer. Auch das *Great House* und sein schöner Garten können besichtigt werden. Wer auf der Plantation wohnen möchte, mietet eine der fünf Villen an der Küste (Tel. 876-994-1373, www.prospectvillas.com).

Die A 3 führt weiter entlang der Nordküste nach *Oracabessa* und zum **Firefly** (Tel. 876-725-0920, www.firefly-jamaica.com, Mo–Do, Sa 9–17 Uhr), dem früheren Landsitz des englischen Schauspielers und Dramatikers *Sir Noël Coward* (1899–1973). Durch die Panoramafenster der Villa und vom Garten schweift der Blick über die wildromantische Bucht von *Port Maria* und das grüne Hügelland.

80 km weiter östlich liegt **Port Antonio** im Schatten der Blue Mountains, des höchsten Gebirgszuges Jamaikas, und in der Nähe des **Rio Grande**. Den wasserreichsten Fluss der Insel kann man auf einer romantischen *Floßfahrt* (www.explorejamaica.com.jm, Tel. 876-993-5778, tgl. 9–16 Uhr) kennenlernen. Port Antonio selbst hat zwei Hafenbuchten, den East Harbour und West Harbour. Im Westen liegen auch der Jachthafen **Errol Flynn Marina** (Tel. 876-715-6044) und die **Titchfield Peninsula** mit den Ruinen von Fort George (1729). Ab 1871 avancierte Port Antonio zur Bananenhauptstadt der Welt, voll beladene Dampfer gingen von hier in alle Welt. In den 1920er-Jahren allerdings geriet der Handel in die Krise, und seitdem geht es in der Hafenstadt gemächlicher zu. Dank *Harry Belafonte* bleibt die Ära der Bananenarbeiter allerdings in guter Erinnerung, denn sein Lied ›Day-O‹, der Banana Boat Song, wird noch heute gerne gespielt. Viel zur Popularität Port Antonios trug auch der US-Schauspieler *Errol Flynn* bei. Er kam 1946 nach ›Porti‹ und war so begeistert, dass er die vorgelagerte Insel **Navy Island** kaufte und sich dort niederließ. Er war es auch, der die Bananenflöße als erster für Vergnügungsfahrten auf dem Rio Grande nutzte.

Im Zentrum von Porti laden das Shopping Center **Village of St. George** (auch Port Mall), ein Bau mit verspielten Architekturzitaten aus Gotik, Renaissance und Tudor, und in der West Street der **Musgrave Market** zum Besuch ein.

Weiter östlich öffnen sich malerische Buchten und Strände: **Frenchman's Cove**, eine smaragdfarbene, von Regenwald gerahmte Bay, der weit geschwungene San San Beach, die tiefblaue Blue Lagoon, die Strände Dragon Bay und Winnifred Beach. Im dichten Grün versteckt liegen hübsche Hotels, Villen und Guesthouses. Die kurvenreiche Straße führt weiter nach **Boston Bay**. Hier wird an Grillständen *Jerk Food*, die jamaikanische Variante des BBQ, zubereitet. Dazu mundet ein kaltes Red Stripe Beer ausgezeichnet. Die Boston Bay selbst ist ein Planschbecken für Surfer und Klippenspringer.

Durch die Blue Mountains

Will man von Port Antonio aus die Ostküste umrunden, bleibt man auf der A 4, die über Manchioneal, Morant Bay und Bull Bay nach Kingston führt. Als erlebnis-

Abhängen wörtlich genommen – hier am Winnifred Beach an der Nordküste Jamaikas

Im Osten Jamaikas ragen die Blue Mountains, die blauen Berge, bis zu 2256 m auf

reiche Alternativroute bietet sich die Straße B 1 von **Buff Bay** (19 km westlich von Port Antonio) über Newcastle nach Kingston an. Zwar ist die Strecke kurvig und beschwerlich, doch der Weg durch den Regenwald und die Ausblicke auf den **Blue Mountain Peak** (2256 m), den höchsten Berg Jamaikas, sind umso faszinierender. Auf etwa 800 m Höhe weicht der Wald den Kaffeeplantagen, die sich wie ein grünes Band um die Berggipfel legen. Hier reift der **Blue Mountain Coffee**, ein Produkt von großem Adel, der auf dem Weltmarkt zu Höchstpreisen gehandelt wird. Die ersten Setzlinge hatte Jamaikas Gouverneur Sir Nicholas Lawes 1728 aus Martinique importiert.

Kingston

Jenseits der Blue Mountains liegt Kingston (938 000 Einw.), an einem der größten natürlichen Häfen der Welt. Kingston ist seit 1872 die **Hauptstadt** Jamaikas, zugleich wirtschaftlicher, politischer und kultureller Mittelpunkt der Insel. Es ist Sitz zweier Universitäten und zahlreicher großer Unternehmen, doch bis in die City durchzogen von Elendsvierteln. So führt die Spanish Town Road von Westen her in die Stadt, vorbei an Ghettos wie Trench Town, wo einst Bob Marley wohnte. Für die Besichtigung von Kingston sind Taxi oder Tourbus empfehlenswert.

Die **Downtown** Kingstons, eine Mischung aus Kolonialbauten und moderner Architektur, erstreckt sich vom Ocean Boulevard am Hafen bis Cross Roads im Norden. Dort beginnt die **New Kingston** genannte Uptown. Im Herzen von Downtown liegt der Platz **William Grant Park** (auch The Parade), auf dem einst die Briten ihre Militärparaden abhielten. Ihn schmücken Denkmäler von Queen Victoria, Norman Manley und Alexander Bustamante. Die nahe **Kingston Parish Church** wurde nach dem Erdbeben von 1907 über den Resten eines Vorgängers von 1699 errichtet. Der schlichte Ziegelsteinbau der methodistischen **Coke Memorial Hall** und das prächtige **Ward Theatre** (Tel. 876-922-04 53) entstanden ebenfalls nach 1907. Das Theater ist nach seinem Stifter Charles Ward benannt, dem damaligen ›Rumkönig‹ Jamaikas.

Südöstlich des Parks befindet sich das **Institute of Jamaica** (12 East St./Tower St., Tel. 876-922-06 20, www.instituteofjamaica.org.jm, Mo–Do 9.30–16.30, Fr 9.30–15.30 Uhr) mit dem *Jamaica Music Museum*, den *Museums of History and Ethnography*, und dem *Museum of Natural History*.

An der Kingston Mall unweit der Waterfront bietet die **National Gallery of Jamaica** (12 Ocean Blvd., Tel. 876-922-15 63, www.galleryjamaica.com, Di–Do 10–16.30, Fr 10–16, Sa 10–15 Uhr) die bedeutendste

›Rastaman, live up!‹ – Statue im Garten des Bob Marley Museum in Kingston

Dreadlock Rasta

Kunstvoll geflochtene Frisuren – solche adretten Urlaubserinnerungen haben nur wenig gemein mit den **Dreadlocks** der Rastafari. Diese nämlich sind ihrem ursprünglichen Sinn nach Glaubenssache und entstehen auf natürliche Weise. Wie im Alten Testament geboten, kämmen die Anhänger dieser Religion ihre krausen Haare nicht, und diese drehen sich von selbst zu filzigen Strähnen zusammen. Sie sind Zeichen des Protestes und Selbstbewusstseins ihrer Träger. **Rasta** ist Glaube und Philosophie in einem. Das Dogma lautet: Gott ist ein Schwarzer, weil auch der erste Mensch ein Afrikaner war. Der Prophet der Rastafari, **Marcus Mosiah Garvey**, verkündete in den 1920er-Jahren: »Es wird ein schwarzer König kommen, der die schwarzen Stämme Israels sammeln und erlösen wird. Er wird sie heimführen ins Gelobte Land Afrika« [s. S. 40]. Die ersten Rastafari erkannten in dem 1930 gekrönten **Kaiser Haile Selassie** von Äthiopien den geweissagten Erlöser. Sein Beiname *Ras Tafari* übertrugen sie auf ihre Glaubensbewegung. Ihn selbst nannten sie **Jah**, Gott. Als Haile Selassie 1966 Jamaika besuchte, war er überwältigt von der Verehrung, welche die Rastas ihm entgegenbrachten.,

Jene Rastafari aber, die in der Folgezeit nach Äthiopien oder in andere afrikanische Länder ›heimkehrten‹, erkannten bald, dass sie das Gelobte Land auch dort nicht finden konnten. Seither besitzt der Rastafari-Glaube umso mehr symbolischen Charakter.

»Moving out of Babylon, going to Zion« bedeutet vor allem den angestrebten Verzicht auf die Werte und Verlockungen der modernen Gesellschaft. Rastafari schmücken sich mit den afrikanischen Nationalfarben Rot, Grün, Gelb und Schwarz. Sie essen *Ital Food*, sind Gegner von Fleisch und Fast Food. Sie rauchen Marihuana (auch Ganja oder Weed) als religiösen Ritus. Ihr wichtigstes musikalisches Medium aber ist der **Reggae**, jene weltberühmte jamaikanische Musikrichtung, die aus den Ghettos von Kingston stammt.

Sammlung zur jamaikanischen Kunst des 20./21. Jh. Besonderen Raum nehmen die Skulpturen *Edna Manleys* ein, der Gattin des früheren Premierministers Norman Manley. Weitere Meisterwerke stammen von Albert Huie, John Dunkley, Mallica Kapo Reynolds, Karl Parboosingh und Christopher Gonzalez.

Über den Ocean Boulevard gelangt man zum Pier No. 1 mit dem **Craft Market**. In der alten Markthalle bestimmen Korbwaren und Kunsthandwerk das Angebot.

Nördlich des William Grant Park dokumentiert die **Liberty Hall** (76 King St., Tel. 876-948-8639, libertyhall-ioj.org.jm, Mo–Fr 10–16 Uhr) das Lebenswerk des Nationalhelden *Marcus Mosiah Garvey* [s. S. 40]. Das Gebäude war ab 1923 Hauptquartier von Garveys *Universal Negro Improvement Association (UNIA)* und präsentiert heute multimediale Ausstellungen zu Garvey und zur Black History.

Etwas nordwestlich an der Duke Street steht das **Headquarters House** (Mo–Fr 8.30–16.30 Uhr), ein Regierungsgebäude im Kolonialstil des 18. Jh. Heute ist es Sitz des Denkmalschutzamtes *Jamaica National Heritage Trust* (www.jnht.com). Die Parlaments- und Senatssitzungen heute finden im **Gordon House** (Duke St./Beeston St., Führungen auf Voranmeldung, Tel. 876-922-0200, Mo–Fr 9–16.45 Uhr) statt, einem Gebäude aus den 1960er-Jahren gleich gegenüber.

Über die East St. geht es nach Norden zum **National Heroes Park**. Ihn schmücken Denkmäler und Grabmonumente der Nationalhelden Jamaikas: Paul Bogle, Sir Alexander Bustamante, Marcus Mosiah Garvey, George William Gordon, Norman Manley, Nanny of the Maroons und Samuel Sharpe.

Die Half Way Tree Road führt zum **Devon House** (26 Hope Rd., Tel. 876-929-66 02, www.devonhousejamaica.com, tgl. 9.30–17 Uhr), einem der schönsten Herrenhäuser Jamaikas. Es wurde 1881 von *George Stiebel*, dem ersten schwarzen Millionär der Insel, im Kolonialstil errichtet und mit Antiquitäten und Gemälden ausgestattet. In den Nebengebäuden des palmenbestandenen Gartens laden heute kleine Läden, Bäckerei, Eissalon, Pub und Restaurant zum Verweilen ein.

Auf weiten Grünflächen an der Hope Road stehen das **Jamaica House** (1960), der Amtssitz des Premierministers, und das **King's House**, die Residenz des britischen Generalgouverneurs. Letzeres wurde 1694 im Queen-Anne-Stil erbaut und 1909 erneuert.

TOP TIPP Das frühere Wohnhaus von Bob Marley (1945–81) ist als **Bob Marley Museum** (56 Hope Rd., Tel. 876-978-29 29, Mo–Sa 9.30–16 Uhr) heute eine Pilgerstätte für alle Reggae-Fans. Im Rahmen von Führungen lernt man die einstigen Tuff Gong Studios, die Wohnräume und das Schlafzimmer des ›King of Reggae‹ kennen. Gold- und Platin-LPs, Bühnenkostüme, Fotos, Zeitungsausschnitte und Kulissen aus Trench Town illustrieren das Leben des Superstars, dem auch ein Dokumentarfilm gewidmet ist.

Die Old Hope Road führt in östlicher Richtung vorbei am Einkaufstempel *Sovereign Centre* und durch das vornehme Wohnviertel Mona Heights zu den **Hope Botanical Gardens** (Royal Botanical Gardens, Tel. 876-927-1257, tgl. 7–18 Uhr) und zur **University of the West Indies** (Tel. 876-927-16 60, www.mona.uwi.edu), einer Lernstätte für etwa 11 000 Studenten.

Nirgendwo auf Jamaika sind Kulturprogramm und Nachtleben vielfältiger als in Kingston. Es gibt schicke Nightclubs, zahllose Festivals, Events und Konzerte. Die Theaterszene Kingstons prägt vor allem das 1941 gegründete **Little Theatre** (4 Tom Redcam Drive, Tel. 876-926-61 29, www.ltmpantomime.com) mit den Shows der *LTM Pantomime*, der bedeutendsten Kabarettkompanie des Landes. Auch die *National Dance Theatre Company* und die *Jamaican Folk Singers* treten hier auf. Die Werkstattbühne *Little Little Theatre* hat sich innovativen Bühnenproduktionen verschrieben. Ein weiterer Höhepunkt des Kulturkalenders ist der Karneval, **Bacchanal Jamaica** (www.bacchanaljamaica.com). An mehreren tollen Festtagen von Februar bis April tanzen kostümierte Menschen zu Soca und Calypso im Mas Camp oder auf den Straßen.

Der schwarze Millionär George Stiebel ließ sich 1881 in Kingston das Devon House errichten

12 km Dolce Vita am Strand von Negril – wo früher Piraten ihr gewalttätiges Unwesen trieben

Port Royal

Auf der langen schmalen Halbinsel **The Palisades** unweit des *Norman Manley International Airport* liegen die Reste der einst berühmten und berüchtigten Piratenhochburg Port Royal. Sie galt im 17. Jh. als einer der reichsten Hafenstädte der Karibik, sie war wild, facettenreich, voller Lust und Laster – und dem Untergang geweiht. 1692 erschütterte ein gewaltiges Erdbeben die Stadt und löste eine Flutwelle aus, die zahllose Gebäude verschlang. Zeitzeugen waren davon überzeugt, dass Port Royal ein wohlverdientes Strafurteil Gottes ereilt hatte.

Nicht nur Piraten, auch die Royal Navy hatte damals in Port Royal ihren Stützpunkt. Eines von sechs britischen Bollwerken war **Fort Charles** (Tel. 876-967-8438, www.jnht.com, tgl. 9–16.45 Uhr) an der Spitze der Halbinsel. Es wurde 1650–60 erbaut und stand ab 1779 unter dem Befehl *Horatio Nelsons*, des späteren Admirals und Siegers von Trafalgar. Nach ihm ist der Ausguck *Nelson's Quarterdeck* benannt. Das kleine Museum des Forts dokumentiert seine Geschichte. Das Munitionslager wird *Giddy House* genannt, denn es geriet beim Erdbeben 1907 in Schieflage, und wer darin herumgeht, gerät leicht ins Schwanken..

Reste des im Meer versunkenen Port Royal kann man bei einer Fahrt mit einem Glass Bottom Boat besichtigen. Anschließend lohnt der Besuch eines der Fischlokale, die Spezialitäten wie marinierten *Escoveitched Fish* oder *Fried Fish with Bammy*, gebratenen Fisch mit Cassava-Fladen, zubereiten.

Die Südküste

Die A 2 folgt in einigem Abstand der Südküste und führt nach **Spanish Town.** Die 1534 von den Spaniern als Villa de la Vega gegründete Stadt war bis 1872 die Kapitale Jamaikas. Die Engländer zerstörten Spanish Town 1655, bauten es jedoch im 18. Jh. wieder auf. Im Herzen der Altstadt liegt der **Emancipation Square** mit Bauten im georgianischen Stil. Blickfang an der Nordseite ist das von einer Kuppel gekrönte **Rodney Memorial**, das an den Sieg der Engländer unter Admiral George Rodney über die Franzosen in der ›Battle of The Saints‹ von 1782 erinnert. Flankiert wird das Denkmal von den Gebäuden der **Jamaica Archives** (Tel. 876-984-5001). Im Osten erhebt sich das Regierungsgebäude **House of Assembly**, ein roter Ziegelbau mit Arkaden, in dem die Bezirksverwaltung untergebracht ist. Vom **Old King's House**, dem Sitz des Generalgouverneurs an der Westseite, stehen seit einem Brand 1925 nur noch die Fassaden und das Nebengebäude mit dem kleinen *Jamaica People's Museum of*

Craft and Technology (Mo–Fr 10–16 Uhr). 1986 wurde auch das **Courthouse** an der Südflanke ein Opfer der Flammen. Durch die White Church Street geht es weiter zur **Cathedral of St. Jago de la Vega** (tgl. 9–17 Uhr). Zur Ausstattung der anglikanischen Bischofskirche von 1714 gehören auch einige imposante Grabmäler.

Das nach dem Viscount of Mandeville benannte **Mandeville** liegt 700 m hoch in den Bergen, ein Ort mit britischer Architektur und Atmosphäre sowie den passenden kühlen Temperaturen. Hier legten die Engländer im 18. Jh. Plantagen an, hier weideten wie in der britischen Heimat Kühe, Pferde und Schafe. Der Reichtum der Stadt aber stammt von den *Bauxitvorkommen*, jener roten Erde, aus der Aluminium gewonnen wird.

Die Fahrt von Mandeville nach Westen führt durch die **Bamboo Avenue**, einen 5 km langen grünen Tunnel aus hohen Bambuspflanzen. Beim Ort **Black River** schlängelt sich der gleichnamige Fluss durch den *Great Morass*, ein Sumpfgebiet, in dem zahlreiche Vogelarten und sogar Krokodile leben, die man bei einer *Bootstour* (Tel. 876-965-25 13, tgl. 9, 11, 12.30, 14, 15.30 Uhr) betrachten kann.

Südlich von Black River verspricht das verträumte Fischerdorf **Treasure Beach** mit seinen Boutique-Hotels, Strandvillen und kleinen Restaurants viel Erholung, beschauliche Ferientage an einsamen, wildromantischen Sandstränden.

Die Hafenstadt **Savanna-la-Mar**, einst Zentrum der Zuckerindustrie, weist vor allem zahllose Kirchen auf. In dichter Folge säumen sie die Great George Street, im bunten Wechsel mit Shopping Centern und Restaurants.

TOP TIPP Im äußersten Westen Jamaikas liegt das Touristenmekka **Negril**. An dem 12 km langen, weißen, puderzuckerfeinen *Negril Beach*, der aus den Abschnitten Long Bay und Bloody Bay besteht, erfüllen sich Karibikträume von Sonne und Meer. Doch das Wasser war nicht immer so blau. Früher wurden hier die vor der Küste gefangenen Wale abgeschlachtet, daher der Name ›Blutige Bucht‹. *Negril Village* markiert die Grenze zwischen dem Negril Beach mit seinen zahllosen großen und kleinen Ferienanlagen, die sich meist hinter Palmen verstecken, und dem verträumten *West End* mit seinen Klippenhotels und Sunsetbars wie dem berühmten Rick's Café. Der hedonistische Lebensstil von Negril umfasst viel Trubel, viel Wassersport, viel Nachtleben.

Praktische Hinweise

Information

Jamaica Tourist Board, Cornwall Beach, Montego Bay, Tel. 876-952-44 25, www.visitjamaica.com

Abenteuertouren

Chukka Caribbean Adventures, Tel. 876-953-6699, www.chukkacaribbean.com

Hotels

Geejam, San San, Port Antonio, Tel. 876-993-70 00, www.geejamhotel.com. Boutique-Hotel am Meer im Grünen mit Holzhäusern, Restaurant, Pool, Spa, Bushbar und Musikstudio.

Marblue Villa Suites, Calabash Bay, Treasure Beach, Tel. 876-965-34 08, www.marblue.com. Bildschönes Guesthouse am Meer mit zwei Pools. Umwerfende jamaikanische Gourmetküche.

Rockhouse, West End Rd., Negril, Tel. 876-957-43 73, www.rockhousehotel.com. Romantische Cottages auf den Klippen. Terrassenrestaurant und großes Sportangebot inklusive Yoga.

Round Hill Hotel & Villas, Hopewell, Hanover, 13 km südwestlich von Montego Bay, Tel. 876-956-70 50, www.roundhilljamaica.com. Elegantes Strandhotel inmitten eines tropischen Parks.

TOP TIPP **Sandals Royal Plantation**, Main Street, Ocho Rios, Tel. 876-974-56 01, www.sandals.com. Stilvolles Hotel mit britisch-kolonialem Flair. Die 74 Suiten blicken aufs Meer und bieten Butler Service. Schöner Garten, zwei Strände mit Bar, drei Gourmet-Restaurants, Wassersportangebot und Spa.

Restaurants

Almond Tree Restaurant, Hibiscus Lodge, 83 Main St., Ocho Rios, Tel. 876-974-28 13. Das zu einem hübschen Hotel gehörige Restaurant serviert jamaikanische und internationale Küche mit Blick aufs Meer.

Pier One, Howard Cooke Blvd., Montego Bay, Tel. 876-952-24 52, www.pieronejamaica.com. Gute Cocktails, danach gegrillter Red Snapper oder Hummer mit Zitronensauce. Am Wochenende Party.

Rick's Café, West End Rd., Negril, Tel. 876-957-03 30, www.rickscafejamaica.com. Der In-Spot für Cocktails zum Sonnenuntergang mit Klippenspringern.

4 Turks & Caicos Islands

Bilderbuchinseln im goldenen Dreieck der Karibik.

Britisches Überseeterritorium
Größe: 430 km^2
Einwohner: 30 000
Hauptort: Cockburn Town, Grand Turk
Sprache: Englisch
Währung: US-Dollar (US $)

Namensgeber dieses Inselstaates am nördlichen Rand der Karibik sind der Turk-Kaktus und die Cays, die Inselchen. Der Archipel besteht aus acht größeren Inseln und vielen kleinen Cays.

Im Jahre 1492 soll Kolumbus die Inseln besucht haben, doch als offizieller Entdecker gilt der Spanier *Juan Ponce de Léon*, der 1515 hierher kam. 1778 erreichten Emigranten von den Bermudas die Caicos Inseln. Ab 1799 kontrollierten die **Briten** den Archipel. 1848 wurde eine eigene Regierung etabliert, 1873–1962 verwalteten die Engländer die Turks & Caicos Islands von Jamaika aus, danach wurden sie Kronkolonie. Beide seit den Wahlen 2012 im Parlament vertretenen Parteien streben die Unabhängigkeit vom Vereinigten Königreich an.

Hauptort der Turks & Caicos Islands ist **Cockburn Town** auf **Grand Turk**. Die malerische Stadt verfügt über moderne Regierungsgebäude, Geschäfte und Hotels, hat sich jedoch ihren altmodischen Charme bewahrt. Sehenswert sind vor allem die Bauten im Stil der Bermuda Inseln in der *Duke Street* und *Front Street* sowie das *National Museum* (Tel. 649-946-2160, www.tcmuseum.org) im historischen Guinep House. Badefreunde, Taucher und Sportangler kommen an den Stränden und in den Gewässern Grand Turks und der vorgelagerten **Salt Cay** und **Big Sand Cay** auf ihre Kosten.

Puderzucker-Traumstrand auf Providenciales

Middle Caicos, die größte der Inseln im Archipel und Herzstück der Caicos-Gruppe, hat im Süden besonders feine Strände zu bieten. Im Norden kann man tropische Tropfsteinhöhlen mit unterirdischen Seen und Wohnhöhlen der Indios erforschen. **East Caicos**, eine noch weitgehend unerschlossene Insel, stellt die Verbindung zu **South Caicos** her. Das Eiland ist Teil eines spektakulären Korallenriffs und hat im Norden ebenfalls einige schöne Strände aufzuweisen. **North Caicos** hat sich aufgrund seiner ausgezeichneten Strände und hervorragenden Wassersportmöglichkeiten zu einem exklusiven Ferienzentrum entwickelt. Auf **Pine Cay** lockt einer der Traumstrände der Karibik und der Meridian Club (s. u.).

Hauptanziehungspunkt für Touristen ist **Providenciales** mit dem 20 km langen Sandstrand Grace Bay Beach, eleganten Luxushotels und dem Club Med Turquoise. **West Caicos** ist vor allem für Taucher und Klippenangler interessant.

i Praktische Hinweise

Information

Turks & Caicos Islands Tourist Board, Front St, Cockburn Town, Tel. 649-946-2321, www.turksandcaicostourism.com

Hotels

Club Med Turquoise, Grace Bay, Providenciales, Tel. 649-946-5500, www.clubmed.de. Exzellentes Haus am 20 km langen Strand, umfangreiches Unterhaltungs- und Sportprogramm, nur für Erwachsene.

Island House, Grand Turk, Tel. 649-946-1519, www.islandhouse.tc. Familiäres Hotel mit netten Zimmern und Suiten. Pool und Tauchangebote.

The Meridian Club, Pine Cay, Tel. 649-946-7758, www.meridianclub.com. Kleines feines Resort auf Privatinsel mit Pool und gutem Restaurant.

5 Dominikanische Republik

Eines der beliebtesten Reiseziele der Karibik lockt mit traumhaften Stränden, abwechslungsreicher tropischer Landschaft und dem beschwingenden Rhythmus des Merengue. Kulturelles Zentrum ist Santo Domingo, die größte Stadt der Karibik, die ganz im Zeichen des großen Entdeckers Kolumbus steht.

Präsidiale Demokratie
Ostteil von Hispaniola
Größe: 48 442 km²
Einwohner: 9,1 Mio.
Hauptstadt: Santo Domingo
Sprache: Spanisch
Währung: Dominikanischer Peso (RD $)

Die zweitgrößte Insel der Karibik nach Kuba ist **Hispaniola**, geteilt in die beiden Staaten *Dominikanische Republik* (48 442 km²) und *Haiti* (27 750 km²). Zwischen Atlantik im Norden und Karibischem Meer im Süden offenbart sich die ganze Vielfalt der tropischen Natur. Herrliche Sandstrände, raue Felsküsten und dichter Regenwald wechseln ab mit Ebenen voller Kokosnussplantagen und Zuckerrohrfelder. Zwischen den beiden Staaten erhebt sich als natürliche Grenze das alpine Gebirge der **Cordillera Central** mit dem *Pico Duarte* (3175 m), dem höchsten Berg der Karibik.

Über 500 Jahre nach der Eroberung der Insel ist die Dominikanische Republik heute mit etwa 3 Mio. Urlaubern pro Jahr eine der beliebtesten Destinationen in der Karibik. Manche Touristikmanager sprechen sogar vom ›Mallorca der Antillen‹. Die Gründe für diesen Erfolg sind schnell gefunden. Die Dominikanische Republik besitzt alle Attribute einer **Ferieninsel**: wunderschöne Landschaft, angenehmes tropisches Klima das ganze Jahr über mit Lufttemperaturen von 26 bis 32 °C und Wassertemperaturen von 24 bis 28 °C, kilometerlange Sandstrände im Osten (Punta Cana), palmenumsäumte Buchten im Süden (La Romana, Boca Chica), Strände mit Atlantikbrandung im Norden (Sosúa, Playa Dorada und El Portillo) sowie etliche kulturelle Sehenswürdigkeiten und Naturattraktionen.

Geschichte Die Dominikanische Republik und Haiti haben eine jahrhundertelange gemeinsame Geschichte. Die Ureinwohner, Indios vom Stamm der Siboney, die seit 3500 v. Chr. aus Mittelamerika eingewandert waren, nannten die Insel **Aiti**. Am 6. Dezember 1492 umsegelte Christoph Kolumbus auf seiner ersten

Fahrt nach Westindien die Nordwestspitze Hispaniolas und ging an Land, um das Palisadendorf **La Navidad** zu gründen.

Er schrieb in sein Bordbuch: »Ich sichtete im Inneren des Landes ausgedehnte Täler, Felder und hohe Bergrücken, was mich alles sehr an Kastilien erinnerte.« Deshalb taufte er die Insel *La Isla Español*. Daraus wurde später Hispaniola – Kleinspanien. Sie sollte in der Folgezeit Dreh- und Angelpunkt für alle weiteren Entdeckungen und Expeditionen Spaniens in die Neue Welt werden. Zunächst aber zerstörten Wirbelstürme das provisorische La Navidad, und kriegerische Indios töteten die zurückgelassene Besatzung.

1494 gründete Kolumbus 100 km weiter östlich eine neue Siedlung und nannte sie nach seiner Königin **La Isabela**.

Vier Jahre später entstand am Ostufer des Rio Ozama die Siedlung **Nueva Isabela**, aus der sich **Santo Domingo** entwickelte. Kolumbus ernannte seinen Bruder *Bartolomé Colón* zum Gouverneur von Hispaniola, 1569 folgte Kolumbus' Sohn *Diego*. Als man begann, Gold und Silber in den Minen von Hispaniola abzubauen, wurden Sklaven aus Afrika geholt, da die Indios bald an diesen schweren Arbeiten zugrunde gingen.

Im 17. Jh. begannen sich die **Franzosen** für Hispaniola zu interessieren und erhielten 1697 im Frieden von Rijswijk den Westteil – das heutige Haiti – zugesprochen. 1795 eroberten sie auch den östlichen Teil der Insel, wobei sie von farbigen **Freiheitskämpfern** unter Führung von *François Dominique Toussaint L'Ouverture* unterstützt wurden. 1801 gründete Toussaint L'Ouverture eine schwarze Rebellenregierung auf Hispaniola, die Napoleon Bonaparte allerdings bald wieder absetzte. Ihr Gründer wurde nach Frankreich deportiert und starb dort 1803 im Gefängnis.

Nun kreuzten immer häufiger britische Fregatten vor Hispaniolas Küsten und erzwangen schließlich den Abzug Frankreichs. Auf **Haiti** entstand 1804 eine unabhängige **Republik** unter dem farbigen *General Jean-Jacques Dessalines*, der sich als Jacques I. zum Kaiser von Haiti krönen ließ. Seine Nachfolger Henri Christophe und Alexandre Pétion etablierten sich im westlichen Teil Hispaniolas, während im Osten der Insel spanische Kreolen regierten. 1822 eroberten Haitianer unter *General Jean-Pierre Boyer* noch einmal die ganze Insel. Nach dessen Sturz 1844 durch den Geheimbund **La Trinitaria**, bestehend aus Oppositionellen um *Juan Pablo Duarte*, *Ramón Mella* und *Francisco del Rosaria Sánchez*, wurde die Teilung Hispaniolas endgültig.

Jahreslang besetzten die USA Haiti (1915–34) und die Dominikanische Republik (1916–23), doch nach ihrem Rückzug begann der alte Machtkampf aufs Neue (zur Geschichte Haitis im weiteren Verlauf des 20./21. Jh. s. S. 66 f). 1930 verhal-

Palmenparade an der von Gischt gesäumten Costa de Coco bei Punta Cana

fen die USA *Rafael Leónidas Trujillo* zum Präsidentamt in der Dominikanischen Republik. Er bereicherte sich aber in erster Linie selbst. Als er 1961 ermordet wurde, kam es erneut zu bürgerkriegsähnlichen Zuständen. 1966 normalisierte sich mit der Wahl *Joaquin Balaguers,* Führer der Christlichen Reformpartei Partido Reformista Social Cristiano (PRSC), zum Präsidenten die Lage. Balaguer war durchaus umstritten, wurde aber dennoch mehrmals wiedergewählt. Während seiner Regierungszeit erlebten Wirtschaft und Tourismus im Land einen Boom. Erst 1996 verließ der damals schon 90-jährige Balaguer die politische Bühne. Alle nachfolgenden Präsidenten (auch der 2012 gewählte Danilo Medina Sánchez) hatten bzw. haben mit schweren Wirtschaftskrisen zu kämpfen. Im Jahr 2006 setzten die Eröffnung des Highways von Santo Domingo nach Samaná und die Einweihung des Samaná El Catey International Airport erste positive Zeichen. Derzeit wird in der Hauptstadt Santo Domingo an einer Metrolinie gearbeitet, deren erstes Teilstück 2009 in Betrieb ging.

Santo Domingo

Nueva Isabela hieß die erste spanische Siedlung, die Bartolomé Colón 1496 am Ufer des *Río Ozama* gründete. Ab 1509 war sie Hauptstadt des Vizekönigreiches Neuspanien. In der Folge entstanden hier die ersten repräsentativen Gebäude in der neueren Geschichte Lateinamerikas: Kathedrale, Universität, Regierungs- und Adelspaläste. Sie erheben sich in der Altstadt, der **Zona Colonial** der später Santo Domingo genannten Stadt. Doch bereits in der zweiten Hälfte des 16. Jh. war diese aufgrund eines wirtschaftlichen Niedergangs ruiniert und entvölkert. Erst im 20. Jh. kam es erneut zu einem Aufschwung. Heute ist Santo Domingo Hauptstadt der Dominikanischen Republik und mit 2 Mio. Einwohnern (an die 3 Mio. im Großraum) die größte Stadt der Karibik. Die Altstadt wurde 1990 ein Teil des Weltkulturerbes der UNESCO.

Der Rundgang beginnt am besten an der **Catedral de Santa María la Menor** 1 (tgl. 9–16 Uhr), auch Catedral Primada de América genannt, die *Diego Colón*, der Sohn des Entdeckers Amerikas, 1521–40 errichten ließ. Papst Paul III. erhob den Bischofssitz 1546 zur Hauptkirche der Neuen Welt. Die dreischiffige spätgotische Hallenbasilika mit den später angebauten 14 Seitenkapellen beeindruckt zunächst durch die in der Art eines antiken Triumphbogens gestaltete *Westfassade* mit ihrem reichen Schmuck im Plateresкenstil, einer Kombination spanischer Ornamentik mit Motiven der italienischen Frührenaissance. Die mit dem Kreuz geschmückte *Puerta del Pérdon* an der Südseite erinnert mit ihrem Namen

Santa Maria la Menor in Santo Domingo ist die älteste Kathedrale der Neuen Welt

daran, dass hier Verfolgten Asylrecht gewährt wurde. Durch das dreibogige Nordportal am Parque Colón gelangt man ins *Innere* der Kirche. Der von zwei Säulenreihen gegliederte Raum mit seinem polygonalen Chorabschluss verfügt über farbige Glasfenster. Rechts neben dem Nordeingang liegt die *Capilla de los dos Leones,* die Grabkapelle des ersten Bischofs und Erbauers der Kathedrale, Alessandro Geraldini († 1524). Gleichfalls interessant ist die nördlich an den Chor anschließende *Capilla de las Animas*, die Kapelle der Seelen. Gegenüber öffnet

Statue des Indio-Historikers Gonzalo Fernández de Oviedo vor dem Torre del Homenaje

sich die *Capilla Santa Ana* mit dem eindrucksvollen Grabmal des Bischofs Rodrigo de Batistas. Im Jahre 1877 wurde ein Sarg gefunden, den man durch eine Inschrift als die Grablege **Christoph Kolumbus'** identifizierte. Heute ruhen seine Gebeine im *Faro a Colón* jenseits des Río Ozama [s. S. 56].

Auf dem Platz vor der Kathedrale, dem **Parque Colón**, steht ein überlebensgroßes *Kolumbus-Denkmal* aus Bronze. In dem kolonnadengeschmückten Haus dahinter, dem **Palacio de Borgellá** 2, befand sich während der haitianischen Okkupation (1822–44) der Sitz des Gouverneurs. Im Westen wird der Platz vom ehem. Rathaus der Stadt, der **Casa Consistorial** 3 aus dem 16. Jh., begrenzt.

Fast jedes Haus in der Altstadt hat seine eigene Patina, strahlt 500 Jahre bewegte Geschichte aus, so z. B. die **Casa de Tostado** 4 (1502) an der Calle Padre Billini. Das schlichte Stadtpalais ist mit spätgotischen Ranken um Portal und Fenster geschmückt und hat einen schönen Innenhof. Heute befindet sich in dem Gebäude das **Museo de la Familia Dominicana del Siglo XIX** (Mo–Sa 9–16 Uhr). Das Familienmuseum macht mittels Möbeln und Kunsthandwerk das bürgerliche Leben des 19. Jh. erfahrbar.

Durch ein Tor aus dem 18. Jh. betritt man die älteste Befestigungsanlage der Stadt, die aus dem frühen 16. Jh. stammende **Fortaleza Ozama** (Mo–Sa 9–18.30, So 9–16 Uhr). Der **Torre del Homenaje** 5, der 20 m hohe Huldigungsturm, überragt das Gelände am Ufer des Río Ozama. Das Bauwerk war Teil des Festungsrings, der einst Hafen und Stadt schützte. In den Kellerräumen befand sich das Gefängnis. Über Jahrhunderte wurden hier Indios, Sklaven und Revolutionäre inhaftiert und gefoltert. Auf dem Rasen unweit des Torre steht streng und dunkel die mächtige Eisenfigur des *Gonzalo Fernández de Oviedo*. Der Historiograph der Katholischen Könige war der erste, der die Geschichte der Indios aufzeichnete.

Hinter der Festung beginnt die **Calle las Damas**, deren Name daran erinnert, dass hier im 16. Jh. die Flaniermeile der spanischen Damen war. Einige Meter weiter steht die **Casa de Bastidas** 6. Das Stadtpalais mit arkadengeschmücktem Innenhof wurde vom Konquistador und Großgrundbesitzer Rodrigo de Bastidas erbaut und dient heute als **Museo del Niño Dominicano** (Di–Fr 9–17, Sa/So 9–19 Uhr). An der Nordecke wohnte *Herñan Cortez*, der Eroberer Mexikos, nebenan Hispaniolas Gouverneur *Nicolás de Ovando*. Heute befindet sich in diesem Bau (1510–15) das **Hostal Nicolás de Ovando** 7, ein Hotel mit kolonialzeitlicher Atmosphäre [s. S. 57].

Auf der Plaza Maria de Toledo gegenüber steht das **Pantéon Nacional** 8 (Di–So 9–17 Uhr), die Nationale Gedenkstätte für die Helden der Republik. Ehrengarden bewachen die Grabstätten in der ehem. Jesuitenkirche von 1745.

Nahebei erhebt sich die **Antigua Capilla de los Remedios** 9 (16. Jh.), eine der schönsten Kapellen der Stadt. Heute wird sie für kulturelle Veranstaltungen

Ehrenwache am Grabmal des Kolumbus im Faro a Colón, Santo Domingo

Weltenentdecker

Alles Große braucht Zeit. Doch genau davon hat er nicht viel. »Rückkehr oder Euer Leben, Colón!« – fordert die entnervte Mannschaft, nachdem sie wochenlang nur Wasser und Himmel gesehen hat. Das war im Oktober 1492, irgendwo im Atlantischen Ozean. Am 12. Tag des Monats ist es dann doch soweit: **Kolumbus**, der große Seefahrer, entdeckt Land. Wenn auch nicht das erhoffte, sagenhaft reiche Indien, sondern ein zu den Bahamas gehörendes Eiland. Der Seefahrer gibt ihm – zu Ehren des Erlösers – den Namen ›San Salvador‹. Auf derselben Reise stößt Kolumbus noch auf Juana (Kuba) und Español (Hispaniola). Auch bei den nächsten Fahrten beweist der königstreue Seefahrer Spürsinn: Auf der **2. Reise** 1493–96 entdeckt er Dominica und Guadeloupe, kommt nach Puerto Rico und Jamaika. Als Kolumbus 1498 zur **3. Fahrt** aufbricht und dabei Trinidad und die Nordküste Südamerikas anläuft, hat sein Bruder Bartolomé auf Hispaniola bereits die Stadt Santo Domingo gegründet, die später das Zentrum der spanischen Kolonialherrschaft werden wird. Die **4. Reise** der Jahre 1502–04 bringt Kolumbus an die Mündung des Orinoco in Venezuela. Zwei Jahre nach seiner letzten Reise stirbt Kolumbus im spanischen Valladolid.

Heute behaupten drei Städte, dass sich in ihren Mauern die Gebeine des Kolumbus befänden: das spanische Sevilla, Havanna und Santo Domingo. Die Dominikaner glauben jedenfalls fest daran, dass sich in der Bleikassette mit der Aufschrift ›Corazón de Cristóbal‹ wirklich das Herz des Kolumbus befindet. Bei Arbeiten in der Cathedral de Santa Maria hatte man 1877 jenen Sarg gefunden und ihn 1889 in ein riesiges Marmormausoleum integriert. Dieses wurde 1992 von der Kathedrale in die Gedenkstätte Faro a Colón verlegt.

genutzt. Auch eine Sonnenuhr, die *Reloj de Sol* von 1753, schmückt den Platz. Sie blickt über die Befestigungsmauern, über den Río Ozama und zum Kolumbusdenkmal Faro a Colón.

Den nördlichen Abschluss der Calle de las Damas markiert die nüchterne, strenge Fassade der **Casas Reales**. In diesen *Königlichen Häusern* liefen in der Kolonialzeit alle Fäden der Macht zusammen. Der gewaltige, 1528 erbaute Gebäudekomplex diente als Residenz der spanischen Gouverneure und der Oberbefehlshaber des Militärs. Außerdem beherbergte er den Königlichen Rechnungshof und den Königlichen Gerichtshof. Heute befinden sich hier das Gericht und das **Museo de las Casas Reales** 10 (Di–So 9–17 Uhr), das historische Dokumente von der Zeit der Entdeckung Hispaniolas bis ins 19. Jh. zeigt. Die bemerkenswerte Sammlung umfasst Exponate aus allen Bereichen des kolonialzeitlichen Lebens von der Seefahrt über die Plantagenwirtschaft bis zu Militär und Piraten.

Die Calle de las Damas mündet in die weitläufige Plaza de Hispanidad, an deren Ende der **Alcázar de Colón** 11 (Di–Sa 9–17, So 9–16 Uhr) steht. Der Palast des Diego Colón, des ersten Vizekönigs der Neuen Welt, ist ein festungsartiger maurisch-gotischer Bau. Er wurde zwischen 1511 und 1514 errichtet. Die Fassade erhält durch eine zweigeschossige Arkadenstellung im Stil der Renaissance ihren vornehmen Charme. Die Säle, Empfangs- und Schlafräume zeigen als *Museo Vireinal* (Vizekönigliches Museum) Mobiliar, Gemälde und Teppiche aus dem 16. Jh. und 17. Jh.

TOP TIPP

Nahe des Alcázar de Colón ragt das Stadttor **Puerta de San Diego** 12 auf, einst Teil der nicht erhaltenen gleichnamigen Festung. Anschließend geht es ins einstige Hafenviertel **La Atarazana** aus dem 16. Jh. mit seinen hübsch restaurierten Handels- und Lagerhäusern, in denen heute Restaurants, Boutiquen, Cafés und Nachtclubs ansässig sind. Über die Calle La Atarazana gelangt man zu einem alten Kapokbaum, der die Stelle bezeichnet, an der Kolumbus' Schiff anlegte. Ein paar hundert Meter weiter ist die **Fuente de Colón** erhalten, jener Brunnen, aus dem Kolumbus weiland Wasser schöpfte.

Vom Kai steigt man die Uferböschung wieder hinauf und kommt zum Fort und zur **Iglesia Santa Bárbara** 13. Das Gotteshaus, das 1578 erbaut wurde, weist nur noch einige gotische Schnörkel auf. Heute präsentiert es sich im frühbarocken Stil des 17. Jh. Südlich davon, in der Calle Isabel la Catolica, steht das älteste private Steinhaus der Neuen Welt, die **Casa del Cordón** 14, heute Casa Cultural del Banco Popular (tgl. 8–17 Uhr). Das eindrucksvolle steinerne Seil über dem Portal gab dem Gebäude den Namen. Der spanische Siedler Francisco de Garay ließ die Casa im Jahre 1503 errichten und vermachte sie ein Jahr später Diego Colón und seiner Frau Maria de Toledo. Nachdem Francis Drake 1586 Santo Domingo überfallen hatte, wohnte er in der Casa del Cordón. Hier empfing er die Damen der vornehmen Gesellschaft, die ihm ihren wertvollen Schmuck abliefern mussten.

Durch die Calle Emiliano Tejera gelangt man zu den Ruinen des **Monastero de San Francisco** 15 in der Calle Hostos. In diesem ersten Kloster der Neuen Welt soll einst Tirso de Molina den ›Don Juan‹ (1630) geschrieben haben, hier fanden Bartolomé Colón und Alonso de Ojeda, der Eroberer Venezuelas, ihre letzte Ruhestätte. Die Anlage bestand aus der großen einschiffigen Kirche, der Kapelle des Dritten Ordens und den Klostergebäuden mit Kreuzgang.

Am anderen Ende der Calle Hostos, in der Calle Billini, liegt der altehrwürdige **Convento de los Dominicanos** 16. Er wurde im Jahre 1524 erbaut und nach einem Brand im Stil der Frührenaissance erneuert. Der auf drei Seiten schmucklose Bau fällt durch die prunkvolle Westfassade auf, an der sich spätgotische mit barocken Elementen verbinden. Im Inneren der Kirche ist vor allem die 1649 errichtete *Capilla del Rosario* (3. Kapelle rechts) bemerkenswert: Im Zentrum des Deckengemäldes umringen antike Götter als Personifikationen der vier Jahreszeiten die Sonne. Sie werden begleitet von den zwölf die Monate repräsentierenden Sternzeichen. Im gotischen Chor steht der Hochaltar mit dem habsburgischen Doppeladler, ein Werk aus dem 18. Jh. In den nur zum Teil erhaltenen Klostergebäuden wurde die erste Universität Amerikas gegründet.

TOP TIPP Über die Avenida Mella gelangt man zum **Mercado Modelo** 17, auf dem es neben Obst und Gemüse auch Souvenirs und Kunstgewerbe zu kaufen gibt: naive Malerei, Keramik, Schnitzereien, Stroharbeiten.

Durch die **Puerta del Conde**, an der 1844 die Dominikanische Republik ausgerufen wurde, kommt man zum *Parque de la Independencia* mit dem National-

Im feudalen Alcázar de Colón residierte Diego Colón, der erste Vizekönig der Neuen Welt

Die Calle La Atarazana lädt mit Straßencafés und Bars zum Ausgehen ein

heiligtum **Altar de la Patria** 18 und einem Mausoleum aus Marmor und Beton. In ihm sind die Anführer der Unabhängigkeitsbewegung und die Nationalhelden Juan Pablo Duarte, Francisco Sanchez und Ramón Mella beigesetzt.

Zu den weiteren Sehenswürdigkeiten der Neustadt gehört auch der **Palacio Nacional** 19 an der Avenida México. Der 1944 von Trujillo errichtete Präsidentenpalast ist ein Kuppelbau aus rosa Marmor, ganz im Stil des Washingtoner Vorbildes.

An der **Plaza de la Cultura** 20, einem weitläufigen Kulturpark an der Avenida Máximo Gómez, befinden sich die *Biblioteca Nacional*, das *Teatro Nacional* und vier sehenswerte Museen: Das **Museo de Arte Moderno** (Di–So 10–18 Uhr) ist die bedeutendste und umfassendste Sammlung dominikanischer Kunst der Gegenwart. Im **Museo Nacional de la Historia y Geografia** (Di–So 10–18 Uhr) wird der Weg der Dominikanischen Republik von der haitianischen Okkupation über die Trujillo-Diktatur bis in die Gegenwart dokumentiert. Der Indio- und Kolonialzeit Hispaniolas ist das **Museo de l'Hombre Dominicano** (Di–So 10–17 Uhr) mit archäologischen und ethnographischen Exponaten gewidmet. Die Ur- und Frühgeschichte der Insel beleuchtet das **Museo Nacional de la Historia Natural** (Di–So 10–17 Uhr) mit seiner großen naturkundlichen Sammlung.

Der **Jardin Botánico** 21 (tgl. 9–18 Uhr) ist ein 180 ha großer Park nördlich der Avenida J.F. Kennedy mit Palmenalleen, Orchideenpflanzungen, seltenen Gewächsen und einem japanischen Garten.

Der **Parque Mirador del Sur** 22 breitet sich an der Küste zwischen der Avenida Winston Churchill und der Avenida Luperón aus. Hier liegen auch einige alte Wohnhöhlen der Indios, das Höhlen-Restaurant **Meson de la Cava** und die Höhlen-Disco Guácara Taína (s. u.).

Der **Malecón**, wie die Uferpromenade meist genannt wird, führt im Süden am alten Hafen entlang. Auf der von Hotels und Restaurants gesäumten Flanier- und Amüsiermeile der Stadt pflegen die Einwohner in den Abendstunden die Kunst der Selbstdarstellung, zu den allgegenwärtigen Klängen des Merengue. Weithin sichtbar ragt am Ufer gegenüber den Festungsresten von *Fuerta San José* das 30 m hohe **Monumento a Montesino** 23 in den Himmel. Der Dominikanermönch Fray António de Montesino hatte 1511 im Rahmen eines Gottesdienstes die Vernichtung der Indios durch die spanischen Eroberer angeprangert.

Der **Faro a Colón** 24 (Di–So 9–17 Uhr), der Leuchtturm des Kolumbus, erhebt sich im **Parque Mirador del Este** am Ostufer des Río Ozama. Dieses gigantische Mausoleum wurde anlässlich der 500-Jahr-Feier der Entdeckung Amerikas 1992 eingeweiht. Präsident Balaguer hatte den Koloss mit kreuzförmigem Grundriss (240 m lang, 34 m breit, 46 m hoch) aus Stein, Beton und Glas gegen den heftigen Widerstand der Bevölkerung durchgesetzt. Von der Kuppelkrone des Faro werden manchmal ebenfalls kreuzförmige *Laserstrahlen* in den Himmel geschickt. Von der Straße führt eine breite Treppe durch einen Park auf die Frontseite zu, die mit den Namen aller Staaten Lateinamerikas geschmückt ist. Im Inneren dominiert das **Grabmal des Christoph Kolumbus** mit dem Bleisarg, der aus der Catedral [s. S. 53] hierher überführt wurde. Eine ständige Ehrenwache patroulliert vor der letzten Ruhestätte des Seefahrers und Entdeckers. Die Säle ringsum sollen den Ländern der Erde Gelegenheit geben, ihre Geschichte darzustellen. Allerdings machten bislang nur wenige davon Gebrauch.

Wenn es Nacht wird in Santo Domingo, kommt es so manchem hier spanisch vor. In den Bars rund um die Plaza Colón erklingen Gitarren, in den Nachtclubs auf der **Calle El Conde** wird Flamenco getanzt, und am Malécon öffnen die feinen Restaurants und Bars ihre Pforten. Ob spanisch, italienisch oder mexikanisch, das Speisenangebot ist international, und es gibt auch karibische Gaumenfreuden zu entdecken. Das Nationalgericht **La Bandera Dominicana** etwa besteht aus gebratenem Fleisch, Reis, Bohnen und anderen Gemüsen. Beliebt sind auch **Chicharrones**, gebratenes Schweinefleisch dekoriert mit gerösteten Bananenscheiben. Ein kaltes Bier oder ein Rumcocktail dürfen nicht fehlen. Dominikaner lieben gutes Essen, und traditionellerweise gilt ein Menü unter sieben Gängen eigentlich nur als Imbiss.

i Praktische Hinweise

Information

Secretaría de Estado de Turismo, Calle Cayetano Germosen, esquina avenida Gregorio Luperón, Santo Domingo, Tel. 809-221-46 60, www.godominicanrepublic.com

Hotels

Hostal Nicolás de Ovando, Calle de las Damas 53, Santo Domingo, Tel. 809-685-99 55, www.accorhotels.com. Charmante historische Residenz in der Altstadt. Die 104 Zimmer und Suiten sind in modernem Kolonialstil eingerichtet.

Occidental El Embajador, Av. Sarasota 65, Santo Domingo, Ensanche Bellavista, Tel. 809-221-21 31, http://en.occidentalhotels.com/hotels/ElEmbajador.asp. Luxushotel zwischen Parque Mirador del Sur und Altstadt. Das umfangreiche Wellness-, Freizeit- und Sportangebot entspricht dem guten Ruf des Hauses.

Palacio, Calle Duarte 106/Calle Salomé Ureña, Santo Domingo, Tel. 809-682-47 30, www.hotel-palacio.com. Sympathisches Hotel im Stil eines Herrenhauses. Das Frühstück wird im traumhaft schönen Innenhof eingenommen.

Renaissance Jaragua Hotel & Casino, Av. George Washington 367, Santo Domingo, Tel. 809-221-22 22, www.marriott.de. Das moderne First-class-Hotel bietet jeden Komfort und ein hauseigenes Spielcasino.

Bombastisch und umstritten ist der symbolträchtige Faro a Colón aus dem Kolumbusjahr 1992

Karibische Tafelfreuden – gleich 14 Restaurants bietet die Casa de Campo in La Romana

Restaurants

El Conuco, Calle Casimiro de Moya 152, Santo Domingo, Tel. 809-686-01 29. Das stimmungsvoll dekorierte Lokal bietet dominikanische Speisen wie *Sanchocho*-Eintopf für den europäischen Gaumen.

La Atarazana, Calle La Atarazana 5, Santo Domingo, Tel. 809-689-29 00. Dominikanische und internationale Spezialitäten in kolonialem Ambiente mit schönem Patio direkt am Alcazar de Colón.

TOP TIPP **Mesón de la Cava**, Av. Mirador del Sur 1, Santo Domingo, Tel. 809-533-28 18. Das Restaurant ist bekannt für sein originelles Ambiente in einer ausgebauten Tropfsteinhöhle und für das exquisite Menü. In der Nähe liegt die legendäre Disco **La Guácara Taína** (Tel. 809-533-06 71) mit einem bunten Programm von Merengue bis Hip-Hop.

Meson de Luis, Calle Hostos 201, Santo Domingo. Einfaches Selbstbedienungslokal mit vielen Stammgästen, kreolische Fisch- und Fleischgerichte.

Villar Hermanos, Av Pasteur 201, Santo Domingo, Tel. 809-689-21 36. Lebhafter Diner mit Sandwiches und großes Gartenlokal mit dominikanischen Hauptspeisen.

Tanzpaar – im Merengue spiegeln sich Eleganz und Stolz, Verehrung und Hingabe

Boca Chica – La Caleta – La Romana – Altos de Chavón

Man verlässt Santo Domingo über den Malecón in östlicher Richtung, dann weiter über die Autopista de las Américas. In **La Caleta**, an der Abzweigung zum *Aeropuerto Internacional José Francisco Peña Gómez* ist das **Museo Panteón** (Di–Sa 10–17 Uhr) einen Besuch wert, denn es zeigt Grabstätten, Grabbeigaben und Kunsthandwerk der Taíno. Weiter geht es auf der Carretera Mella nach **Boca Chica** (35 km), dem Badeort Santo Domingos. An Wochenenden geht es an dem Karibikstrand so lebhaft zu wie an der spanischen Costa del Sol. Abends tanzt man in Discos, Bars, auf der Straße und am Strand Merengue. Nach weiteren 12 km ist bereits der nächste Badeort erreicht, **Juan Dolio**, der mit schönen Stränden, zahlreichen All-inclusive-Hotels und Snackbars aufwartet.

San Pedro de Macorís, mit 400 000 Einwohnern die drittgrößte Stadt des Landes, liegt an der Mündung des Río Iguamo. Das einst bedeutende Zentrum der Zuckerindustrie besitzt heute eine wichtige Freihandelszone. Sehenswert sind die alten Residenzen der Zuckerbarone rund um den *Parque Duarte*, die Catedral San Pedro Apóstol an der Avenida Independencia, das Feuerwehrhaus im viktorianischen Stil an der Calle Duarte und das ehemalige Parlamentsgebäude (Calle Duarte/Calle Sánchez).

Nächste Station ist **La Romana**, eine Stadt mit 250 000 Einwohnern, die ebenfalls mit der Zuckerindustrie verbunden ist. Früher besuchten Reisende meist die Zuckerfabrik *Central de la Romana*, die limonadenfarbenen Holzhäuser der Arbeiter und den Mercado Municipal. Heute gilt das Interesse mehr der noblen Ferienanlage **Casa de Campo** auf dem Gelände einer einstigen Zuckerrohrplantage der *Gulf & Western Company*, die die Hotelanlage mit acht Restaurants und Privatflugplatz damals finanzierte. Im Haupthaus stehen 800 Nobelzimmer zur Verfügung, 150 Luxuvillen sind großzügig im Gelände verteilt. Es gibt drei Golfplätze, die höchstes internationales Renommee genießen, darunter der berühmte *Teeth of the Dog* von Pete Dye. Hunderte von rassigen Pferden stehen für Ausritte oder Polo bereit. Weiterhin locken 16 Tennisplätze, etwa ebensoviele Swimmingpools, mehrere Schießanlagen, Fitnessstudios und ein Jachthafen.

Nordöstlich von hier lädt das 1976 geschaffene Künstlerdorf **Altos de Chavón** (www.altosdechavon.com) zur Besichtigung ein. Charles Bluhdorn, der damalige Präsident der Gulf & Western Company, hatte die Idee zur Errichtung dieses Dorfes im Stil der Kolonialzeit. Der dominikanische Architekt Tony Caro und der italienische Filmarchitekt Roberto Copa realisierten das Projekt. Frank Sinatra weihte das 5000 Sitzplätze fassenden *Anfiteatro* ein. Im Zentrum des Dorfes erhebt sich die Kirche *San Estanislao*, von deren Vorplatz sich ein herrlicher Blick hinab zum Río Chavón eröffnet. Der Fluss bildete die Kulisse für viele Szenen des Vietnamfilms ›Apocalypse Now‹ (1979) von Francis Ford Coppola. In Galerien und Boutiquen rund um die Kirche verkaufen hier ansässige Künstler ihre Werke. Nachwuchs wird in der *Designer-Schule* von Altos ausgebildet, ein Ableger der renommierten New Yorker Parson's School of Design. Unbedingt sehenswert ist auch das *Museo Arqueológico Regional* (http://altosdechavon.museum), das die Kultur der Taíno mit Keramik, Kultidolen und Schmuckstücken dokumentiert.

i Praktische Hinweise

Hotel

Casa de Campo, La Romana, Tel. 809-523-33 33, www.casadecampo.com.do. Luxus pur in der Abgeschiedenheit eines ›goldenen Käfigs‹. Nobelresort mit jedem erdenklichen Schick.

Im nachgebauten Kolonialdorf Altos de Chavón geben heute Kunst und Design den Ton an

Bayahibe – Higüey – Punta Cana

Von La Romana aus erreicht man auf der Straße 3 nach etwa 25 km eine Abzweigung zur Küste. Der Abstecher führt zunächst in das Fischerdorf **Bayahibe**, ein Ferienparadies mit traumhaften Stränden. Bayahibe liegt am Rand des *Parque Nacional del Este*, zu dem auch die vorgelagerte **Isla Saona** gehört. Per Katamaran oder Motorboot kann man übersetzen. In den Mangrovensümpfen leben viele seltene Vogel- und Fischarten, außerdem ist beim Schnorcheln vor der Küste die Unterwasserwelt zu erkunden.

Zurück auf der Straße 3 geht die Fahrt über San Rafael del Yuma vorbei an Zuckerrohrfeldern und Kokosnussplantagen nach **Higüey** (40 km), dem Zentrum der Provinz Altagracia am Zusammenfluss von Río Duey und Río Yuma. Diese Stadt im äußersten Osten Hispaniolas wurde durch ein wundertätiges Marienbild berühmt. Spanier brachten das *Gnadenbild* im 16. Jh. hierher und errichteten ihm zu Ehren eine Kirche. Die Schar der Pilger wuchs beständig, sodass in Ergänzung zur *Iglesia Vieja* (16. Jh.) die große *Basilica Nuestra Señora de la Altagracia* (1952–71), erbaut wurde. Die Kirche, zu der alljährlich am Nationalfeiertag, dem 21. Januar, Tausende von Pilgern kommen, zählt zu den interessantesten Beispielen moderner Architektur im Lande. Die Betonflanken des Kirchenschiffes wachsen wie Stoßzähne in den Himmel. Die Kathedrale wurde zum Wahrzeichen und Maria zur Schutzpatronin der Dominikanischen Republik.

TOP TIPP Von Higüey sind es noch 20 km bis zu den Traumküsten von **Punta Cana** mit ihren 38 km langen weißen Sandstränden und den Schatten spendenden Palmenhainen dahinter, in denen sich zahlreiche weitläufige Hotelanlagen ausbreiten. Sie bieten neben Erholung die Möglichkeit zu allen erdenklichen Sportarten (Segeln, Tauchen, Biken, Reiten, Tennis, Golf etc.) und zu Urlaub à la Club Med.

Die Urlauber bleiben hier und an der ebenfalls touristisch erschlossenen **Playa Bávaro** ganz unter sich. Im Hinterland dieser *Costa de Coco* genannten Küste gibt es keinen Ort, in dem man dominika-

Wo Badeurlaub zum Traumevent wird – die palmengesäumten Strände von Punta Cana

nische Atmosphäre schnuppern könnte. Da muss man schon nach El Seibo, Sabana de la Mar oder La Romana fahren. **Sabana de la Mar** ist übrigens die Pforte zum **Parque Nacional Los Haïtises**, einem 210 km^2 großen Feuchtgebiet mit Mangroven, üppigem Regenwald, Karsthöhlen, hoch aufragenden Kalksteinformationen und vielfältiger Fauna. *Bootstouren* organisiert die Parkverwaltung (Tel. 809-541-2714).

Praktische Hinweise

Hotels

The Royal Suites Turquesa by Palladium, Playa Bávaro, Tel. 809-221-0719, www.fiestahotelgroup.com. Freundlicher Service und nobles Ambiente vom Pool bis zu den Zimmern.

TOP TIPP **RIU Palace Macao**, Playa de Arena Gorda, Punta Cana, Tel. 809-221-7171, www.riu.com. All-inclusive 5-Sterne-Hotel am herrlichen langen Sandstrand mit Spa, Wassersport- und Unterhaltungsprogramm.

La Vega – Pico Duarte – Santiago de los Caballeros – Monte Cristi – Puerto Plata – Playa Dorada

Über die Straße 1, die Autopista Duarte, verlässt man Santo Domingo diesmal gen Norden und gelangt durch eine hügelige Landschaft nach Villa Altagracia, Bonao und **La Vega**. Im nahen *La Vega Vieja* (heute Pueblo Viejo) ließ Christoph Kolumbus 1495 die *Fortaleza La Concepción* errichten, die durch das Erdbeben von 1562 weitgehend zerstört wurde. Der Ort wurde aufgegeben, und im 17. Jh. entstand 5 km südlich das neue La Vega, das aber erst in der Zeit um 1900 durch den Bau der Eisenbahnlinie Bedeutung erlangte. Sehenswert sind hier attraktive viktorianische Architekturen wie das Teatro la Progresista, das Feuerwehrgebäude La Bombería, der Palacio de la Justicia sowie die futuristische Nueva Cathedral, die 1992 eingeweiht wurde.

Die Stadt ist Ausgangspunkt für Ausflüge in die alpine Bergwelt der **Cordillera Central**. Lohnend ist vor allem ein Abstecher nach **Jarabacoa** als Startort für Touren durch die dominikanischen Berge, z. B. in den *Parque Nacional Armando Bermúdez* und in den *Parque Nacional José de Carmen Ramírez*. Auf der Grenzlinie zwischen beiden Nationalparks erhebt sich der 3175 m hohe **Pico Duarte**, der höchste Punkt der Karibik. Der Aufstieg zum Gipfel, eine Exkursion von 3 bis 4 Tagen, empfiehlt sich nur für geübte Bergsteiger und nur unter ortskundiger Führung (Infos und Genehmigung für die Besteigung: *Dirección Nacional de Parques*, Santo Domingo, Tel. 809-533-3811).

Santiago de los Caballeros hat seinen Namen von den spanischen Rittern, die auf der Suche nach Gold und Silber 1495 hierher kamen und den Ort gründeten. Die Fruchtbarkeit der Ebene zwischen den Gebirgszügen Cordillera Central und **Cordillera Septentrional** mit ihren Rumdestillerien, Bananen-, Kaffee-, Kakao- und Tabakplantagen trug dazu bei, dass sich Santiago (700 000 Einw.) zur zweitgrößten Stadt der Dominikanischen Republik entwickelte. Die Überreste der ersten Siedlung liegen am nördlichen Stadtrand beim heutigen Dorf Jacagua. *Santiago Viejo* fiel dem Erdbeben von 1562 zum Opfer. Die neue Siedlung wurde am östlichen Ufer des Río Yaque del Norte er-

Eine Zierde Monte Cristis ist dieses altmodische Holzhaus mit seiner umlaufenden Veranda

richtet, jedoch im 19. Jh. durch Feuer verwüstet, sodass die erhaltene historische Bausubstanz ausnahmslos aus der Zeit des Wiederaufbaus stammt.

So auch die **Catedral Santiago Apóstol** (1868–95) am Parque Duarte mit ihrer historistischen, zwischen Neogotik und Klassizismus changierenden Architektur. Das an der Ostseite des Platzes gelegene **Museo del Tabaco** (Di–Fr 9–12 und 14–17.30 Uhr) rollt die Geschichte der örtlichen Tabakproduktion auf. Hier erhält man auch die Adressen der Tabakfabriken, die Führungen veranstalten. Auf der Westseite steht das bemerkenswerte **Centro de Recreo** im Mudéjar-Stil. Der ehem. Palacio Consistorial (Rathaus), ein Musterbeispiel viktorianischer Baukunst, beherbergt heute das **Museo de la Villa** (Mo–Fr 9–12 und 14–17 Uhr) mit seiner kleinen stadtgeschichtlichen Sammlung. An der Avenida Restauracón zeigt das **Museo de Arte Folklórico Tomás Morel** (Mo–Fr 9–12 und 15.30–18 Uhr) vor allem Karnevalskostüme und -masken. Am östlichen Flussufer liegt die Festung *San Luis*, die heute als Kaserne dient. Weiter stadtauswärts geht es über die Einkaufsstraße Calle del Sol zum **Monumento a los Héroes de la Restauración de la República**, einem von Trujillo in Erinnerung an die Wiedereinsetzung der Republik errichtetes Denkmal, das von einer mächtigen Säule mit Engel bekrönt wird.

Im Nordwesten der Stadt lädt die **Fabríca de Ron Bermúdez** (Avenida J. A. Bermúdez, Mo–Fr 9–12 und 14–17 Uhr) zur Besichtigung ein. Die Herstellung von Rum wird erläutert, und anschließend kann das Ergebnis verkostet werden.

Von Santiago aus verläuft die Straße 1 durch die nördlichen Kordilleren nach *Laguna Salada* und weiter nach **Monte Cristi**. Hier, im Grenzgebiet zu Haiti, liegt ein botanisch bedeutendes Naturschutzgebiet, der 530 km^2 große **Parque Nacional de Monte Cristi** mit seinen roten und schwarzen Mangroven und interessanter Vogelpopulation. Teil des Nationalparks sind auch die vorgelagerten **Cayos Siete Hermanos**, die Inseln der sieben Brüder.

Auf der Fahrt von Monte Cristi entlang der Küste nach Puerto Plata legt man in **El Castillo** und dem nahen La Isabela Vieja einen Stopp ein. Der **Parque Nacional Arqueológico e Histórico La Isabela Vieja** (tgl. 9–17 Uhr) zeigt die Überreste der 1494 von Christoph Kolumbus gegründeten Siedlung La Isabela (nicht zu verwechseln mit dem heutigen, weiter südlich gelegenen La Isabela). Sie wurde bereits 1498 zugunsten von Santo Domingo aufgegeben. Verblieben sind ein paar Kanonenkugeln, Mauerreste, Gräber und Kruzifixe. Die seit den 1985 durchgeführten Grabungen lassen jedoch ein präziseres Bild entstehen. Demnach stand auf dem Plateau von La Isabela eine Festung, Fluchtburg für die Siedler. Hier befanden sich auch Verwaltungs- und Lagerhäuser und das *Haus des Kolumbus*. Die eigentliche Ortschaft mit über 200 Häusern lag beim heutigen El Castillo und an der Mündung des Río Isabela. Es war wohl der Hunger nach Gold, der die Siedler schon nach fünf Jahren zur Aufgabe des Ortes und zur Gründung von *Nueva Isabela*, dem heutigen Santo Domingo, an der Südküste trieb. Das **Museo de La Isabela Vieja** am Rande der Ausgrabungen illustriert die lange Geschichte der Siedlung und zeigt Funde wie Keramik, Waffen und Kettenhemden. Ein Modell rekonstruiert das Ortsbild von La Isabela Vieja zu jener Zeit.

Puerto Plata ist heute Hauptort der beliebtesten Urlaubsregion der Dominikanischen Republik. Sein *Internationaler Flughafen* dient auch den anderen Ferienzentren entlang der Bernsteinküste, einer vielgestaltigen Landschaft mit kilometerlangen herrlichen Sandstränden, Hotelanlagen aller Preisklassen und einem umfassenden Sport- und Freizeitangebot.

Von Westen kommend stößt man am Ortseingang gleich auf eine Überraschung: Der **Teleférico** (tgl. 8.30–17 Uhr), eine Seilbahn wie in den Alpen, führt auf den 793 m hohen **Pico Isabel de Torres**. Vom Gipfel, der mit einer 16 m hohen *Christusstatue* geschmückt ist, genießt man einen herrlichen Rundblick auf die Stadt, den Hafen, die Bernsteinküste und die Kordilleren.

TOP TIPP

Puerto Plata wurde ›Silberhafen‹ genannt, weil Christoph Kolumbus hier, wie auch andernorts auf Hispaniola, große Silbervorkommen vermutete. Er ernannte den Spanier *Nicolás de Ovando* zum Gouverneur und beauftragte ihn, in der geschützten Bucht an der Nordküste einen Hafen anzulegen. Von der ursprünglichen, 1502 gegründeten Siedlung ist kaum noch etwas erhalten. Brände, Erdbeben und Eroberer zerstörten die kolonialzeitliche Bausubstanz. Was heute zu sehen ist, bunte Holzhäuser mit Gingerbread-Ornamenten, stammt aus der Zeit um 1900. Sie zeugen von der Zeit, als Puerto Plata ein bedeutender Ausfuhrhafen für Tabak, Rum und Kaffee war.

Im Zentrum der Stadt liegt der **Parque Central** mit der Kirche *San Felipe* und dem hübschen Musikpavillon *La Glorieta*. Besuchenswert ist das **Museo de Ámbar** (Calle Duarte 61, www.ambermuseum.com, Mo–Sa 9–18 Uhr). Im Rahmen einer Führung (spanisch, englisch) wird hier die Entstehung von Bernstein erläutert. Er wird noch heute im Hinterland der *Costa de Ambar* im Tagebau gefördert. Prunkstück der Museumssammlung ist eine in Bernstein eingeschlossene winzige *Eidechse*. Im Shop kann man echten Bernsteinschmuck erwerben.

Der **Malecón**, die Uferpromenade Avenida Gregorio Luperón, führt im Westen zur **Fortaleza San Felipe**. Die Festungsmauern werden auf der Meerseite von zwei runden Aussichtstürmchen überragt. In der Mitte des Forts steht ein mächtiger Wachtturm, in dem heute ein *Museum* (Di–So 11–19 Uhr) Geschichte und Restaurierung der Anlage dokumentiert. Nach Osten führt der Malecón zu den Stränden Puerto Platas.

Die Touristenenklave **Playa Dorada** befindet sich 5 km östlich von Puerto Plata. In dem abgeschlossenen Areal liegen zahlreiche Hotelkomplexe, zumeist mit All-Inclusive-Konzept. Die kleine Welt für sich bietet den Gästen einen Golfplatz, Casinos, Discos, ein Einkaufscenter und einen schönen Palmenstrand.

Rund 8 km nordwestlich von Puerto Plata liegt die feinsandige **Playa Cofresí**. Der Name des Strandes rührt von einem berüchtigten Piraten her, der im 18. Jh. die Gegend unsicher machte. Heute können Besucher hier im **Ocean World Marine**

Die 1520–85 erbaute Fortaleza San Felipe von Puerto Plata überstand alle Stürme der Zeit

Auf Surfers Schwingen – schicke Sportgeräte an der Playa de Cabarete

Park (Tel. 809-291-1111, www.oceanworld.net), einem maritimen Erlebnispark mit Jachthafen und Casino, Meeresbewohner aller Art bewundern und mit Delfinen schwimmen.

Praktische Hinweise

Hotels

BlueBay Villas Doradas, Calle Principal Playa Dorada 538, Puerto Plata, Tel. 809-320-3000, www.bluebayresorts.com. Exklusives Strandhotel mit erfrischend viel Grün. Gleich nebenan liegt der superbe 18-Loch Golfplatz Playa Dorada.

Casa Colonial Beach & Spa, Playa Dorada, Tel. 809-320-3232, www.casacolonialhotel.com. Kleines elegantes Luxushotel mit Restaurant und Wellness-Angebot.

Hostal Jimessón, Calle John F. Kennedy 41, Puerto Plata, Tel. 809-586-5131. Stadthotel in der einstigen Residenz einer Kaufmannsfamilie, vergleichsweise schlicht, aber mit viel Atmosphäre.

Restaurants

La Ponderosa, Calle 12 de Julio Ecke 16 de Augost, Puerto Plata, Tel. 809-586-1597. Rustikales Ambiente. Eine Spezialität sind frische Langusten.

Le Papillon, Villas Cofresi, Puerto Plata, Tel. 809-970-7640, www.lepapillon-puertoplata.com. Seit Jahren hoher Standard bei Steaks, Fisch und *Surf & Turf* in romantisch-karibischem Ambiente.

Sosúa – Cabarete – Samaná – Las Terrenas – Cayo Levantado

Auf der Straße 5, der Küstenstraße, geht es von Playa Dorada etwa 25 km weiter nach **Sosúa**, dem bekanntesten Badeort an der Nordküste. Zwischen den beiden Ortsteilen *Los Charamicos* im Westen und *El Batey* im Osten liegt die 1 km lange **Playa de Sosúa**. Zur Kulisse gehören die Stände der Souvenirverkäufer, aber auch Bars, Restaurants und Boutiquen. Einen spanischen Touch erhält dieses Viertel durch die Taparias, Cervecerias und Tanzlokale, die abends lautstark mit Merengue-Klängen um die Gunst des Publikums werben.

Ein paar Buchten weiter liegt der kleine Ort **Cabarete**. Diese zugige Ecke im Passatwind ist das Mekka der Windsurfer für die gesamte Karibik. Überall am Strand, vor den Apartmenthäusern, Hostels und Snackbars, stehen die bunten Boards bereit, auf denen Surfakrobaten vor der 2 km langen **Playa de Cabarete** hin- und herflitzen können. Hier finden übrigens auch wichtige internationale Wettbewerbe wie der *Cabarete Kiteboarding World Cup* statt.

Weiter östlich werden die palmengesäumten Strände zusehends einsamer. Helle Strandabschnitte wechseln mit dunkleren. Alsbald ist das Städtchen **Rio San Juan** erreicht. Hauptattraktion sind hier Bootsfahrten durch die **Laguna Cri Cri** mit ihren Mangrovenwäldern und den Kalksteinhöhlen mit einer Märchenwelt aus Stalagmiten und Stalaktiten.

Nach abwechslungsreicher Fahrt entlang der *Bahia Escocesa* erreicht man über Nagua die kleine Stadt Sánchez auf der Halbinsel **Samaná**. Mit ihren dichten Regenwäldern, steilen Bergflanken, von denen Wasserfälle stürzen, mit ihren langen palmenbestandenen Stränden und hellen Sandbänken im türkisfarbenen Meer gehört sie zu den landschaftlich reizvollsten Gegenden Hispaniolas.

An der Nordküste der Halbinsel liegt die Siedlung **Las Terrenas** inmitten hügeliger Tropenlandschaft. Überwiegend kleinere Hotels an schönen Stränden, z. B. bei Punta Bonita, bieten Badeurlaub in entspannter Atmosphäre. Wassersport wie Schnorcheln und Tauchen, Ausflüge zu Fuß, per Rad oder mit dem Pferd in den Regenwald gehören ebenso zum Aktivprogramm wie eine Fahrt im Jeep zur Provinzhauptstadt **Santa Bárbara de Samaná** am Golfo de las Flechas (Bucht der Pfeile). Den Namen verdankt der Golf Christoph Kolumbus, weil der Entdecker hier von Ciguayo-Indios mit einem Hagel von Pfeilen empfangen wurde.

Von Samaná aus sind Bootstouren in die **Bahia de Samaná** empfehlenswert, in der sich zur Paarungszeit von Dezember bis März *Buckelwale* einfinden. Ein anderer Ausflug führt zur karibischen Trauminsel **Cayo Levantado**. Sie wird auch Bacardi-Insel genannt, weil hier Werbespots für diesen Rum gedreht wurden.

i Praktische Hinweise

Hotels

Ali's Surf Camp, Cabarete, Tel. 809-571-0733, http://alissurfcamp.com. Rustikale bunte Hütten (Halbpension) und zwei Apartments 5 Min. vom Strand.

Gran Bahia Principe El Portillo, Las Terrenas, Samaná, Tel. 809-240-6100, www.bahia-principe.com. Das angenehme Sporthotel mit 462 Zimmern hat Reiten, Tennis, Segeln, Schnorcheln, Tauchen und Kajaken im Programm.

Sosua By The Sea, Calle B. Phillips, Sosua, Tel. 809-571-3222, www.sosuabythesea.com. Hübsches, modern ausgestattetes Hotel am Strand mit Restaurant, Pool und Bar.

Restaurants

Chichigua, im Extreme Hotel, Cabarete, Tel. 809-805-3735. Einfaches Strandlokal mit Italienischem, *Empanadas* (gefüllten Teigtaschen) und guten Cocktails zum Sonnenuntergang.

Otra Cosa, La Punta, Cabarete, Tel. 809-571-0607. Anspruchsvolles französisch-karibisches Restaurant der La Punta Apartments, sehr gute Fischgerichte.

Pomodoro, Pasillo Don Chiche, Cabarete, Tel. 809-571-0085, www.pomodorocabarete.com. Von Italienern geführtes Lokal mit Gourmet-Pizza und frischer Pasta.

Motiv für Romantiker – Küstenpanorama bei El Frances im Südosten der Halbinsel Samaná

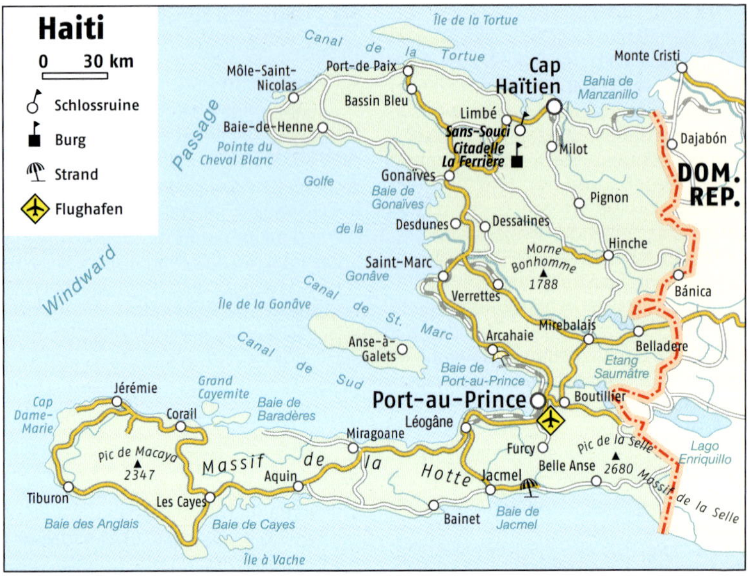

6 Haiti

Unter französischer Herrschaft einst reichste Kolonie der Neuen Welt, gilt Haiti heute als das ärmste Land der Welt. Das Auswärtige Amt warnt ausdrücklich vor Reisen in den politisch und wirtschaftlich instabilen Staat.

Präsidiale Republik
Westteil von Hispaniola
Größe: 27 750 km²
Einwohner: 9 Mio.
Hauptstadt: Port-au-Prince
Sprachen: Französisch, Kreolisch
Währung: Gourde (Gde)

Heute klingt es unglaublich, aber im 18. Jh. war Haiti eine der reichsten Regionen der Karibik. Es versorgte halb Europa mit Kaffee, Zucker und Gewürzen. Heute zählt der Karibikstaat zu den ärmsten Ländern der Welt. Doch mit Stolz blicken seine Bewohner darauf zurück, dass 1804 auf Haiti der erste von Schwarzen regierte **Freistaat** der Welt entstand. (Zur Geschichte von der Entdeckung bis ins frühe 20. Jh., s. S. 49–51) Die wechselvolle Geschichte Hispaniolas, die mit der Entdeckung durch Kolumbus 1492 begann, nahm auch nach der endgültigen Trennung der beiden Staaten Haiti und Dominikanische Republik 1844 keinen friedlichen Verlauf. Die Besetzung der beiden Länder durch die USA (Haiti bis 1934) mündete nicht in die erhoffte Beruhigung der Lage. Haiti litt weiterhin unter Verfolgung, Mord und Korruption. Im Jahr 1957 kam Dr. François Duvalier, auch bekannt unter dem Namen **Papa Doc**, an die Macht. Er führte mithilfe der von ihm geschaffenen Geheimpolizei *Tontons Macoutes* eine blutige Terror-Diktatur, die nach Duvaliers Tod 1971 von seinem damals 19-jährigen Sohn Jean-Claude Duvalier, genannt **Baby Doc**, fortgeführt wurde. Das Land war schon damals wirtschaftlich und politisch völlig ausgeblutet. 1986 kam es zu Demonstrationen und Volksaufständen, die zur Abdankung Baby Docs führten. Er ging mit seiner Familie und seinem Geld nach Frankreich ins Exil. 1994 kehrte er in die Karibik zurück.

Eine Reihe von Diktatoren löste sich in schneller Folge im Weißen Haus von Port-au-Prince ab, bis im Jahr 1990 **Jean Bertrand Aristide** in der ersten freien demokratischen Wahl zum Präsidenten gewählt wurde. Doch schon bald begann das alte Machtspiel von neuem: Geheimpolizei und Armee stürzten Aristide bereits nach acht Monaten. Er musste ins Ausland flüchten, und *General Raoul Cedras* ernannte sich selbst zum Präsidenten auf Lebenszeit. Eine **Invasion** der US-Marine im Jahre 1994 führt zur Absetzung der Militärregierung und ermöglichte die Rückkehr Aristides, der nun eine Übergangsregierung etablierte. Ab 1996 regierte *René Garcia Preval*. 2001 war Aristide wieder im Amt, doch die Bevölkerung protestierte gegen die wohl durch massiven Wahlbetrug an die Macht gekommene Regierung, und im Februar 2004 wurde Aristide erneut gestürzt. Auch der neuen Übergangsregierung unter Ministerpräsident *Gérard Latortue* gelang es nicht, das Land zu stabilisieren. Während die Hauptstadt Port-au-Prince von gewalttätigen Aristide-Anhängern kontrolliert wurde, herrschten im übrigen Land vornehmlich Exmilitärs. Auch die Stationierung von UN Friedenstruppen (Minustah) brachte keine Veränderung der Situation. Inzwischen wird Haiti als ›failed state‹ angesehen, als gescheiterten Staat, in dem sich keine demokratischen Strukturen etablieren lassen. 2008 war Haiti von den Hurrikanen, die auch in der Karibik tobten, besonders schwer betroffen. Einen erneuten Rückschlag erhielt die Entwicklung des Landes durch das Erdbeben vom 12. Januar 2010. Nach Angaben des haitianischen Premierministers soll es 316 000 Todesopfer gefordert, 1,85 Mio. Menschen obdachlos gemacht und einen wirtschaftlichen Schaden von 5,4 Milliarden Euro angerichtet haben. Dem Wiederaufbau des Landes hat sich Präsident **Michel Martelly** verschrieben, der im Mai 2011 sein Amt antrat. Zuvor war er jahrelang als Musiker unter dem Namen *Sweet Micky* aufgetreten.

Kreuzfahrtschiffe der Royal Caribbean Cruises legen am Privatstrand von Labadee bei Cap-Haïtien im Norden Haitis an.

Von Göttern und Geistern

Neben Christen verschiedener Glaubensrichtungen finden sich in der Karibik auch Moslems und Juden und, insbesondere auf Trinidad und Tobago, hinduistische Gemeinden. Nach wie vor haben aber auch alte **Kulte** große Bedeutung für die Bevölkerung. Bekannt ist vor allem der **Voodoo** (ursprüngliche Wortbedeutung: Schutzgeister) mit seinen Opferriten und der vermeintlichen Ausübung schwarzer Magie. Es handelt sich um eine uralte Religion aus **Westafrika**, die Sklaven vom Stamm der Yoruba mit in die Karibik brachten. Heute ist sie vor allem in der Dominikanischen Republik und in Haiti verbreitet, wo Voodoo sogar als offizielle Religion anerkannt ist und Anhänger in allen Bevölkerungsschichten findet. In Folge der Zwangschristianisierung nahm der karibische Voodoo christliches Gedankengut in sich auf, und Riten der Urbevölkerung kamen hinzu. Die so entstandene synkretistische Religion baut auf die Einflussnahme vieler **Loas**, geisthafter Wesen, die als geistige Führer fungieren und oft Züge katholischer Heiliger tragen. So wird z. B. der kriegerische *Loa Ogoun* mit dem hl. Jakob gleichgesetzt oder *Erzulie* mit Maria. Wie die Geister ins Geschehen eingreifen, zeigt die Sache mit Papa Doc: In Haiti heißt es, er habe sich so lange als Gewaltherrscher halten können, weil er die Inkarnation des *Baron Samedi*, des gefürchteten Gottes des Todes, gewesen sei.

Im Zentrum des Voodoo-Kults steht die **Opferung** von Tieren oder Genussmitteln wie Tabak und Rum. Während des anschließenden rituellen **Tanzes**, begleitet von Trommeln und Gesang, ergreifen die Götter und Geister vereinzelt von Tänzern Besitz, die in tiefe Trance fallen und von den anderen Teilnehmern befragt werden. Mittler zwischen den Gläubigen und den Göttern sind der Priester, *Houngan*, die Priesterin, *Mambo*, oder der Zauberer, *Bokor*. Letzterer gilt als besonders mächtig und gefährlich. Er ist es auch, der für die **Zombies** verantwortlich ist, jene ›lebenden Toten‹, die aus dem Grab geholt werden, um fortan ihrem ›Erwecker‹ zu Diensten zu sein.

Dem Voodoo verwandt sind andere afrokaribische Religionen wie **Santería** auf Kuba oder **Orisha** und **Xango** auf Trinidad und Tobago.

7 Puerto Rico

Die kleinste Insel der Großen Antillen hat viele interessante Gesichter. Hier leben amerikanische Spanier mit kolonialer Vergangenheit. Sie sind Herren über Sandstrände, Regenwälder und eine der schönsten Metropolen der Karibik.

Mit den USA assoziierter Freistaat
Größe: 8959 km^2
Einwohner: 3,8 Mio.
Hauptstadt: San Juan
Sprachen: Spanisch, Englisch
Währung: US-Dollar (US $)

Hochhäuser und Haziendas, Musicals und Maskenbälle, Cadillacs und Caballeros, Klöster und Kastelle – kann man sich eine Karibikinsel mit größerer Vielfalt vorstellen? Der Besucher erlebt auf Puerto Rico faszinierende Kontraste zwischen dem Charme spanischer Kolonialbauten und dem großspurigen **American Way of Life**. Die viertgrößte Karibikinsel bewahrt nicht nur das kulturelle Erbe von über 2000 Jahren Besiedlung und Geschichte, sie vereint auch das Beste aus der Alten und der Neuen Welt.

Puerto Rico besitzt zahlreiche Naturschönheiten, allein 400 km abwechslungsreiche Strände, zudem Naturparks mit tropischen Regenwäldern und in der Cordillera Central, dem steinernen Rückgrat der Insel, bis zu 1300 m hohe Berge und unterirdische Flüsse in einem der größten Höhlensysteme der Welt.

Ab 1952, seit die Insel mit den USA assoziiert ist, entwickelten sich Wirtschaft und **Tourismus** in rasantem Tempo, sodass Puerto Rico heute eine der fortschrittlichsten und wohlhabendsten Regionen der Karibik ist. Dem Reisenden stehen in allen Teilen der Insel attraktive Hotels und Restaurants aller Kategorien zur Verfügung. Typisch für Puerto Rico aber sind *Paradores* und *Mesones gastronomicos*, staatlich geprüfte Pensionen und Lokale, die in der Regel gute Qualität bieten und oft familiäre Atmosphäre ausstrahlen. Auch Sportfans finden an diesen Gestaden alles, was ihr Herz begehrt: Möglichkeiten zum Schnorcheln und Tauchen, zum Windsurfen, Segeln, Surfen und Hochseeangeln. Golfspielern stehen annähernd 30 hervorragende Plätze zur Verfügung, und auf Tennisspieler warten mehr als hundert Anlagen. Pferdeenthusiasten können mit den berühmten Paso-Fino-Pferden ausreiten, und für Wanderer und Biker besteht ein gut markiertes Netz von Tourenwegen.

Geschichte Die Besiedlung der Insel begann vor über 2000 Jahren. Höhlenzeichnungen, z. B. in den Cuevas del Indio bei Arecibo, weisen auf Indiostämme hin, die um die Zeitenwende aus Südamerika kamen. Sie nannten die Insel *Boriquén*, ein Name, der noch heute lebendig ist. Als Kolumbus 1493 vor der Insel ankerte, traf er auf Taíno, die hier als Farmer und Fischer lebten. Es war sicher ihr größter Fehler, dass sie den Spaniern *Goldnuggets* zeigten und sie zu den Fundstellen in den Bergbächen Puerto Ricos führten. Das bestärkte die Konquistadoren in ihrem großen Verlangen, mehr von dem Edelmetall zu finden.

Christoph Kolumbus taufte die Insel auf den Namen **San Juan Bautista**. Johannes

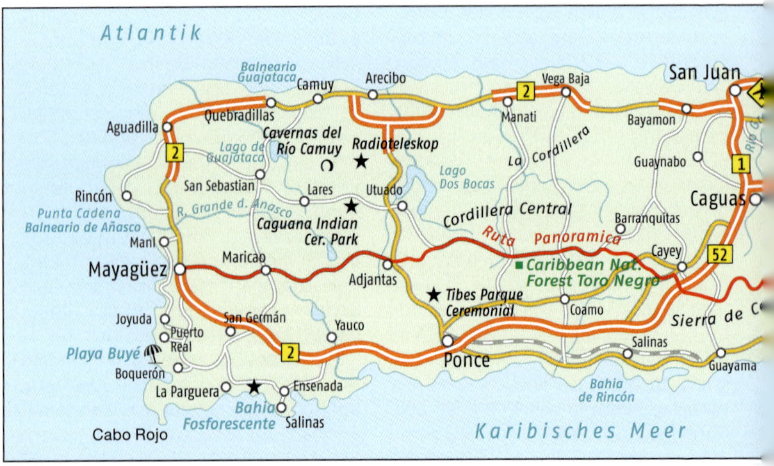

San Juans Puerta de San Juan (links) und die einstige Festung La Fortaleza

der Täufer ist auch heute noch Schutzpatron des Eilandes und zugleich Namensgeber der Hauptstadt. *Juan Ponce de Léon*, ab 1510 erster Gouverneur der Insel, wurde beauftragt, das Land zu erforschen und zu vermessen. Er hatte 1509 in der Nähe des heutigen San Juan **Caparra** gegründet, die zweitälteste Siedlung in der Karibik. 1521 verlegten die Spanier den Standort ihrer Niederlassung auf die strategisch günstigere, der Küste vorgelagerte Insel, auf der sich heute die Altstadt von San Juan befindet. Sie nannten diese Hafenstadt **Puerto Rico**, reicher Hafen, doch später tauschten Hauptstadt und Insel den Namen. San Juan wurde mit einer Stadtmauer umgeben und mit drei Forts befestigt. Obwohl die Goldvorkommen gering waren und sich bald erschöpften, gewann Puerto Rico als Tor zu Südamerika zunehmend an Bedeutung. Im Jahre 1815 erhielt die Insel den Status *Vizekönigreich*, was mit zahlreichen Privilegien verbunden war, vor allem gewissen Zoll- und Handelsfreiheiten. 1897 erlangte sie völlige Autonomie, wurde jedoch bereits ein Jahr später anlässlich des Spanisch-amerikanischen Krieges von den **USA** besetzt. Im Vertrag von Paris musste Spanien 1898 Puerto Rico an die Vereinigten Staaten abtreten bzw. seine Ansprüche auf die Insel aufgeben. 1900 erhielten die Puertoricaner die eingeschränkte amerikanische Staatsbürgerschaft. Bei den ersten freien Wahlen 1948 gewann der Demokrat *Luis Muñoz Marin* die absolute Mehrheit. Er setzte sich für eine bedingte Loslösung von den USA ein und plädierte für einen commonwealthähnlichen Status. 60 % der Bevölkerung stimmten damals für diese **Assoziierung**. Im Referendum vom Dezember 2012 allerdings wünschte sich die Mehrheit der Wähler Puerto Rico als 51. Bundesstaat der USA. Puertoricaner sind US-Bürger mit eingeschränkten Rechten und Pflichten. Sie entrichten z. B. keine US-Steuern, haben aber bei US-Wahlen kein Stimmrecht. Dafür wählen sie ihren Gouverneur selbst, haben eine Nationalflagge und eine Hymne und schicken einen (nicht stimmberechtigten) Repräsentanten ins Weiße Haus.

San Juan

Die Hauptstadt Puerto Ricos ist die zweitälteste europäische Gründung auf dem amerikanischen Kontinent und gehört zu den meistbesuchten Metropolen der Karibik. Die größte Attraktion ist die Altstadt **Viejo San Juan**, die als Gesamtensemble unter Denkmalschutz steht. Sie liegt auf einer dem Hafen vorgelagerten Insel, zu der zwei Brücken hinüberführen.

Ausgangspunkt für die Tour durch die Altstadt ist der **Hafen** 1 mit den Piers, die hauptsächlich von Kreuzfahrtschiffen genutzt werden. Von der *Calle Marina* geht es über viele Treppen hinauf zum 40 m hohen Plateau der Altstadt. Für Fußmüde verkehren Trolleys gratis von hier durch das Zentrum. Zunächst aber geht es über den *Paseo de la Princesa* am Fuß der imposanten Stadtmauer **La Muralla** 2 (1539–1783) entlang zum früheren Gefängnis **La Princesa** 3 (1837), in dem heute das Tourismusbüro PRTC (s. u.) und eine Kunstgalerie ansässig sind. Am Ende des Paseo steht die rote **Puerta de San Juan** 4 (1635), eines von ehemals sechs hölzernen Stadttoren. In der Altstadt angelangt, schlendert man über die Calle Recinto Oeste zu **La Fortaleza** 5 (Führungen i.d.R. tgl. 9–15.30 Uhr). Das älteste Fort der Insel stammt von 1540, ist seit dem 17. Jh. Sitz des Gouverneurs und seit 1983 UNESCO-Welterbe. Nahebei öffnet sich der kleine **Parque de las Palomas** 6 mit seinen Brunnen, Wassertränken und Häuschen für die Tauben. Die **Capilla de Santo Cristo** 7 (Mo, Mi, Fr 10.30–15.30 Uhr) am Südrand des Parks wurde in den Jahren 1753–80 zur Erinnerung an die wunderbare Rettung eines Reiters erbaut, der beim Wettrennen über die Stadtmauer ins Meer gestürzt war. An der Calle Cristo zeigt das **Museo La Casa del Libro** 8 (Tel. 787-723-0354, www.lacasadellibro.org, Di–Sa 11–16.30 Uhr) Manuskripte, Bücher und Dokumente, die bis in die Gründerzeit zurückreichen. Auf der **Plazuela de la Rogativa** 9 erinnert das bizarre Denkmal *›La Rogativa‹* an die Belagerung der Stadt durch die Engländer im 18. Jh. Der Überlieferung nach zog der damalige Bischof eines Nachts mit einigen verzweifelten Frauen beim Schein von Fackeln betend und singend durch die Stadt. Die Briten, die dies mit ihren Fernrohren beobachteten, glaubten, die spanische Armee sei als Verstärkung eingetroffen und lichteten schleunigst die Anker.

Vorbei an gepflegten Patrizierhäusern gelangt man durch parkähnliches Gelände zum **Museo Casa Blanca** 10 (Calle San Sebastian 1, Tel. 787-725-1454, Di–So 9–16.20 Uhr). Die 1521–23 erbaute Casa war 250 Jahre lang Wohnsitz der Familie von Juan Ponce de Léon. Der Gouverneur allerdings hat die Fertigstellung seines Hauses nicht mehr erlebt, er starb bereits 1521. Die hier beheimatete historische Sammlung dokumentiert das Leben im San Juan des 16./17. Jh.

Durch eine breite Allee gelangt man zum Campo del Morro, dem Paradeplatz vor der mächtigen Festungsanlage **Fuerte de San Felipe del Morro** 11 (Tel. 787-729-6960, tgl. 9–18 Uhr). An dem gewaltigen Fort, kurz *El Morro*, das die ganze Spitze der Isletta einnimmt, bauten die Spanier fast 250 Jahre lang (1539–1787).

La Princesa – das einstige Gefängnis ist wahrhaft eine Prinzessin der Architektur

Seinen reichsten Karibikhafen San Juan schützte Spanien mit dem Castillo de San Felipe del Morro

Mit ihren sechsstöckigen, durch Tunnel verbundenen Bastionen ist sie die größte Festung der Karibik und galt als uneinnehmbar. Die meisten Eroberungsversuche der Briten, Holländer und Franzosen konnten auch abgewehrt werden. Nur zweimal geriet El Morro ins Wanken – und fiel. Als 1598 die Engländer unter dem Earl of Cumberland San Juan angriffen, hörte man keine Kanone, kein Gewehr, denn die spanischen Soldaten und ihre Generäle lagen, von einer Ruhrepidemie befallen, danieder. Aber die Briten hatten nicht lange Freude an ihrer Eroberung, denn kaum waren sie in San Juan etabliert, machten sich bei ihnen dieselben Ruhrsymptome bemerkbar, und sie zogen matt und krank wieder ab. Der zweite Paukenschlag ging von einem Gewitter aus: Im Jahr 1626 schlug ein Blitz in den Pulverturm ein und jagte das Herzstück des Forts mit Kanonen, Mannschaftsräumen und Pferdeställen in die Luft. Heute kann man das restaurierte Fort wieder in seiner einstigen Gestalt besichtigen.

Anschließend geht es zurück über den Campo in die Calle Norzagaray und zum *Cuartel de Ballajá*, einer spanischen Kaserne von 1864. Heute präsentiert hier das **Museo de las Américas** 12 (www.museolasamericas.org, Di–Sa 9–12 und 13–16 Uhr) Kunst und Volkskunst aller Epochen aus Süd- und Nordamerika, darunter eine Sammlung von 200 Jahre alten *Santos*, von geschnitzten Heiligenfiguren. Die Calle Norzagaray führt weiter zur alten Markthalle mit dem **Museo de San Juan** 13 (Tel. 787-724-1875, Di–Sa 10–16 Uhr). Seine Exponate vermitteln einen exzellenten Überblick über Geschichte und Kultur der Stadt.

Die anlässlich des 500. Jahrestages der Entdeckung 1432 angelegte *Plaza del Quinto Centenario* zwischen den beiden Museen öffnet sich zum **Convento de los Dominicanos** 14 (tgl. 9–17 Uhr), einem 1523 errichteten Kloster, das später Sitz der Universität war. Auf der nahen stimmungsvollen **Plaza San José** 15 mit ihrem Kopfsteinpflaster und kolonialzeitlichen Fassaden ragt ein Eisenstandbild von 1797 auf, das *Juan Ponce de León* darstellt. Es wurde aus erbeuteten britischen Kanonenkugeln gegossen. Dahinter erhebt sich die gotische **Iglesia San José** 16 (Mo–Mi, Fr 7–15, Sa 8–13, So 12 Uhr zur Messe) von 1523, eine der ältesten Kirchen in der Karibik und ein schönes Beispiel spanischer Kolonialgotik. Ganz in der Nähe, in der Calle San Sebastián, befindet sich das **Museo Pablo Casals** 17 (Tel. 787-723-9185, Di–Sa 9.30–16.30 Uhr), das den Nachlass des berühmten spanischen Cellisten verwaltet. Pablo Casals (1876–1973) lebte fast 20 Jahre bis zu seinem Tod in San Juan. Die Sammlung umfasst neben Manuskripten und Fotos auch Filmaufnahmen seiner Konzerte.

Rund um die Plaza San José und an der südwärts führenden **Calle Cristo** 18 laden zahlreiche Bars, Cafés und Restaurants zum Verweilen ein. Das edle **Hotel El**

Convento 19 (Tel. 787-723-9020, www.elconvento.com) im Kloster Convento de Las Carmelitas aus dem 17. Jh. verfügt z. B. über das Restaurant *Patio del Nispero*, wo man Frühstück oder Lunch unter freiem Himmel genießen kann.

Die nahe **Catedral de San Juan Bautista** 20 (tgl. 8–17 Uhr), 1535 begonnen und damit zweitälteste der westlichen Hemisphäre, wurde durch Wirbelstürme und Kanonenkugeln mehrfach stark in Mitleidenschaft gezogen. Daher musste sie unter Einbeziehung einiger gotischer Originalbauteile im 19. Jh. erneuert werden. Zum Kirchenschatz gehört der Marmorsarkophag mit den sterblichen Überresten von Juan Ponce de León.

Über die Calle San Francisco gelangt man nun zur **Plaza de Armas** 21 im Herzen der Altstadt. Mit dem Bau des Rathauses, der **Alcaldía** 22, wurde 1604 begonnen. Nach Umbauten und Erweiterungen erhielt es 1889 sein heutiges Aussehen. Die Fassade mit zweistöckiger Arkadengalerie und flankierenden Türmen ist dem Rathaus von Madrid nachempfunden. Durch das Portal der Alcaldía marschiert dreimal täglich (Di–Sa 10.45, 12 und 14 Uhr) die *Nationalgarde* in ihren historischen Uniformen in die Stadt und spielt dabei Marschmusik.

Bald darauf erreicht man die **Plaza de Colón** 23. In der Mitte steht auf einer Säule die Statue des *Christoph Kolumbus* (1893). Ringsum befinden sich zahlreiche Geschäfte, Bars, Hotels, Cafés und das **Government Reception Center** 24. Das prachtvolle Gebäude aus dem frühen 20. Jh. mit dem Flair der Belle Epoque war einst Casino und Ballhaus und dient heute als Regierungsgebäude für Staatsempfänge und andere Feierlichkeiten.

Unweit erhebt sich das 1634–1785 errichtete **Fuerte San Cristóbal** 25 (Tel. 787-729-6777, tgl. 9–18 Uhr), das die Stadt vor Angriffen von der Landseite schützen sollte. Die fünf Teile der 10 000 m² großen labyrinthartigen Festungsanlage sind durch Tunnel miteinander verbunden.

Über die *Puente los dos Hermanos* verlässt man die Altstadt und gelangt in das schicke Viertel **Condado** 26 mit seinen breiten Alleen und modernen Büro- und Hotelhochhäusern. Nicht ohne Grund nennen die Puertoricaner Condado das ›Little Miami‹ der Karibik. Zahlreiche Trendboutiquen, Cafés, Casinos und Restaurants finden sich vor allem im Bereich der Flaniermeile **Avenue Ashfort**, die als das teuerste Pflaster der Antillen gilt. Einen Block weiter breitet sich **Condado Beach** aus, ein 3 km langer Sandstrand gesäumt von Luxushotels, Strandcafés und Wassersportagenturen.

Noch eleganter als Condado ist das weiter östlich gelegene Wohnviertel **Ocean Park** 27 mit seinem palmengesäumten Strand. Statt einer Phalanx

Das Schmuckstück der Plaza de Armas, die Alcadía von San Juan, wurde im 19. Jh. erneuert

von Großhotels gibt es hier einige hübsche Guesthouses und gute Restaurants.

Weiter südlich hat sich **Santurce** zu einem Zentrum für Kunst und Kultur gemausert. Nahe der lebhaften *Avenida Ponce de Leon* mit ihren Restaurants und Nightclubs lädt das **Museo de Arte de Puerto Rico** 28 (Avenida de Diego 299, Tel. 787-977-6277, www.mapr.org, Di/Do–Sa 10–17, Mi 10–20, So 11–18 Uhr) zum Besuch ein. Neben einer großen Sammlung zur Kunst des 18.–21. Jh. begeistern ein schöner Skulpturengarten und interessante internationale Wechselausstellungen die Besucher. Gleich gegenüber bietet das Kulturzentrum **Centro des Bellas Artes Luis A. Ferré** 29 (Tel. 787-724-4747) Theater, Oper, Konzerte oder Tanzevents sowie einen angesagten Nachtclub. Über die Avenida Ponce Leon ist auch bald das **Museo de Arte Contemporaneo de Puerto Rico** 30 (Avenida Roberto H. Todd, Parada 18, Tel. 787-977-4030, www.museocontemporaneopr.org, Di–Fr 10–16, Sa 11–17, So 13–17 Uhr) erreicht. Die permanente Sammlung und Wechselausstellungen zeigen Malerei, Skulptur, Grafik und Medienkunst der Gegenwart aus Puerto Rico, der Karibik und aus Südamerika.

TOP TIPP

TOP TIPP

Die Liebhaber anderer geistiger Nahrung zieht es zur **Bacardi Rum Distillery** 31 (Bay View Industrial Park, Tel. 787-788-8400, www.casabacardi.org, Mo–Sa 8.30–17.30, letzte Tour 16.15, So 10–17, letzte Tour 15.45 Uhr) im westlichen Stadtteil **Cataño**.

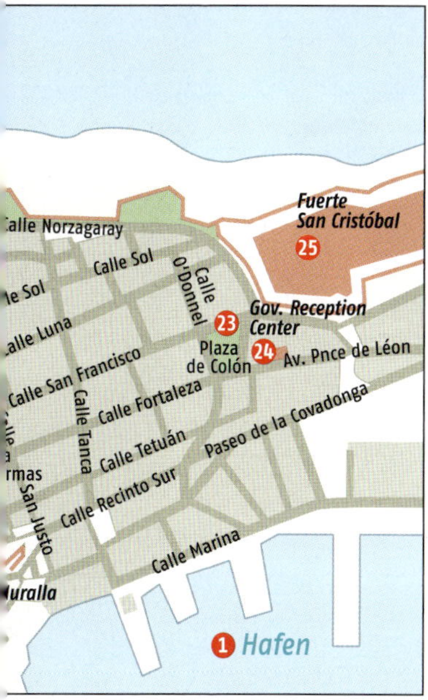

In der Destillerie werden täglich bis zu 100 000 l Rum abgefüllt. Im Rahmen der Führung und im *Casa Bacardi Visitor Center* erfährt der Besucher alles über den Zuckerrohranbau, das Brennen und Abfüllen des Feuerwassers und die Geschichte des Unternehmens. Zum Schluss darf man den Rum natürlich auch probieren.

Rio Grande – El Yunque – Playa Luquillo – Fajardo

Man verlässt San Juan gen Osten vorbei am *Luis Muñoz Marin International Airport*. Die Küstenstraße 187 erschließt attraktive Strände wie **Isla Verde** und die türkisfarbenen Korallenriffe von **Boca de Cangrejos**. Bei Loíza überquert man den Río Grande (auch Río El Yunque), den Schicksalsfluss der Indios. Unweit der Ortschaft **Río Grande** geht es auf der Schnellstraße 3 weiter bis Palmer und dort auf die Nebenstraße 191. Nach weiteren 10 km ist der seit 1903 bestehende *Caribbean National Forest*, genannt **El Yunque** (Tel. 787-888-18 80, www.fs.usda.gov/elyunque, tgl. 7.30–18 Uhr) erreicht, der sich auf der Hochebene *Sierra de Luquillo* ausbreitet. Der artenreiche Regenwald wird durch zahlreiche markierte Fuß- und Reitwege erschlossen. Einer der beliebtesten Trails geht vorbei an Wasserfällen, Bergbächen und dunklen Waldseen zum Gipfel des *El Yunque* (1070 m). Zwei Besucherzentren und zahlreiche organisierte Touren erleichtern die Erkundung des Gebiets. Für Übernachtungen empfiehlt sich die idyllisch im südlichen Teil des Regenwaldes gelegene *Casa Cubuy Ecolodge* (Tel. 787-874-62 21, www.casacubuy.com).

Die Küstenstraße führt weiter zur **Playa Luquillo**. Das Bad an einem der schönsten Strände Puerto Ricos ist mit Duschen, Umkleidekabinen etc. ausgestattet, und auch für Snacks und Getränke ist gesorgt. An der Nordostküste treten allerdings z.T. starke Strömungen auf.

Als nächstes erreicht man das Fischerdorf **Fajardo**. Noch im 18. Jh. war es ein Anlaufplatz für Piraten und Schmuggler,

Wasserrausch im Regenwald El Yunque – der La Mina Wasserfall erfrischt müde Wanderer

Die Playa Luquillo ist Puerto Ricos Garant für gemütliches Badeleben mit Familienanschluss

heute ist es eines der bedeutendsten Urlaubszentren der Insel und besitzt mit der *Marina Puerto del Rey* (www.puertodelrey.com) den größten Jachthafen der Karibik. Vom Hafen starten (nicht immer regelmäßig) Boote zu den vorgelagerten Inseln **Isla de Culebra** und Isla Vieques. Culebra, ein Archipel von 24 Eilanden rund um die 64 km^2 große Mutterinsel, bietet einsame Strände und *Mangrovenwälder*, die mit Kajaks zu erkunden sind. In den Sümpfen der Insel nisten Vögel, vor der Küste laden Korallengärten zum Tauchen und Schnorcheln ein. Zwischen März und September kann man *Schildkröten* bei der Eiablage beobachten.

Auch die 300 km^2 große **Isla Vieques** mit ihren eleganten kleinen Inns verspricht erholsame Urlaubstage an schönen Stränden, aber auch beim Schnorcheln und Tauchen.

Ponce – Arecibo – Camuy

Auf der mautpflichtigen Autobahn 1 gelangt man von San Juan aus in ca. zwei Stunden nach **Ponce** (300 000 Einw.). Die zweitgrößte Stadt Puerto Ricos erhielt ihren Namen von einem Enkel Ponce de Leóns, der diese Region kolonisierte. Im Jahre 1692 erfolgte die offizielle Gründung des Ortes, 1877 die Erhebung zur Stadt, die als Wirtschafts- und Kulturzentrum durchaus mit San Juan konkurrieren konnte. Zu Recht wird sie ›Perle des Südens‹ genannt, denn ihre Altstadt bietet ein eindrucksvolles Ensemble mit Kolonialbauten des 19./20. Jh.

Im Zentrum liegt die **Plaza de Delicias** mit dem rot-schwarz gestreiften Holzbau der Feuerwehr. Dieser **Parque de Bombas** (Tel. 787-284-3338, Mi–Mo 9.30–18 Uhr) von 1883 beherbergt heute das Feuerwehrmuseum. Der Schutzheiligen der Stadt ist die Kathedrale **Nuestra Señora de Guadelupe** (Mo–Fr 6–15.30, Sa/So 6–12 Uhr) geweiht, die nach der Zerstörung des kleineren Vorgängerbaus von 1670 ab 1835 errichtet und nach dem schweren Erdbeben von 1918 erneuert wurde. Die nahe um 1900 erbaute **Casa Armstrong Poventud** ist Sitz des puertoricanischen Kulturinstituts und zeichnet sich durch ihre figurengeschmückte Fassade aus. Im Süden der Plaza erhebt sich die attraktive **Alcaldía** (1840–46), das Rathaus. Weiter östlich, an der Calle Isabel, steht das neoklassizistische **Teatro La Perla**. Die Bühne für Oper, Ballett und Schauspiel ist eine der Repräsentanten für das kulturelle Erbe der Stadt. Ponce hat z. B. den Tenor Antonio E. Paoli hervorgebracht, dessen Karriere im **Museo Casa Paoli** (Calle Mayor 15, Tel. 787-840-4115, www.casapaoli.org, Di–Do und Sa 8–12 Uhr) dokumentiert wird. Neben dem Theater stellt das **Museo de la Historia de Ponce** (Tel. 787-844-7071, Mi–Mo 10–17 Uhr) die Stadtgeschichte vor. In der nahen Residenz der Rumproduzentenfamilie Serrallés schildert das **Museo de la Música Puertorriqueño** (Tel. 787-848-7016, Mi–So 8.30–16.30 Uhr) die musikalische Entwicklung der Insel und präsentiert dazu traditionelle Musikinstrumente.

Signalfarbene Alarmarchitektur – das Feuerwehrhaus von Ponce ist heute Museum

Tragischen Ereignissen hingegen ist die **Casa de la Massacre de Ponce** (Tel. 787-844-9722, Di–So 8.30–16 Uhr) südlich des Zentrums gewidmet. Vor dem Gebäude schoss die Polizei am 21. März 1937 demonstrierende Anhänger der Unabhängigkeitsbewegung nieder.

Noch weiter im Süden, an der *Avenida Las Américas* 2325, befindet sich das bedeutendste Museum von Ponce, das zugleich als eines der renommiertesten der gesamten Karibik gilt. Das **Museo de Arte** (Tel. 787-848-0505, http://museoarteponce.org, Mi–Mo 10–18 Uhr) zeigt die Kunstsammlung des Industriellen Luis A. Ferré mit Gemälden und Skulpturen einheimischer Künstler, aber auch mit Werken von Jan van Eyck, El Greco, Velasquez, Rubens, Goya und Delacroix. Seit 2010 präsentiert es auch Kunst des 20. und 21. Jh., darunter Werke von Roy Lichtenstein.

Nördlich der Stadt thront auf einem Hügel das **Museo Castillo Serrallés** (Tel. 787-259-1774, www.castilloserralles.org, Do–So 9.30–17.30 Uhr), opulenter Landsitz einer Rumdynastie von 1930. Er dokumentiert den Lebensstil der Besitzer und die Geschichte der Rumherstellung. Gleichfalls gen Norden gelangt man zum **Centro Ceremonial Indígena de Tibes** (Tel. 787-840-2255, Di–So 9–16 Uhr), dem ältesten bisher entdeckten Indiofriedhof der Karibik. Das Gelände umfasst auch sieben *Spielfelder* der Indios, auf denen kultische Ballspiele stattfanden. Geometrisch angeordnete *Steinsetzungen* deuten darauf hin, dass sich hier auch eine Art Observatorium befand. Außerdem wurde ein *Dorf* mit bambusgedeckten Hütten, Geräten und Waffen rekonstruiert. Das *Museum* zeigt Funde von den Ausgrabungen. 16 km nördlich von Ponce lohnt ein Besuch der **Hacienda Buena Vista** (Route 123, km 16,8, Tel. 787-722-5882, Mi–So, nur auf Voranmeldung), einer Kaffeeplantage, die seit dem 19. Jh. bewirtschaftet wird. Hier lernen die Gäste Anbau und Verarbeitung der Bohnen kennen.

Und weiter geht die Fahrt: Die Süd-Nord-Durchquerung Puerto Ricos von Ponce nach Arecibo macht mit den verschiedenen Landschaftsbildern der Insel vertraut. Es geht von der karibischen Küste über das Bergland der Cordillera Central und durch die faszinierenden Karstlandschaften zur rauen Atlantikküste. Auf dem Weg nach **Arecibo** lohnt sich ein Stopp beim **Centro Ceremonial Indígena de Caguana** (Utuado, Route 111, km 12,4, Tel. 787-894-7325, Mi–So 9–16 Uhr), dem größten Kultplatz der Indios in der Karibik. Spielfelder, Steinsetzungen, Ritzungen und *Petroglyphen* bezeugen die uralte Geschichte des heiligen Ortes, der heute einem herrlichen Garten gleicht. Das dazugehörige *Museum* präsentiert interessante Fundstücke.

Auch das **Arecibo Observatory** (Tel. 787-878-2612, www.naic.edu, Mi–So 9–16 Uhr) mit einem der größten *Radioteleskope* der Welt ist besuchenswert. Wie in einem Science-fiction-Film ragt das futuristische Gebilde aus dem Regenwald. Ein weiteres Highlight der Region ist der **Parque de las Cavernas del Río Camuy** (Tel. 787-898-31 00, Mi–So 8.30–17 Uhr, nicht bei Regen). In den Montañas Guarionex breitet sich dieses riesige *Höhlensystem*, das drittgrößte der Welt, mit unterirdischen Flüssen, Seen und Kanälen aus. Auf steilen Pfaden steigen die Besucher in eine 60 m tiefe, von Farnen überwucherte Schlucht zum Eingang der ›Höhlenkathedrale‹ voller Stalagmiten und Stalagtiten.

Quebradillas – La Paguera – Salinas

Westlich von **Quebradillas** ist ein historisches Monument zu begehen: Der **Tunnel von Guajataca** wurde Ende des 19. Jh. für die längst aufgelassene Bahnlinie nach San Juan in den Fels gehauen, auf der Zuckerrohr befördert wurde.

Der Parador El Faro (Route 107, km 2,1, Tel. 787-882-80 00) liegt in einem Garten an der Nordwestecke der Insel bei *Aguadilla*. Weiter südlich erreicht man die Karibikküste und bei **Rincon** die besten Surfstrände der Insel. Auch um das Städtchen **Cabo Rojo** mit seinem Leuchtturm von 1881 locken mehrere traumhafte karibische Buchten. Nahe dem Fischerdorf **La Parguera** lädt der attraktive Parador Villa Parguera (Tel. 787-899-77 77, www.villaparguerapr.com) zum Badeaufenthalt ein. Eine Besonderheit dieser Gegend sind die bunten Hausboote, die an den Ufern der Mangrovenwälder liegen. Zu einem unvergesslichen Erlebnis wird eine nächtliche Kahnfahrt über die phosphoreszierende Bucht **La Bahía Fosforescente** bei La Parguera. Verantwortlich für den Glimmereffekt sind die winzigen Meerestierchen *Dinoflagellate*, die unter der sanften Bewegung des Wassers chemisches Licht erzeugen. Jede Welle erscheint dabei von tausend kleinen Lichtern illuminiert. La Parguera selbst ist ein lebendiger Ferienort, der wegen der ausgedehnten Korallenriffe vor der Küste zahlreiche Taucher anzieht. Vor der Weiterfahrt nach Ponce bietet sich noch ein Stopp in **Salinas** an, wo man eines der hervorragenden Fischrestaurants besuchen sollte.

La Ruta Panorámica

Die landschaftlich schönste Strecke Puerto Ricos ist die Ruta Panorámica (meist ausgeschildert), die von der Südost- an die Westküste führt. Sie ist 266 km lang und schlängelt sich als PR-105, PR-143 und PR-182 durch die **Cordillera Central**. Am Weg liegen verschlafene Dörfer und blumenumrankte Fincas im üppigen Grün, überragt von rauen Berggipfeln. Nahe Barranquitas wurde in drei historischen Flugzeugen das populäre Restaurant *Aviones* eingerichtet. Für die kurvenreiche Route sind drei bis vier Tage einzurechnen. Wer eine Teilstrecke erkunden möchte, nimmt die Autobahn von San Juan nach **Cayey** oder erkundet das besonders schöne Teilstück zwischen **Maricao** und dem Forst *Bosque Estatal Toro Negro*.

i Praktische Hinweise

Information

Puerto Rico Tourism Company, La Princesa, Paseo de la Princesa 2, Viejo San Juan, Tel. 787-721-24 00, http://welcome.topuertorico.org

Hotels

El Conquistador Resort, 1000 El Conquistador Ave., Las Croabas, Fajardo, Tel. 787-863-10 00, www.elconresort.com. Großes Luxushotel in herrlicher Lage mit Golfplatz und privater Badeinsel.

El Convento, Calle Cristo 100, Viejo San Juan, Tel. 787-723-90 20, www.elconvento.com. Stilvoll übernachten in einem früheren Karmeliterkloster.

Hacienda Juanita, Route 105, Maricao, Tel. 787-838-25 50. In einer alten Kaffeeplantage wurde ein gemütliches Landhotel eingerichtet.

Hix Island House, Pilón, Isla Vieques, Tel. 787-741-23 02, www.hixislandhouse.com. Mehrfach ausgezeichnete Ferienanlage in exzentrischer moderner Architektur mit schönen Loft-Apartments.

Restaurants

Amadeus, Calle San Sebastián 106, Viejo San Juan, Tel. 787-722-86 35. Das Lokal in einem Gebäude des 18. Jh. kredenzt hervorragende neue karibische Küche.

Café Café, Calle Mayor 2638, Ponce, Tel. 787-841-71 85, www.cafecafeponce.com, Mo–Fr 8–15 Uhr. Opulentes Frühstück und rustikaler Lunch, dazu bester Kaffee aus der benachbarten Rösterei.

Perla, 1077 Ashford Avenue, San Juan, Tel. 787-977-32 85, www.perlarestaurant.com. Luxuriöses Fisch- und Seafood-Restaurant in einer architektonischen Perle des tropischen Modernismus, von einem Pool umgeben. Riesige Weinauswahl.

Kleine Antillen

Inseln über dem Wind

»Hier zeigt die Erde ihr schönstes Gesicht«, schwärmte der US-amerikanische Komponist George Gershwin Anfang des 20. Jh. angesichts der **Kleinen Antillen**. Unter dieser Bezeichnung werden ca. 700 Inseln zusammengefasst, die sich in Form einer Sichel von den Virgin Islands im Westen über Antigua, Martinique, St. Lucia, Barbados, Grenada und Trinidad in einem weiten ostwärts verlaufenden Bogen nach Süden bis zur Küste Venezuelas hinziehen. In entgegengesetzter Richtung brachen vor rund 6000 Jahren die Siboney, Amerindios aus

Venezuela, mit ihren schlanken Kanus auf, um neues Siedlungsland zu entdecken. Sie fuhren im Windschatten der Inseln durch das Karibische Meer gen Norden bis nach Kuba.

Geographisch lassen sich die Kleinen Antillen unterteilen in die **Inseln über dem Wind** – sie reichen von den Virgin Islands bis Trinidad und Tobago – sowie in die **Inseln unter dem Wind** – darunter die ehemaligen niederländischen Antillen Aruba, Bonaire und Curaçao. Während die Inseln über dem Wind voll vom Nordost-Passat erfasst werden und sich die Wolken an den steilen Berghängen abregnen, liegen die flachen Kalkplateaus der Inseln unter dem Wind in der heißen Trockenzone. Die Unterschiede zwischen den einzelnen Eilanden hinsichtlich Naturkulisse, Vegetation und Bevölkerung sind relativ groß, sie entsprechen den geologischen und klimatischen Verhältnissen bzw. der historischen Entwicklung. Viele stiegen einstmals als Feuer speiende **Vulkane** aus dem Meer, die meisten dieser Krater sind allerdings längst erloschen. Lediglich die Vulkane von Guadeloupe, Montserrat, Martinique, St. Vincent und St. Lucia waren in jüngerer Zeit noch aktiv.

Aber wo befinden sich denn nun jene Bilderbuchinseln, von denen die Menschen des Nordens in kalten Winternächten träumen, jene kleinen **Eilande** mit strahlend weißem, puderzuckerfeinem Sandstrand, von Palmen bestanden, die sich sanft im Passatwind wiegen, und rundherum nichts als warmes, glasklares, azurblaues Wasser, in dem es von bunten Fischen nur so wimmelt? Diese Ankerplätze der Träume gibt es wirklich. Es sind die kleinen **Cays** um Anguilla, die British Virgin Islands oder die Grenadinen, jene reizvolle Inselgruppe zwischen St. Vincent und Grenada. Aber man braucht schon eine schnittige Jacht oder ein Motorboot, um sie zu erreichen.

Sicher wurde hier das Wort ›atemberaubend‹ erstmals ausgesprochen – British Virgin Islands

U.S. Virgin Islands

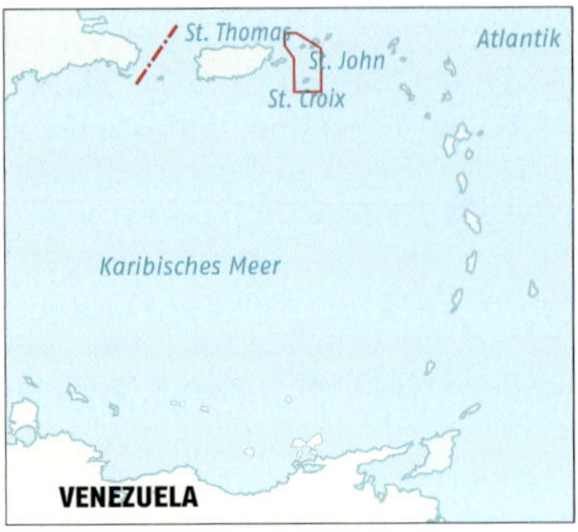

Segler preisen die Virgin Islands als eines der besten **Jachtreviere** der Welt. Für andere sind die tiefblauen Buchten, weißen Sandstrände und bunten Korallenriffe zwischen St. John, St. Croix und Virgin Gorda ganz einfach das Paradies. Die schönsten Ausblicke sind im Norden des Archipels zu finden, der größtenteils bereits zu den British Virgin Islands gehört. Hier brauchen Skipper keinen Kompass, denn zwei bis drei markante Inseln hat man immer im Visier. Die U.S. Virgin Islands **St. Thomas** und **St. Croix** bieten die besten Versorgungsmöglichkeiten, die größten Häfen, das umfangreichste Angebot an Hotels, Bars, Restaurants und die größte Auswahl in Sachen Duty Free Shopping.

Als Kolumbus am 14. November 1493 auf die Inselkette 100 km östlich von Puerto Rico zusteuerte, erinnerte ihn die Unberührtheit der Natur an die Legende der hl. Ursula mit ihren 11 000 Jungfrauen. So gab er dem Archipel den Namen **La Once Mil Virgines**. Als er aber mit einigen Männern in einer Bucht von Santa Cruz (heute St. Croix) an Land gehen wollte, empfing ihn ein Hagel von Speeren und Pfeilen. Die Spanier retteten sich eiligst auf die Schiffe und zeigten in der Folgezeit kein großes Interesse mehr für die ›karibischen Jungfrauen‹. Die Inseln gerieten in Vergessenheit, bis 1625 englische und französische Bauern das Land besiedelten. 1653 traten die Briten St. Croix an die Malteser Kreuzritter ab, die die Insel an die Franzosen weiterverkauften.

Auch die Dänen wollten in der Neuen Welt Fuß fassen und besetzten 1666 St. Thomas und St. John, 1733 kauften sie St. Croix. Fast 200 Jahre lang blieben die Inseln unter ihrer Herrschaft. 1917 übernahmen die Amerikaner das Territorium für 25 Mio. US-Dollar in Gold und sicherten sich so den Zugang zum Panamakanal.

8 St. Thomas

Viele Touristen zieht es in das zollfreie Einkaufsparadies mit seiner farbenprächtigen Unterwasserwelt.

Als U.S. Virgin Islands
externes Territorium der USA
Größe: 342 km², verteilt auf 50 Inseln
Einwohner: 112 000
Hauptstadt: Charlotte Amalie
Sprache: Englisch
Währung: US-Dollar (US $)

Die Hauptstadt der U.S. Virgin Islands, **Charlotte Amalie**, wurde 1730 nach der Gemahlin des dänischen Königs Christian V. benannt. Vorher hieß der Ort spöttisch *Tap Hus*, Rumhaus. Tatsächlich regiert der **Rum** die Insel noch heute. Man begegnet dem hochprozentigen Zuckerrohrschnaps überall, in Hafenkneipen, auf Rum Parties, in Liquor Stores und in Destillerien. Die früheren Rumlagerhallen von Charlotte Amalie wurden aber längst in Boutiquen und Duty Free Shops umgewandelt, die die Stadt wie einen boomenden Supermarkt erscheinen lassen. Hier herrscht das ganze Jahr über Sommerschlussverkaufsstimmung, denn dank des zollfreien Status von St. Thomas werden Parfüm, Zigaretten, Alkohol, Mode, Schmuck und Elektronik mit Ermäßigungen von bis zu 50 % angeboten. Kein Wunder, dass zahllose Kreuzfahrtschiffe den Hafen von St. Thomas anlaufen.

Das historische Viertel von Charlotte Amalie wird geprägt von dänischer Kolonialarchitektur. Hinter der Königlichen Werft an der Waterfront liegt das **Legislature Building** (tgl. 8–17 Uhr), in dem sich die 15 gewählten Senatoren des Inselparlaments versammeln. Die blassgrüne

Eine Seilbahn verbindet den Hafen von Charlotte Amalie mit Paradise Point hoch über der Stadt

Fassade des puppenhausartigen Gebäudes gilt als Wahrzeichen der Stadt.

Gegenüber befindet sich **Fort Christian** (Mo–Fr 8.30–16.30 Uhr), das Dänenkönig Christian V. 1672 anlegen ließ. Oben residierte der Generalgouverneur, unten im Kerker schmorten Verbrecher. Heute beherbergt der dunkelrote Backsteinbau mit den sandsteinfarbenen Ecksteinen Feuerwehr und Polizei. In den einstigen Gefängnisräumen entstand das **Virgin Islands Museum** mit Exponaten der präkolumbischen Geschichte, aus der Zeit der ersten Pflanzer und der dänischen Kolonialepoche.

Vor dem Fort liegt der **Emancipation Garden**, der an die Befreiung der Sklaven im Jahre 1848 erinnert. Im einstigen Grand Hotel von 1841 lockt heute die **Grand Galleria** mit allerlei Shops und einer Kunstgalerie, und an der nahen Vendor's Plaza wird täglich *Markt* abgehalten. Weiter nördlich steht an der Norre Gade die **Frederick Lutheran Church** aus dem frühen 19. Jh., Nachfolgebau der ältesten dänischen Kirche der Virgin Islands. Im imposanten **Government House** (Kongens Gade, Mo–Fr 8–17 Uhr) von 1867, dem heutigen Sitz der Inselverwaltung, lädt ein *Museum* mit Werken von Camille Pissarro u. a. zum Besuch ein.

The 99 Steps heißen die Treppenstufen (tatsächlich sind es 103), die den Government Hill hinauf und zu Fort Skytsborg führen, besser bekannt als **Blackbeard's Castle** (www.blackbeardscastle.com), heute z. T. Hotel. Vom Burgturm aus soll der Pirat *Edward Teach* († 1718), genannt Blackbeard, gespäht haben.

Auf dem Weg zurück ins Zentrum lohnt die **St. Thomas Synagoge** (Crystal Gade, Tel. 340-774-4312) einen Besuch. Sie

Die Gewässer um St. Thomas sind bei Seglern eines der weltweit beliebtesten Reviere

wurde nach einem ersten Bau aus dem Jahr 1796 ab 1833 errichtet. Nebenan beleuchtet das **Weibel Museum** (Tel. 340-774-4312, Mo–Fr 9–16 Uhr) die jüdische Geschichte der Insel. Einem berühmten französischen Impressionisten jüdischer Herkunft ist die **Camille Pissarro Gallery** (14 Main Street, Tel. 340-774-4612) gewidmet, die in Pissarros (1830–1903) Elternhaus beheimatet ist.

Ganz hoch hinauf geht es auch mit der Seilbahn. Abgestimmt auf die Liegezeiten der Kreuzfahrtschiffe bringt der **Sky Ride** (Estate St., nahe Havensight Mall, Tel. 340-774-9809, tgl. 9–17 Uhr) Ausflügler in fünf Minuten auf den Paradise Point des Slag Hill, 213 m hoch über der Stadt. Er bietet einen fantastischen Panoramablick auf Ort, Hafen und die vorgelagerten Hassel Island und Water Island

Außerhalb der Hauptstadt präsentiert sich St. Thomas mit grünen Hügeln, blauen Buchten und weißen Sandbuchten. Der schönste Strand, **Magens Bay**, liegt an der Nordküste. Von Charlotte Amalie ist er durch einen steilen Berg getrennt. Von **Drake's Seat**, dem legendären Aussichtspunkt des berühmten Piraten Francis Drake, hat man eine herrlichen Blick, auch auf diese Bilderbuchbucht. Wild und brandungsreich sind der *Hull Bay Beach* im Nordwesten und der *Sapphire Beach* im Nordosten, beide gelten daher als ideale Plätze für Surfer.

Beim nahen *Coki Beach* kann man im 6 m unter Wasser angelegten Observatorium des **Coral World Ocean Park** (Tel. 340-775-1555, www.coralworldvi.com, tgl. 9–16 Uhr) durch Panzerglas riesige Korallen sowie Rochen, Barracudas, Riffhaie und andere tropische Fische beobachten. Eine besondere Attraktion ist, sich beim ›Sea Lion Encounter‹ von einem Seelöwen küssen zu lassen oder mit den lebenslustigen Tieren Fußball zu spielen.

Unterwasserfans finden rund um St. Thomas erlebnisreiche **Tauchgründe** vor, z. B. um Grass Cay, Congo Cay und Thatch Cay. Diese Insel, eine der letzten unerschlossenen der gesamten Gruppe, ist für ihre Hummerbestände berühmt.

i Praktische Hinweise

Information

USVI Department of Tourism, 1 Tolbod Gade, Charlotte Amalie, Tel. 340-774-8784, www.usvi.net

Hotels

Hotel 1829, 30 Kongens Gade, Charlotte Amalie, Tel. 340-776-1234, www.hotel1829.com. Gediegene Unterkunft am Fuß der 99 Steps.

Secret Harbour Beach Resort, Estate Nazareth, Ridge Road, Red Hook, Tel. 340-775-6550, www.secretharbourvi.com. Beliebtes Hotel mit zwei Restaurants und Strandservice in einer hübschen Bucht an der Ostküste.

9 St. Croix

Vor der Küste der größten Jungferninsel liegt Buck Island mit dem herrlichem Unterwassernationalpark.

Per Flugzeug oder Schnellfähre erreicht man von St. Thomas aus das 64 km entfernte St. Croix, die größte der U. S. Virgin Islands. Im Hafen des nach Dänemarks König Christian V. benannten Hauptortes **Christiansted** an der Nordostküste dümpeln weiße Jachten vor der hübschen Kulisse aus pastellfarbenen Holz- und Steinhäusern. Christiansted wurde 1735 als Hauptstadt von Dänisch-Westindien gegründet und konnte seine schöne Kolonialarchitektur weitgehend erhalten.

Zu den Sehenswürdigkeiten des Bilderbuchortes gehört das **Scale House** (1856), die frühere Stadtwaage und heute Sitz des *National Park Service*. Das nahe frühere Zollamt **Customs House** fällt durch seine Freitreppe auf.

Eine der bedeutendsten dänischen Festungsanlagen der Insel ist **Fort Christiansvaern** (tgl. 8–16.45 Uhr), 1749 auf der Landzunge am Hafen errichtet. In dem museal aufbereiteten Fort zeichnen Verliese, Kasernen, Kanonen, Waffen und Dokumente die Geschichte des Forts nach. Gegenüber steht die 1753 errichtete Lutheran Church, heute **Steeple Building** (Mo–Fr 8–16.45, Sa/So 9–16.45 Uhr). Das *Museum* beschäftigt sich mit Themen der Inselgeschichte wie Taíno, Kariben, Sklaverei, Zucker- und Rumproduktion. Blickfang in der Kongen Gade ist das ursprünglich als Privatresidenz erbaute **Government House** (1747), ein beeindruckendes Beispiel dänisch-karibischer Architektur. Es ist Regierungssitz, verfügt aber noch über den schönen Ballsaal und einen idyllischen Innenhof mit Brunnen.

Von Christiansted empfiehlt sich ein Ausflug zur vorgelagerten **Buck Island**. Die Insel mit ihren herrlichen Stränden, den Wanderwegen und schönen Korallenriffen vor der Küste wurde 1962 von der US-Regierung zum geschützten *National Monument* (National Park Service, Tel. 340-773-14 60) erklärt. Für Schnorchler gibt es sogar einen Unterwasserpfad durch die Korallengärten.

Auf Erkundungsfahrt zu zahlreichen Sehenswürdigkeiten der Insel führt der **St. Croix Heritage Trail** (www.stcroixlandmarks.com) durch die Hügel zwischen Christiansted und Frederiksted.

Frederiksted, der zweitgrößte Ort von St. Croix, liegt 27 km entfernt an der Westküste, sein Hafen wird von Kreuzfahrtschiffen angelaufen. Die skandinavischen Holzhäuser fielen 1878 einem von Aufständischen gelegten Brand zum Opfer, heute beherrschen Gebäude aus der Zeit um 1900 das Straßenbild. Am Hafen steht eine kleine Festung, das 1760 zum Schutze gegen Seeräuber errichtete **Fort Frederik** (Mo–Fr 8.30–16, Sa 13–16 Uhr). In der heute mit Museum und Kunstgalerie ausgestatteten Festung verlas Generalgouverneur Peter von Scholten am 3. Juli 1848 das Edikt zur Sklavenbefreiung.

Dänische Importfestung – das propere Fort Christiansvaern bewacht St. Croix

Empfehlenswert ist ein Ausflug zum **Estate Whim Plantation Museum** (Centerline Road, Tel. 340-772-0598, Mo–Sa 10–16 Uhr), einer Plantage mit einem Herrenhaus aus dem späten 18. Jh. Die Sammlung vermittelt Einblicke in das Leben der Dänen zur Kolonialzeit. Eine Begegnung mit der reichen tropischen Flora der Insel ermöglicht der **St. George Village Botanical Garden** (Kingshill, Tel. 340-692-2874, www.sgvbg.org, tgl. 9–17 Uhr). Die Ruinen einer Plantage wirken hier wie romantische Requisiten.

Oben: *Der Virgin Island National Park umfasst weite Teile der Insel St. John*
Unten: *Eine der elegantesten Blüten der Karibik krönt den Roten Ingwer*

i Praktische Hinweise

Information

USVI Department of Tourism, 53A Company St., Christiansted, Tel. 340-773-0495

Hotels

Chenay Bay Beach Resort, 5000 Estate Chenay Bay Rt. 82, Christiansted, Tel. 340-718-2918, www.chenaybay.com. Hübsches Strandhotel mitten im Grünen.

Holger Danske Hotel, 1200 King Cross Street, Christiansted, Tel. 340-773-3600, www.holgerhotel.com. An der Promenade mit Blick über den Hafen von Christiansted, mit Pool und Restaurant.

10 St. John

Naturliebhaber und Wassersportler kommen auf dieser Insel mit ihren Naturschutzgebieten zu Lande und zu Wasser voll auf ihre Kosten.

Die kleinste der U. S. Virgin Islands, 5 km östlich von St. Thomas, steht zu zwei Dritteln unter Naturschutz. Tropischer Regenwald, Gummibäume und Farne überziehen die Hügel. Bougainvillea, Hibiskus, afrikanische Tulpenbäume und Flamboyants setzen leuchtende Farbtupfer in diesem grünen Garten Eden. Bis Ende des 19. Jh. bauten die dänischen Kolonialherren hier Zuckerrohr an. In den 1950er-Jahren besuchte der Milliardär Laurence S. Rockefeller die Insel und verliebte sich in sie. Er kaufte große Teile von St. John auf und ließ das Land aufforsten. 1956 erklärte US-Präsident Dwight D. Eisenhower das Gebiet zum **Virgin Islands National Park** (Tel. 340-776-6201, www.virgin.islands.national-park.com, Cruz Bay Visitor Center tgl. 8–16.30 Uhr). Ebenfalls zum Park gehören im Inselinneren über der Leinster Bay die Überreste der **Annaberg Plantation** von 1733, auf der einst Zuckerrohr angebaut wurde. Von hier oben hat man einen schönen Blick auf die Jungferninselwelt.

Der kleine Hauptort **Cruz Bay** legt sich wie ein lockerer Ring um die Hafenbucht im Westen. Hier gibt es Geschäfte, z. B. in der Mall *Mongoose Junction*, einige Restaurants und Bars, und am Ferry Dock legen die Fähren von St. Thomas an.

Zu den weiteren Highlights von St. John zählen auch die paradiesischen Strände **Trunk Bay** und **Maho Bay**. Mit ihrem puderzuckerweißen Sand, dem azurfarbenen Wasser und der dunkelgrünen Regenwaldkulisse als Schattenspender zählen sie zu den schönsten Badeplätzen der Virgins. An der Trunk Bay wurde außerdem ein *Unterwasserpfad* für Schnorchler eingerichtet. Zwischen beiden liegt der Strand von **Cinnamon Bay**, an dem man Badefreuden, Surfabenteuer und einen Spaziergang entlang des *Nature Trail* verbinden kann.

TOP TIPP

Oben: *Engel gibt's nicht nur im Himmel, sie sind als Angelfish Zierden der Korallenriffe*
Unten: *Bilderbuchstrände wie Trunk Bay und Maho Bay machen den besonderen Reiz der Jungferninsel St. John aus*

Praktische Hinweise

Hotel

Caneel Bay Resort, North Shore, Cruz Bay, Tel. 340-776-6111, www.caneelbay.com. Exklusives Hotelresort in traumhafter Lage. Geboten werden sieben Strände, dazu Fitness, Wellness, Wassersport, Tennis und Kinderprogramm.

Camping

Maho Bay Camps, Maho Bay, Tel. 340-715-0501, www.maho.org. Luxuscamping in Zelthütten und luftigen Holzhäusern über der idyllischen Badebucht. Restaurant, Shop, Kreativ- und Sportangebote.

British Virgin Islands

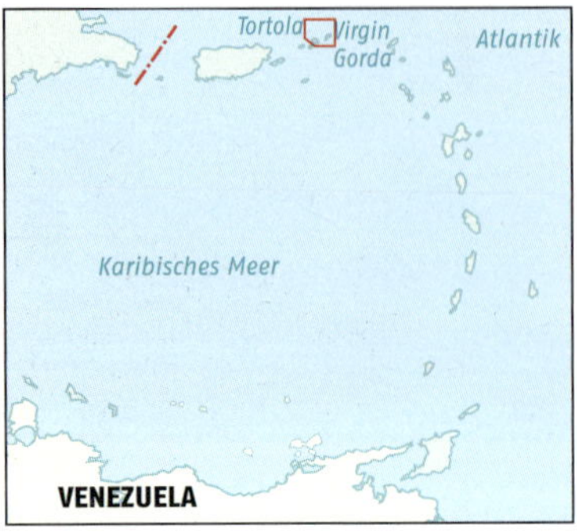

Nur 20 Minuten dauert die Überfahrt von den USA nach Großbritannien, von St. John zur benachbarten britischen Insel **Tortola**. Sie bildet zusammen mit den Inseln **Virgin Gorda**, **Jost van Dyke**, dem Koralleneiland **Anegada** und etwa 50 weiteren Inseln und Atollen die British Virgin Islands. Die meisten dieser Formationen sind unbewohnt und wetteifern miteinander als paradiesische Naturräume. Die Virgins sind hügelig, mit Ausnahme von Anegada, das durch Vulkaneruptionen über dem *Sir Francis Drake Channel* entstand, der geographischen Trennlinie zwischen Großen und Kleinen Antillen. Nördlich von Tortola liegt außerdem der tiefste Punkt des Atlantiks (8648 m) im *Puerto Rico Trench*.

In den 200 Jahren, nachdem Kolumbus diese Inseln entdeckt hatte, besuchten in erster Linie Piraten die schwer zugänglichen, zerklüfteten Buchten, in denen sie leicht ihre Beute verstecken konnten. Der bekannteste Freibeuter war **Francis Drake**. Der später geadelte Brite lockte hier 1595 die Spanier in einen Hinterhalt und schlug sie vernichtend. Einige Male wechselten sich Spanien, Niederlande und Großbritannien als Kolonialmächte der Virgins ab. Seit 1672 gehören Tortola und seine Schwesterinseln zu England, 1833–1960 als Teil der British Leeward Islands. Im Jahre 1967 erhielten die British Virgin Islands als britisches Überseegebiet weitgehende innere Autonomie.

11 Tortola

Die bezaubernde, waldreiche Insel lädt zum Surfen und Tauchen ein. Gleichzeitig ist sie beliebter Ausgangspunkt für Skippertouren durch die Gewässer der Jungferninseln.

Als British Virgin Islands
britisches Überseegebiet
Größe: 153 km², verteilt auf 52 Inseln
Einwohner: 28 000
Hauptort: Road Town
Sprache: Englisch
Währung: US-Dollar (US $)

Die ›Taubeninsel‹ ist mit 20 km Länge und 5 km Breite die größte der British Virgin Islands und mit 24 000 Einwohnern auch die am dichtesten besiedelte. Der **Mount Sage** (543 m) als höchste Erhebung des Archipels steigt aus dem Grün des Regenwaldes an zum schönsten Aussichtspunkt über die buchtenreichen Schären und umliegenden Korallenriffe. Das Waldland um den Berg ist als *National Park* ausgewiesen, den man auf sieben Wanderwegen durchstreifen kann.

Ankerplatz der Seebären – Jachten vor Tortolas grüner Kulisse unweit von Road Town

Nostalgie – der Craft Market von Road Town inszeniert kunterbunte karibische Architektur

Hauptort und Verwaltungssitz von Tortola ist **Road Town**, 1648 von holländischen Siedlern an der Road Bay gegründet. Der Ort verfügt über einen Tiefseehafen mit Fähranleger, Jachten und Katamarane liegen hier vor Anker und warten auf Kunden, die durch die schöne Inselwelt der Virgins segeln wollen.

In der Main Street findet man nicht nur hübsche Häuser im Kolonialstil, Restaurants, Bars und Geschäfte. Das **British Virgin Islands Folk Museum** (in der Regel Mo–Fr 8.30–16.30 Uhr) präsentiert hier in originalgetreuem Rahmen Exponate zur Geschichte der Insel. Weiter nördlich begeistern die **Botanic Gardens** (Mo–Sa) mit exotischer Pflanzenpracht. Beim Rundgang durch die Gärten entdeckt man künstliche Wasserfälle und ein Freiluftgehege für tropische Vögel. Unweit des Ferry Dock lässt das **Old Government House Museum** (Mo–Fr 9–14 Uhr), der 1880 errichtete Amtssitz des Gouverneurs, mittels Mobiliar und Kunsthandwerk die Kolonialzeit wieder aufleben.

Reich ist das ehemals hart umkämpfte Tortola an Forts bzw. deren Ruinen. Bei Road Town stehen auf dem Fort Hill die Überreste des britischen **Fort George** aus dem 18. Jh., auf Harrigan's Hill diejenigen von **Fort Charlotte** aus derselben Zeit. Den ersten holländischen Siedlern wird die Errichtung von **Fort Recovery** (17. Jh.) an der Südküste zugeschrieben. Bei Pockwood Pond ragen die Ruinen von **The Dungeon** auf, einer Festung, die im 18. Jh. den Schiffsverkehr zwischen den Inseln überwachte.

Der Westen Tortolas mit dem Ort **West End** weist die schönsten *Strände* und die meisten Hotels auf, und auch das Nachtleben ist äußerst lebhaft. Besonders beliebt sind die Strände von Long Bay, Apple Bay, Carrot Bay und Cane Garden Bay. Von hier lohnt auch ein Abstecher zur **Callwood Rum Distillery** (Mo–Fr 8–17 Uhr), wo Cane Juice (Rum) noch wie in alten Zeiten hergestellt wird.

i Praktische Hinweise

Information

BVI Tourist Board, Akara Building, De Castro Street, Road Town, Tel. 284-494-3134, www.bvitourism.de

Hotel

Sugar Mill Hotel, Little Apple Bay, Tel. 284-495-4355, www.sugarmillhotel.com. Kleines Strandhotel mit 23 bunten Cottages und hervorragendem Restaurant rund um eine alte Zuckermühle.

12 Virgin Gorda

Korallengrotten und Unterwasserlabyrinthe eröffnen furchtlosen Tauchern Einblicke in eine atemberaubende, abenteuerliche Welt.

Die ›fette Jungfer‹ Insel besteht aus zwei Teilen, die durch eine schmale Landzunge miteinander verbunden sind. Die üppige Vegetation im **Virgin Gorda Peak National Park** ist auf zwei Trails von Gun

Creek aus zu bestaunen. Daneben locken feinsandige Buchten, an denen sich Palmen sanft im Passatwind wiegen. Das kleine **Spanish Town** im Süden der Insel, auch als The Valley bekannt, hat außer dem Jachthafen wenig zu bieten.

Umso spektakulärer sind **The Baths** weiter südlich, eine bizarre Szenerie aus gigantischen Felsklötzen. Einige brechen aus dem Grün hervor, andere sind über den Strand gewürfelt oder scheinen ins Meer zu rollen. Dazwischen öffnen sich Höhlen, Grotten und Pools (ähnliche Kulissen bieten Spring Bay und The Crawl). Wagemutige tauchen zu den *Korallengrotten* hinab und schwimmen mit Lampen durch ein Labyrinth von unterirdischen Kanälen zu maritimen Teichen, in die nie ein Sonnenstrahl fällt. Der ›Höllenpfad‹ z. B. führt zur **Devil's Bay**, einem unterirdischen See in der Mitte der Insel, der vom Meerwasser geflutet wird. Diese Teufelsbucht war im 18./19. Jh. eines der beliebtesten Seeräuberverstecke.

Bequemer haben es heutige Besucher, besonders schön wohnt es sich in den Hotels am **North Sound**, von denen einige der mondänsten nur auf dem Wasserweg zu erreichen sind.

Weitere Virgin Islands mit herrlichen Sandstränden liegen zum Greifen nahe: **Jost van Dyke**, benannt nach dem holländischen Piraten, hat 260 Einwohner und eine berühmte Barszene. Angefangen hat es mit *Foxy's* in Great Harbour. Foxy höchstpersönlich mixt hier den hochprozentigen Teufelsdrink *Painkiller*, der selbst hartgesottene Seeleute umhaut. **Anegada**, ein Kalkplateau, das nur wenige Meter aus dem Türkis des Meeres herausragt, verfügt über bildschöne Strände wie *Loblolly Bay*, einige Hotels, Campingplätze und Restaurants. Die Insel ist bei Tauchern beliebt, nicht zuletzt wegen der mehr als 200 Schiffe, die auf die vorgelagerten scharfkantigen Korallenriffe aufliefen und nun als Wracks auf dem Meeresgrund ruhen.

Peter Island und **Guana Island** sind Robinsoninselchen, auf denen jeweils ein einziges Hotel steht. Auf **Salt Island** und **Cooper Island** wohnen Nachfahren der ersten britischen Siedler. Im **Sir Francis Drake Channel** nahe Salt Island erforschen Taucher das wegen seines guten Erhaltungszustandes berühmte Wrack des britischen Postschiffes *RMS Rhone*, das hier 1867 in einem Hurrikan sank.

i Praktische Hinweise

Hotels

Bitter End Yacht Club, North Sound, Virgin Gorda, Tel. 284-494-27 46, www.beyc.com. Das Resort (erreichbar auf dem Wasserweg) bietet Villen, ein Herrenhaus, ein Kino unter Sternen, eine Segelschule und viele Aktivitäten.

Rosewood Little Dix Bay, The Valley, Virgin Gorda, Tel. 284-495-55 55, www.littledixbay.com. Das romantische Luxushotel liegt mitten im Grünen an einer schönen Strandbucht.

Virgin Gorda – wie Spielsteine von Titanen kullern kolossale Felsklötze bei The Baths ins Meer

British Leeward Islands

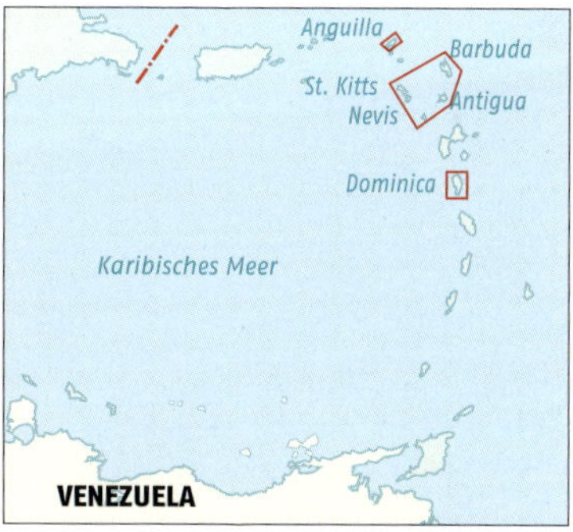

Zwischen Puerto Rico und Dominica liegen die **Leeward Islands**, die zu den *Inseln über dem Wind* gerechnet werden. Lee bezeichnet in der Seemannssprache die vom Wind abgekehrte Seite. Bis 1960 bildeten die British Virgin Islands (BVI), Antigua, Barbuda, Montserrat, Saint Kitts, Nevis, Anguilla und (bis 1940) Dominica die Kronkolonie der British Leeward Islands. Bis auf die BVI, Montserrat und Anguilla erhielten alle Inseln die Unabhängigkeit. Sie besitzen schöne Sandstrände und dank der Korallenriffe eine herrliche Unterwasserwelt. Doch verfügt jede über ihre persönliche Note: **Anguilla** ist lang gestreckt mit weißen Sandstränden, **St. Kitts** ein grünes Paradies mit der Festung Brimstone Hill und **Nevis** ein wolkenverhangener Kegelberg, an dessen Fuß das Hotel Four Seasons mit einem der schönsten Golfplätze der Karibik liegt. **Antigua** bezaubert mit dem historischen English Harbour, **Barbuda** ist die fast unberührte Vogelinsel, und auf **Dominica** kann man im Regenwald untertauchen. **Montserrat** wurde 1997 vom Ausbruch des Soufrière Hills verwüstet. Heute ist die Insel ein interessantes Ziel für Ökotouristen, die sich für Wandern, Tauchen und Vulkanologie interessieren.

13 Anguilla

Weißer Sand und reiche Unterwasserwelt sind das Kapital der flachen Kalkinsel, die es wagte, England herauszufordern.

Britisches Territorium mit innerer Selbstverwaltung
Größe: 89 km^2
Einwohner: 7000
Hauptort: The Valley
Sprache: Englisch
Währung: Ostkaribischer Dollar (EC $)

Geschichte Als Kolumbus das schlangenförmige, von weißen Sandstränden umsäumte Eiland Ende des 15. Jh. entdeckte, nannte er es Anguilla (spanisch: Aal). 200 Jahre lang interessierte sich niemand für die regenarme Kalkinsel, die nur 60 m aus dem Meer ragt. 1650 landeten die ersten britischen und irischen Siedler. Seither blieb die 26 km lange und 4 km breite Insel fest in englischer Hand – von einer kurzen französischen Episode Ende des 18. Jh. abgesehen.

1967 verfügte London die Zusammenlegung der Inseln St. Kitts und Nevis mit Anguilla. Das führte zu einem **Volksaufstand**, denn die Bewohner von Anguilla fühlten sich benachteiligt und wollten einen eigenen Inselstaat bilden. Es kam zum Krieg, und Großbritannien schickte seine Elitetruppe *The Red Devils*, um aller Welt zu zeigen, wer Herr im Empire war. Nach dieser Krise erhielt Anguilla Autonomie in inneren Belangen und bekam eine bessere Infrastruktur.

In den 1980er-Jahren begann sich ein qualitätsbewusster **Tourismus** zu entwickeln, der heute mit superben Hotels und exquisiten Restaurants von sich reden macht. Und zudem hat sich Anguilla als Finanzplatz (Offshore-Banking) und als Steueroase etabliert.

Das größte Kapital Anguillas sind seine rund 30 wunderschönen weißen Sandstrände. Als Tauchgründe locken zwei große Korallenriffe, sieben Marine Parks, etliche Schiffswracks und kunterbunte Fischschwärme. An der Atlantikküste haben Surfer und Segler ihr Revier. Per Boot gelangt man auch zu den vorgelagerten Inselchen Sandy Island und Scrub Island.

Der ruhige Hauptort **The Valley** liegt im Inneren Anguillas unweit der Crocus Bay. Sehenswert ist hier das *Wallblake House* (Di–Fr 10–12 Uhr), die Residenz

eines Zuckerbarons von 1787. Im Dorf **East End** weiter nördlich dokumentiert die kleine *Heritage Collection* (Mo–Sa 10–17 Uhr) die Geschichte Anguillas.

Sehenswürdigkeiten sind also rar, und selbst die Naturkulisse ist wenig spektakulär, doch das vergisst man leicht angesichts der paradiesischen Strände, die bei der Umrundung der Insel zu entdecken sind. Von The Valley aus gelangt man zur Crocus Bay sowie per Boot zur Little Bay und weiter ostwärts zur beliebten **Shoal Bay East**. An der Südküste reiht sich ein Sandstrand an den anderen, im Hinterland von Salzseen begleitet. Anziehend präsentiert sich der Sandsaum der **Rendezvous Bay**, geschmückt mit edlen Anwesen. Etwas stiller ist die hübsche **Maunday's Bay** weiter südlich. Bei West End schließlich trumpft die von extravaganten Villen gesämte **Shoal Bay West** mit ihren Reizen auf. Ein Wechsel an die Karibikküste bringt den Reisenden zum 2 km langen Strand von **Meads Bay,** mit schwerem, dünenartigen Sand..

i Praktische Hinweise

Information

Tourist Board, Coronation Ave., The Valley, Tel. 264-497-2759, www.anguilla-vacation.com

Hotels

TOP TIPP **Cap Juluca**, Maundays Bay, Tel. 264-497-6666, www.capjuluca.com. Orientalisch gestyltes Luxushotel an einem herrlichen Sandstrand. Drei exzellente Restaurants, ein Spa und das vielseitige Sportangebot ermöglichen unvergessliche Ferientage.

Shoal Bay Villas, Shoal Bay East, Tel. 264-497-2051, www.sbvillas.ai. Hübsche kleine Anlage in schönem Ambiente mit Apartments und Villas, Pool und Restaurant.

Restaurant

Straw Hat, im Frangipani Beach Resort, Meads Bay, Tel. 264-497-8300, www.strawhat.com. Bestes Seafood, Steaks und kreative vegetarische Gerichte.

Am Sonntag Abend wird die Shoal Bay zum Kinderspielplatz

14 St. Kitts

Abwechslungsreiche Landschaft, angenehmes Klima und ausgezeichnete Wassersportmöglichkeiten kennzeichnen die einstige britische ›Mutterkolonie Westindiens‹.

Parlamentarische Monarchie, als St. Kitts and Nevis Mitglied des British Commonwealth
Größe: 168 km²
Einwohner: 40 000
Hauptstadt: Basseterre
Sprache: Englisch
Währung: Ostkaribischer Dollar (EC $)

Geschichte Kolumbus lief die von Kariben bewohnte Insel 1493 auf seiner zweiten Reise erstmals an. Er war so begeistert, dass er sie nach seinem Namenspatron *St. Christophorus* nannte. Die Silhouette des Vulkans Mount Liamuiga, der sich bis auf 1156 m erhebt, erschien ihm wie das Abbild des Christophorus mit dem Jesuskind auf den Schultern. 1623 eroberten die **Engländer** (sie sollten den Namen **St. Christopher** zu St. Kitts verballhornen) die Insel. Bald landeten auch die ersten britischen Siedler, unter ihnen der spätere Gouverneur *Thomas Warner*. Die Inbesitznahme hatte Kämpfe und schließlich die Ausrottung der Kariben zur Folge. Dann avancierte St. Kitts wegen seiner günstigen Lage zum Ausgangspunkt für militärische Operationen in der Karibik. Im 17. und 18. Jh. lieferten sich Engländer und Franzosen erbitterte Schlachten, St. Kitts wechselte mehrmals den Besitzer. Erst 1871 wurde die Insel endgültig britisch, 1983 brachte dann die Unabhängigkeit.

Die meisten Besucher zieht es in den Süden von St. Kitts zur **Frigate Bay** mit ihren großen Hotelresorts und zur **Southeast Peninsula** mit den schönsten Stränden der Insel. Beschaulichere Urlaubstage verbringt man in einem der *Plantation Inns*, den historischen Landsitzen im Norden.

Dort, wo sich das Land zur Südhalbinsel verjüngt, liegt das Verwaltungszentrum **Basseterre** an einer weit geschwungenen Hafenbucht. Mittelpunkt ist der malerische Platz **The Circus** (benannt nach Londons Piccadilly Circus) mit dem charakteristischen Glockenturm. Diese *Berkeley Memorial Clock* ist Thomas Berkeley, dem einstigen Präsidenten der gesetzgebenden Versammlung, gewidmet. Rundherum stehen hübsche Kolonialbauten, die nach dem Stadtbrand 1867 im

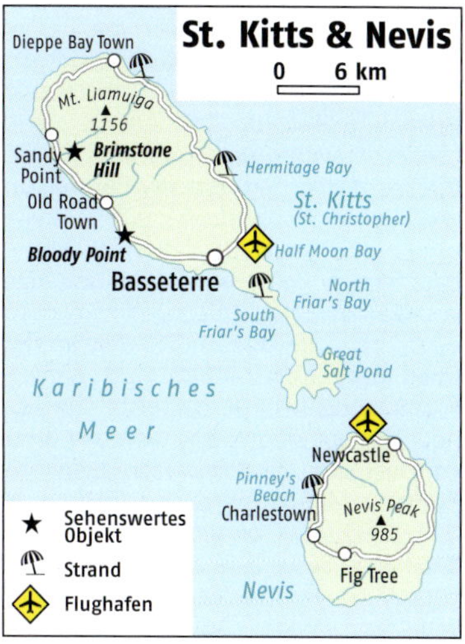

viktorianischen und georgianischen Stil wieder aufgebaut wurden: das Treasury Building, die *St. George's Anglican Church* und das **Old Court House** mit seiner interessanten Bibliothek. Diese besitzt alte Bücher aus und über Westindien, historische Seekarten sowie präkolumbische Gerätschaften. Weitere Beispiele alter karibischer Architektur gibt es in der **Fort Street** zu entdecken. Anschließend spaziert man zum **Independence Square**, auf dem einst der größte Sklavenmarkt der Kleinen Antillen stattfand. Der Platz wird beherrscht von der Doppelturmfassade der *Immaculate Conception Cathedral* (1927).

Die Fahrt auf der **Circle Island Road** um die Insel (60 km) ist eine geruhsame Tagestour. Dabei begegnet man einer Landschaft voller Kontraste: hier die sanfte Karibik, dort der wild anrollende Atlantik, mal goldgelbe Strände, dann wieder schwarze Vulkanklippen, hier pittoreske Dörfer und dort der Bergregenwald, der den Gipfel des Mount Liamuiga umgürtet. 10 km nördlich von Basseterre liegt **Bloody Point**, wo die Kariben 1626 von den vereinten Briten und Franzosen vernichtend geschlagen wurden. In **Old Road Town**, dem ältesten Ort Britisch Westindiens, wohnte der erste Gouverneur Thomas Warner. Ein Abstecher führt von hier zum einstigen Plantagenhaus **Romney Manor** mitten im Grünen. In seinen Räumen bietet heute *Caribelle Batik* (Tel. 869-465-6253, www.caribellebatikstkitts.com) Stoffe und Kunsthandwerk zum Verkauf. Auf dem Weg zum Manor gibt es *Petroglyphen* zu entdecken, Felszeichnungen aus dem 6.–8. Jh. Weiter gen Norden passiert man das Dorf *Middle Island*, wenig später öffnet sich der

TOP TIPP

Blick auf **Brimstone Hill Fortress** (Tel. 869-465-2609, www.brimstonehillfortress.org, tgl. 9.30–17.30 Uhr), eine der mächtigsten Festungen der Antillen. 100 Jahre lang wurde an diesem ›Gibraltar der Karibik‹ gebaut, erste Ansätze im Jahr 1690 nicht mitgerechnet. Der Besucher geht durch mehrere Festungstore bergan, bis er ganz oben in 250 m Höhe auf der zinnenbekrönten *Aussichtsplattform* steht. Die Kanonenrohre zielen noch heute auf die Nachbarinseln St. Eustatius, Saba, Sint Maarten/Saint-Martin und Montserrat, von woher man die Feinde erwartete. Die eigentliche Geschichte des Forts begann 1736, als die Engländer 49 Kanonen auf Brimstone Hill installierten. 1782 besiegten die Franzosen nach wochenlanger Belagerung die britische Besatzung, doch ein Jahr später war Brimstone Hill wieder in englischer Hand. Zerstört wurde die Zitadelle erst durch den Hurrikan von 1834. Ab 1965 wurde die Wehranlage umfassend restauriert und 1999 zusammen mit dem dazugehörigen *National Park* zum UNESCO Weltkulturerbe erklärt.

Vorbei an den Resten von **Fort Charles** (1672) geht es nach **Sandy Point**, dem zweitgrößten Ort auf St. Kitts, einst Zentrum der Tabakindustrie. An der Atlantikküste trifft man dann auf **Black Rocks**, bizarr gestaltete Vulkanformationen, die bis ins Meer hinabreichen (Aussichts-

Blick über Turtle Beach auf St. Kitts nach Nevis mit dem wolkenverhangenen Nevis Peak (li.)

punkt). Diesen Teil der Insel beherrscht der schlafende Vulkan **Mount Liamuiga** (1156 m). Er hieß früher Mount Misery, wurde aber zum Gedenken an die Kariben umbenannt. Der Aufstieg zum Kraterrand ist als Tagestour ab Basseterre möglich (z. B. Greg's Safaris, Tel. 869-465-4121, www.gregsafaris.com).

Erlebnisreich ist auch eine Fahrt mit der **St. Kitt's Scenic Railway** (Tel. 869-465-7263, www.stkittsscenicrailway.com). Auf einer knapp dreistündigen 30-Meilen-Tour umrundet sie – und auf einer Teilstrecke ein Bus – von Basseterre aus die komplette Insel. Die Schmalspurbahn war 1912–26 für den Transport von Zuckerrohr angelegt worden.

i Praktische Hinweise

Information

Tourism Authority, Pelican Mall, Bay Road, Basseterre, Tel. 869-465-4040, www.stkittstourism.kn

Hotels

Ottley's Plantation Inn, Basseterre, Tel. 869-465-7234, www.ottleys.com. Stilvolles Herrenhaus unweit der Küste mit Cottages, Gourmetrestaurant, Spa und Tennisplätzen.

Timothy Beach Resort, South Frigate Bay Beach, Tel. 869-465-8597, http://timothybeach.com. Modernes Strandhotel, das einzige auf der Karibikseite, 60 Zimmer und Suiten, z.T. sehr geräumig und mit Küche ausgestattet.

15 Nevis

Idyllische Urlaubstage auf einer kleinen Insel mit ländlichem Charme und üppiger Naturkulisse.

Größe: 93 km²
Einwohner: 12500
Hauptort: Charlestown
Sprache: Englisch
Währung: Ostkaribischer Dollar (EC $)

Geschichte Als Kolumbus sich der Schwesterinsel von St. Kitts näherte, die im Wesentlichen aus dem 985 m hohen Nevis Peak besteht, war die Spitze des Vulkans von weißen Wolken eingehüllt. Deshalb gab er dem Eiland den Namen Nevis (spanisch: Schnee). Die Engländer nutzten die Insel zunächst als Verbannungsort für Strafgefangene. Die eigentliche Besiedlung begann 1628 von der Nachbarinsel St. Kitts aus, und Nevis entwickelte sich zum zeitweilig größten Zuckerproduzenten der Karibik. Berühmt wurde der hier geborene *Alexander Hamilton* (1757–1804), ein enger Berater von George Washington und Mitautor der Verfassung der Vereinigten Staaten von Amerika.

Hinter dem Hafenpier, an dem die Fährschiffe aus Basseterre anlegen, breitet sich die kleine Inselmetropole **Charlestown** aus, eine Mischung aus properen Steinhäusern und nostalgischen Holzbauten im Gingerbread-Stil. Im Zentrum liegen Memorial Square und Main Street mit ihren Geschäften, Bars und Restaurants. Ins Auge fällt das original erhaltene **Courthouse** (1825) mit seinem Glockenturmaufsatz, eine Bücherei befindet sich im 1. Stock.

Die Inselgeschichte illustriert das **Alexander Hamilton Museum** (Main St., Tel. 869-469-5786, www.nevis-nhcs.org, Mo–Fr 9–16, Sa 9–12 Uhr), untergebracht in einem georgianischen Bau. An dieser Stelle befand sich einst das Geburtshaus Alexander Hamiltons, und im Obergeschoss tagt heute das House of Assembly. Einen Abriss zu *Horatio Nelsons* (1758–1805) Zeit in der Karibik bietet das kleine **Museum of Nevis History** (Belle Vue, www.nevis-nhcs.org, Mo–Fr 8–16, Sa 9–12 Uhr) am anderen Ende der Stadt. Admiral Nelson war 1785 nach Nevis gekommen.

Ländliches Hotelidyll auf der einstigen Zuckerrohrplantage Hermitage Plantation

Die einzige Straße der Insel führt im großen Bogen um den 985 m hohen Schichtvulkan **Nevis Peak** herum, von Charlestown zunächst zum schönsten und beliebtesten Strand der Insel, **Pinney's Beach**. Dann passiert man **Nelson's Spring**, die Quelle, an der Nelson die Wasservorräte seiner Flotte auffrischte. Ganz im Norden, gerahmt von den attraktiven Stränden Oualie Beach und Nisbet Beach, liegt das Dorf **Newcastle**. Hier werden noch heute Tontöpfe in einem Feuer von Kokosnussschalen gebrannt.

Der malerische Landstrich **Gingerland** wurde einst von Zuckerrohrplantagen beherrscht, die alten Plantation Inns sind heute als stilvolle Herbergen mit Restaurants hergerichtet. Kurz bevor man wieder Charlestown erreicht, trifft man auf das malerische Dorf **Fig Tree** mit der aus schwarzem Vulkanstein erbauten *St. John's Anglican Church (1680)*. Im Kirchenregister findet man die Geburt von Alexander Hamilton ebenso verzeichnet wie die Heirat von Lord Nelson mit der von hier stammenden Frances Nisbet auf Montpelier Estate im Jahre 1787.

Zum Abschluss bietet sich ein Spaziergang durch den *Botanical Garden* beim **Montpellier Plantation Inn** (ausgezeichnete Küche, Tel. 869-469-34 62) an.

i Praktische Hinweise

Information

Tourism Authority, Main Street, Charlestown, Tel. 869-469-75 50, www.nevisisland.com

Hotels

Four Seasons Resort, Pinney's Beach, Charlestown, Tel. 869-469-11 11, www.fourseasons.com/nevis. Gediegenes Luxushotel in Bilderbuchkulisse mit vier Restaurants, exzellentem 18-Loch-Golfplatz und 10 Tennisplätzen, .

The Hermitage Plantation, Fig Tree, Tel. 869-469-34 77, www.hermitagenevis.com. Rund um das 1700 erbaute Herrenhaus befinden sich die Cottages mit Himmelbetten und Antiquitäten.

16 Montserrat

Infolge von Vulkanausbrüchen ist die Südhälfte der Insel Sperrgebiet, doch Montserrat hat sich zu einem attraktiven Ökoreiseziel entwickelt, ideal zum Wandern und Tauchen.

Britische Kronkolonie
Größe: 106 km^2
Einwohner: 6000
Hauptort: Brades
Sprache: Englisch
Währung: Ostkaribischer Dollar (EC $)

Kolumbus nannte die Insel 1493 nach dem Kloster Montserrat, das in den Bergen bei Barcelona liegt. Ab 1632 wurde die Karibikinsel dann durch irische Siedler kolonisiert. Im 20. Jh. entdeckte das internationale Publikum das Eiland, und manch ein VIP ließ sich auf Montserrat eine Ferienvilla bauen. Der Beatles-Produzent George Martin eröffnete hier sein *Air Studio*, und bald kamen Stars wie die

Rolling Stones, Elton John, Stevie Wonder, Phil Collins und Sting, um Platten aufzunehmen. Nach dem verheerenden Hurrikan Hugo 1986 wurde auch das Studio geschlossen. Gerade hatte sich die Insel von dieser Naturkatastrophe einigermaßen erholt, als sie 1995 ein Ausbruch des Inselvulkans **Soufrière** erschütterte. Eine zweite Eruption 1997 übertraf in ihrer Zerstörungskraft jedoch alles vorherige und die Südhälfte der Insel wurde volkommen verwüstet. Damals verließen etwa 8000 der 12 000 Einwohner Montserrat. Die Hauptstadt *Plymouth* lag nach dem Desaster unter einer 5 m hohen Schicht aus Lava und Asche begraben und musste aufgegeben werden. Inzwischen hat sich Montserrat aber gut erholt, heute leben wieder etwa 6000 Menschen hier, und auch der **Tourismus** nimmt eine positive Entwicklung. Der Soufrière jedoch bleibt aktiv und wird rund um die Uhr beobachtet.

Die neue winzige Hauptstadt **Brades** liegt im Norden der Insel, in der Umgebung befinden sich der Fähranleger von **Little Bay** und der *Gerald's Airport*. Von Antigua aus werden Tagestouren nach Monserrat und Hubschrauber-Rundflüge (www.visitmontserrat.com, www.caribbean helicopters.net) angeboten. Für längere Aufenthalte stehen Hotels und Guesthouses an der Westküste zur Verfügung. Abgesehen von der hellsandigen **Rendezvous Bay** im Nordwesten zeichnen sich die Strände Montserrats meist durch dunklen Vulkansand aus. An der **Old Road Bay** bei Old Towne im Westen kann man sogar mit Vulkanblick baden.

Der aktive Vulkan **Soufrière Hills** und die bizarren Lavafelder zu Füßen des Kraters üben eine große Faszination vor allem auf Naturfreunde aus. Montserrat nutzte dieses Glück im Unglück und ist heute dem Ökotourismus verpflichtet.

Den besten Blick auf Soufrière Hills hat man vom **Montserrat Volcano Observatory** (Flemmings, Tel. 664-491-56 47, www.mvo.ms, Mo–Fr 8.30-16.30 Uhr). Das Observatorium organisiert thematische Touren und zweitägige Exkursionen in die Bergregion. Zur Sperrzone rund um den Vulkan gehört eine *Daytime Entry Zone* (tgl. 6–18 Uhr) im Westen. Im Rahmen einer Führung (Infos beim Tourist Board) kann man hier sogar einen Teil der aschebedeckten Geisterstadt Plymouth besichtigen.

Idyllischere Aspekte der Natur eröffnen *Wanderungen* durch die üppige tropische Landschaft im Norden Monserrats und die Erkundung der faszinierenden, weitgehend unberührten *Tauchgründe* vor der Küste zwischen Old Road Bluff und Northwest Bluff.

i Praktische Hinweise

Information

Tourist Board, Little Bay, Tel. 664-491-22 30, www.visitmontserrat.com

Hotel

Olveston House, Olveston, Tel. 664-491-52 10, www.olvestonhouse.com. Hier wohnten schon Sting, Eric Clapton und Elton John very british mit High tea, Barbeque und Pub Night.

Einladend präsentiert sich die Old Road Bay zu Füßen des Soufrière auf Montserrat

17 Antigua

Das Kapital dieser Bilderbuchinsel sind die vielen wunderschönen Badestrände, deren Zahl der Einfachheit halber mit 365 angegeben wird: einer für jeden Tag des Jahres.

Parlamentarische Monarchie, als Antigua und Barbuda im Commonwealth
Größe: 280 km² (442 km² mit Barbuda)
Einwohner: 70 000
Hauptstadt: St. John's
Sprache: Englisch
Währung: Ostkaribischer Dollar (EC $)

Die beiden Inseln Antigua und Barbuda [Nr. 18] sowie das unbewohnte Felseneiland Redonda bilden einen *Ministaat* im Zentrum der Antillen. Antigua mit seinen hübschen Stränden, den Luxushotels und Gourmetrestaurants gehört zu den beliebtesten Reisezielen der Inselgruppe.

Wer hat sie gezählt, die weißen, gelben, goldfarbenen *Sandstrände*? An den herrlichen Buchten erholten sich schon Weltstars wie Greta Garbo, Liza Minelli oder Roger Moore. Die Gewässer um die Inseln bieten ideale Voraussetzungen für alle Arten von Wassersport: Schwimmen, Segeln, Surfen, Schnorcheln, Tauchen usw. Auch an Land bestehen zahlreiche Möglichkeiten sich sportlich zu betätigen: mit Reiten, Golfen, Tennisspielen, Polo, Kricket Mountainbiken oder Wandern.

Geschichte Es gilt als archäologisch gesichert, dass Antigua um 2400 v. Chr. besiedelt wurde, wenn es auch in der Folge nicht ständig bewohnt war. Die ältesten Spuren führen zu den **Siboney**, von denen Steinwerkzeuge gefunden wurden. Im 1. Jahrtausend n. Chr. wanderten **Taíno** von Südamerika aus ein, friedliche Indios, die in kleinen Dorfgemeinschaften lebten und Mais und Süßkartoffeln anbauten. Im 12.–14. Jh. kamen kriegerische **Kariben** aus dem Amazonasgebiet, die

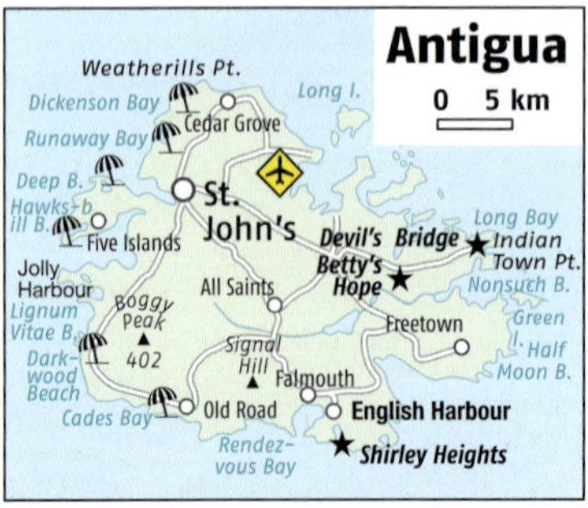

mit ihren wendigen Booten eine Insel nach der anderen eroberten. So wurde Antigua von den *Wadadli* und Barbuda von den *Wa'omoni* eingenommen.

Christoph Kolumbus kann kaum als Entdecker Antiguas gelten, da der Admiral im November 1493 auf seiner zweiten Reise in die Neue Welt vorbei segelte, nachdem die ausgeschickten Späher berichteten, dass sie auf der Insel weder Gold noch frisches Wasser gefunden hätten. Immerhin gab Kolumbus ihr nach einer Kirche in Sevilla den Namen **Santa Maria della Antigua**.

Da die Spanier kein Interesse für Antigua zeigten, besetzten die **Franzosen** unter Belain d'Esnambuc die Insel im 17. Jh., doch im Vertrag von Breda von 1667 wurde sie zur britischen Kronkolonie erklärt. Die **Engländer** setzten hier zunächst nur ihre Sträflinge aus, bis sie erkannten, dass sich die tief ins Landesinnere erstreckenden Fjorde hervorragend als Häfen eigneten. Im 17. und 18. Jh. bauten sie English Harbour zum wichtigsten und am besten geschützten Flottenstützpunkt Englands in der Karibik aus. Im Jahre 1784 übernahm **Horatio Nelson** in Antigua das Kommando über die *Leeward Islands Squadron*. Im Gefolge der britischen Armee kamen englische Siedler und verwandelten Antigua in eine

riesige **Zuckerrohrplantage**, eine Monokultur, der nur bescheidener Erfolg zuteil wurde. Nachdem Antigua und seine Nachbarinseln 1967 zunächst als Staat im Commonwealth assoziert worden waren, erlangten sie 1981 die vollständige Unabhängigkeit. Die einstige Zuckerinsel gehört heute dank ihres gehobenen Tourismus, dank Offshore Banking, Spielbanken und Internet-Casinos zu den wohlhabendsten Regionen der Karibik.

Unterhalb von Shirley Heights breiten sich English Harbour und Falmouth Harbour aus

St. John's

Rund um den St. John's Harbour erstreckt sich die Inselhauptstadt mit ihrer hübschen Altstadt. St. John's (40 000 Einw.) ist nicht nur Verwaltungssitz, sondern auch wirtschaftliches Zentrum des kleinen Inselstaates. Zugleich liegt es auf der Route von Kreuzfahrtschiffen, deren Passagiere kurz nach der Ankunft die Duty Free Shopping Malls in Hafennähe überfluten.

Der **Redcliff Quay** gehört zum ältesten Teil der Stadt. In seine hübsch restaurierten alten Lagerhallen sind allerlei Shops, Bars und Restaurants eingezogen. Im Bereich der benachbarten Nevis Street standen einst Barracken als erste Unterkünfte für hierher verschleppte Sklaven. Etwas weiter nördlich liegt der pittoreske **Heritage Quay** mit seinen Duty Free Shops. Er ist zugleich der Geschichte Antiguas gewidmet: Hier steht das Denkmal für den ersten Premierminister des Landes, *V. C. Bird,* und das *Westerby Memorial* zum Gedenken an den Missionar, der sich für die Abschaffung der Sklaverei einsetzte. Nun biegt man in die **High Street** genannte Hauptstraße von St. John's ein. Vorbei an Geschäften und Restaurants geht es dann links in die **Market Street**, die von dem südlich des Hafens gelegenen Markt mit Craft Market hinaufführt. Wo sie im Norden die Long Street kreuzt, steht das neoklassizistische *Court House* (1747), in dem heute das **Museum of Antigua and Barbuda** (Tel. 268-462-14 69, www.antiguamuseums.org, Mo–Fr 8.30–16, Sa 10–14 Uhr) seinen Sitz hat. Es zeigt Exponate aus der Zeit der Taíno und der Kolonialisierung.

Auf einem Hügel thront die anglikanische **St. John's Cathedral** (tgl. 9–17 Uhr) mit ihren imposanten Doppelturmfassade. Der erste Holzbau von 1681 wurde nach einem Brand 1745 durch eine Steinkirche ersetzt, die das Erdbeben von 1843 zerstörte. Das heutige Gebäude entstand in den Jahren 1845–47. Die beiden barocken *Statuen* vor der Kirche stellen

Im Restaurant Coconut Grove des Siboney Beach Club speist man vor romantischer Strandkulisse

Johannes den Täufer und Johannes den Evangelisten dar. Sie waren für eine Kirche auf Martinique bestimmt, doch die napoleonischen Fregatte, zu deren Ladung sie gehörten, wurde von einem britischen Kriegsschiff gekapert.

TOP TIPP Antigua Sailing Week

Sie findet seit 1967 jedes Jahr Ende April/Anfang Mai statt und gilt als wichtigstes Segelereignis in der Karibik. Über 200 **Hochseejachten** nehmen an der Antigua Sailing Week (www.sailingweek.com) teil. Nach dem Motto ›Jeden Tag auf einem anderen Kurs segeln, jeden Abend in einem anderen Hafen landen‹ finden während der Segelwoche fünf verschiedene **Regatten** in den Gewässern rund um Antigua statt. Die längste Strecke beträgt 28, die kürzeste 16 Seemeilen. Steel Bands begrüßen die Teilnehmer, wenn sie durchs Ziel gleiten. Wer nicht segelt, hat vom Shirley Heights Lookout gute Aussichten. Der Antigua Yacht Club und Pigeon Beach sind die Hotspots für die dazugehörenden Parties und Musikshows. Am Freitag finden an Nelson's Dockyard die Preisverleihungen und die Farewell Party statt.

Auf dem *Antigua Recreation Ground* am östlichen Ende der Long Street wurden bis 2007 die heiß geliebten Cricket Matches ausgetragen, die jetzt im neuen **Sir Vivian Richards Stadium** (North Sound) stattfinden. Im Juli/August tobt in ganz St. John's über zwei Wochen lang der **Carnival** (www.antiguacarnival.com). Zum Programm gehören die Eröffnungsparade am vorletzten Juli-Samstag, Kinderkarneval, Kostüm- und Steel-Band-Wettbewerbe sowie Anfang August der *J'ouvert Jump Up* am frühen Montagmorgen und der große Karnevalsumzug mit dem *Last Lap* am Dienstag.

Wer es ruhiger mag: Im Norden von St. John's lädt der lange Strand von **Fort Bay** zum Baden ein, am Wochenende Ziel vieler Städter. Eine schöne Sicht auf Strand und Hafen bieten die Ruinen von **Fort James**, das im 18. Jh. zum Schutz von St. John's auf den Klippen errichtet wurde.

Die Nordküste

Das Band schöner Strände setzt sich gen Norden fort, und folglich haben sich hier einige attraktive Tourismuszentren entwickelt. Der etwas ruhigere und ursprünglichere Strand von **Runaway Bay** am Rande des großen McKinnons Salt Pond wird gefolgt von der ins Grüne gebetteten **Dickenson Bay**. Der lange breite Sandstrand ist gerahmt von zwei großen Hotels und netten Guesthouses, er bietet eine Seebrücke mit Restaurant, romantische Strandbars, einen Shop und mehrere Wassersport-Anbieter.

Die Südküste

Von St. John's führt die Straße durchs Inselinnere nach Süden. Zum **Antigua National Park** gehören die Regenwälder von Claremont ebenso wie die Backwaters, Sümpfe und Mangrovenwälder von Picart. Zwischen All Saints und Old Road können sich Abenteuerlustige bei der Antigua **Rain Forest Canopy Tour** (Fig Tree Drive, Wallings, Tel. 268-562-6363, www.antiguarainforest.com) an Drahtseilen gesichert ein Bild vom Regenwald aus der Vogelperspektive machen. **Falmouth**, die älteste Siedlung Antiguas, liegt an der Südküste. Einen fantastischen Blick auf den friedlichen Ort und schönen Hafen hat man von den Ruinen des *Great Fort George* (auch Monk's Hill, Ende 17. Jh.), das man nach 30 Min. Aufstieg erreicht.

Der ganze Glanz aber fällt heute auf das jenseits der Halbinsel Middle Ground gelegene **English Harbour**. Es wurde 1725–46 angelegt und galt gut 200 Jahre lang als der sicherste Hafen der Karibik. In **Nelson's Dockyard** (http://nationalparksantigua.com, tgl. 8–18 Uhr) prägen mächtige Wehranlagen und imposante Kolonialbauten die georgianischen Docks aus dem 18. Jh. Von hier starteten die Admiräle *Horatio Nelson* (ab 1784), Rodney, Hood und Lewis jeweils mit der Flotte der Leeward Islands zu ihren siegreichen Seeschlachten. Die historische Schiffswerft mit den mächtigen **Steinsäulen**, die zu einem Bootshaus gehörten, mit Lagerhäusern und Werkstätten wurde 1889 geschlossen, doch im 20. Jh. originalgetreu rekonstruiert. Hier sind Gallionsfiguren und Anker zu sehen.

Rund um Nelson's Dockyard drängen sich heute Jachten Bug an Bug, im Hafen ankert eine moderne Armada von Segelschiffen aus aller Welt, wie die Wimpel der Boote verraten. Jachties aus USA, Europa und Australien flanieren durch die historischen Kulissen, trinken unter Palmen Bier oder Cocktails. Ein beliebter Treffpunkt ist das **Admiral's Inn** (Tel. 268-460-1027, www.admiralsantigua.com) in einem Bau von 1788, heute ein Hotel und Restaurant mit Terrasse und dem großen Flair britischer Tradition.

In einem 1855 errichteten Offiziersquartier in Hafennähe ist das **Dockyard Museum** (http://dockyardmuseum.org, tgl. 9–17 Uhr) zuhause. Schiffsmodelle, alte Seekarten und Urkunden, Fahnen und nautische Instrumente illustrieren die Geschichte der Dockyards und der Schifffahrt. Wie die Kulisse zu einem Piratenfilm wirkt der benachbarte **Copper & Lumber Store**. Der heutige Besitzer verwandelte den einstigen Holz- und Metallwarenladen in ein Hotel mit originellem Pub und gepflegtem Restaurant. Über einen Pfad gelangt man von hier zu einer Landzunge, auf der **Fort Berkeley** ab 1745 den Eingang zum English Harbour bewachte. Heute zeugen eindrucksvolle Ruinen von der ältesten Festung des Hafens.

Nelson's Dockyard in English Harbour – die Säulen gehörten einst zum Bootshaus

Nostalgische Segler und moderne Kreuzfahrtschiffe teilen sich den Hafen von St. John's

Weitaus bekannter sind allerdings die Ruinen der Forts aus dem 18. Jh. auf einem Hügel östlich des Hafens, die heute **Shirley Heights** genannt werden, und zwar nach dem Gouverneur Thomas Shirley. Auf dem Weg dorthin passiert man **Clarence House**, das 1787 für Prinz William Henry, Herzog von Clarence, erbaut wurde. Der spätere König Wilhelm IV. tat damals in der Royal Navy Dienst. Im **Dow's Hill Interpretation Centre** erläutert eine Multimedia Show die Geschichte Antiguas. Wenig später tauchen die Ruinen von Kasernen, Offiziersquartieren und Waffenlagern auf, die summarisch als **Blockhouse** bezeichnet werden. Von einer Plattform öffnet sich ein schöner Blick gen Osten Richtung Willoughby Bay. Bald darauf gelangt man zu den Resten von **Fort Shirley**, zu dem auch Offiziersquartiere, ein Hospital und ein Friedhof gehören. Im Fort selbst wurde das *Guardhouse* restauriert. Es beherbergt das beliebte Restaurant **The Lookout** (Tel. 268-460-1785, Lunch und Dinner) mit Bar. Vom eigentlichen Lookout bietet sich ein weiter Panoramablick über die Buchten von English Harbour mit Nelson's Dockyard und Falmouth Bay, über die von Regenwald überzogenen Berge des Antigua National Park bis zum **Boggy Peak** (402 m), der höchsten Erhebung der Insel. Sonntags ist Shirley Heights ein beliebtes Ausflugsziel der Hauptstädter. Aussicht und Ambiente genießt man beim Barbecue, zu den melodischen Klängen von Reggae und Steel Bands.

Die Ostküste

Von English Harbour geht es nun an die raue zerklüftete Ostküste Antiguas. Auf dem Weg nach Long Bay lohnt ein Zwischenstopp bei **Betty's Hope** (Di–Sa 10–16 Uhr), die 1650 als erste Zuckerrohrplantage der Insel angelegte wurde. Umgeben von Ruinen ragt eine restaurierte *Windmühle* auf, die wieder funktionsfähig gemacht wurde. Vom nahen Dorf *Seaton* aus werden spannende Wassertouren organisiert: per Boot zur **Stingray City** (www.stingraycityantigua.com) vor der Küste, wo man mit Rochen schwimmen kann, oder per *Kayak* (www.antiguapaddles.com) durch die tiefen Buchten, Mangroven und die Inselwelt. Über eine Abzweigung wird die Küste bei **Indian Town Point** erreicht, wo die die mächtige Brandung die **Devil's Bridge** in die Felsen gemeißelt hat. Die Straße endet bei **Long Bay**, einem schönen, von einem Korallenriff geschützten Strand, an dem sich einige Luxusresorts etabliert haben. Weiter südlich lädt der einstige Herrensitz *Harmony Hall* (Brown's Bay, Tel. 268-460-4120, www.harmonyhallantigua.com) zum Besuch ein. Dem schicken Hotel mit Blick auf die **Nonsuch Bay** sind eine Galerie und eines der besten Restaurants der Insel angeschlossen. Per Boot kann man von hier die vorgelagerte **Green Island** mit ihren herrlichen Stränden besuchen. Ein weiteres Strand-Highlight ist die halbrunde **Half Moon Bay** auf dem Weg zurück zur Südküste, dank der Brandung ein idealer Spielplatz für Bodysurfer.

Die Westküste

Unweit von Falmouth eröffnet die attraktive stille **Rendezvous Bay** den Reigen der Strände an der Westküste Antiguas. Sie ist vom Ort *Old Road* über den Rendezvous Trail zu erreichen. Ein anderer Trail führt von hier auf den Boggy Peak (s. o.). Gen Westen erreicht man dann **Cades Bay** mit schönem Blick auf das 4 km lange *Cades Reef*, einer der beliebtesten Tauchgründe Antiguas. Der nördlich gelegene **Darkwood Beach** mit seiner interessanten Unterwasserlandschaft ist ideal zum Schnorcheln. Als ganz den Urlaubsfreuden hingegeben erweist sich **Jolly Harbour** mit Jachthafen, Golfplatz und Ferienapartments. Ein weiteres Tourismuszentrum ist die Halbinsel **Five Islands**. Hier blicken schicke Hotelresorts auf schöne Strände wie *Hawkswill Bay* und *Deep Bay*, über der die Ruinen des **Fort Barrington** (17. Jh.) aufragen. Nach 30-min. Aufstieg bietet sich vom Festungshügel ein faszinierender Blick auf die umliegenden Bays und aufs Meer.

i Praktische Hinweise

Information

Antigua & Barbuda Department of Tourism, Government Complex, Queen Elizabeth Hwy., St. John's, Tel. 268-462-04 80, www.antigua-barbuda.org

Hotels

TOP TIPP **Galley Bay**, Galley Bay, Five Islands, Tel. 268-462-03 02, www.eliteisland resorts.com. Exklusives und romantisch gestyltes Hotel mit 1 km langem Privatstrand. Unmittelbar am Meer stehen malerische Gauguin-Hütten. Im Hinterland lockt ein Vogelreservat.

Hawksbill Beach, Five Islands, Tel. 268-462-03 01, www.rexresorts.com. Große Anlage inmitten eines tropischen Gartens mit Cottages und Herrenhaus, Restaurants und vier Sandstränden.

Restaurant

TOP TIPP **The Wardroom Restaurant**, im Copper & Lumber Store Hotel, Nelson's Dockyard, English Harbour, Tel. 268-460-11 60, www.copper andlumberhotel.com. 14 Suiten in einem Backsteingebäude von 1782. Zwischen Messing und Mahagoni, englischen Möbeln und alten Stichen wird moderne Küche serviert – eine schmackhafte Mischung aus kreolischen, französischen und britischen Elementen.

18 Barbuda

Die kleine Insel, vom Tourismus wenig berührt, lockt mit herrlichen Stränden, Vogelkolonien und spektakulären Tauchgründen.

Antiguas kleinere Schwesterinsel Barbuda liegt 48 km nördlich von Antigua und ist in 1,5 Std. per Segel- oder Motorboot oder in 15 Min. mit dem Flugzeug zu erreichen. Schneeweiße Sandstrände säumen das nur wenige Meter aus dem Meer ragende trockene Kalkplateau. Die smaragdfarbene Lagune eignet sich hervorragend zum Baden und Schnorcheln, während die Riffe im Norden auch wegen der vielen Schiffe, die ihnen zum Opfer fielen, für viele Taucher zu den schönsten Revieren der Karibik zählen. Das *Palaster Reef* im Süden vor der Gravenor Bay steht unter Naturschutz.

Das Innere der 24 km langen und 8 km breiten Insel ist dicht bewachsen. Große Teile sind als Naturreservate ausgewiesen, ebenso wie einzelne Küstenabschnitte, an denen seltene Vögel brüten. Im etwas sumpfigen *Frigate Bird Sanctuary* an der **Codrington Lagoon** im Nordwesten kann man Fregattvögel, Pelikane und Reiher beobachten. **Palm Beach** heißt der kilometerlange Strandstreifen, der die Lagune vom Meer trennt.

Treffpunkt der wenigen Urlauber, die die Insel besuchen, ist das an der Lagune gelegene **Codrington** (1000 Einw.), die einzige Ortschaft Barbudas. Hier versammeln sich auch die Sportfischer, die in den umliegenden Gewässern reiche Beute machen, sowie die Jäger, die wegen des – für die Karibik seltenen – Wildbestandes gern nach Barbuda kommen.

i Praktischer Hinweis

Hotel

Lighthouse Bay Resort, Tel. 268-562-14 81, www.lighthousebayresort.com. Ein All-inclusive-Ensemble aus 9 luxuriösen Suiten am rosa Sandstrand der Codrington-Lagune. Mit Gourmetrestaurant, Spa und Sport (u. a. Reiten und Segeln).

19 Dominica

Bekannt ist die gebirgige, grüne Dschungelinsel für hervorragende Wandermöglichkeiten und aufregende Tauchgründe voller Krater und Schluchten.

Unabhängige Republik,
Mitglied des British Commonwealth
Größe: 750 km^2
Einwohner: 72 000
Hauptstadt: Roseau
Sprachen: Englisch, Kreolisch
Währung: Ostkaribischer Dollar (EC $)

Erloschene Vulkane, riesige Regenwälder mit Schwefelquellen, Wasserfällen und dunkelblauen Seen – das sind die Markenzeichen der atemberaubend grünen Insel Dominica, die zwischen Guadeloupe und Martinique liegt. Sie ist quasi ein einziger Naturpark, weitgehend unberührt und von wilder Schönheit. Überall rauschen Bäche und Wasserfälle von den Berghängen. Besucher wandern auf verschlungenen Pfaden durch den Dschungel, von riesigen Mahagonibäumen hängen Lianen herab, und umgestürzte Brettwurzelbäume versperren den Weg. Für die ›Fluch der Karibik‹-Filme fanden Location Scouts hier also ideale Drehorte, die auf geführten Touren (Ken's Hinterland Adventure Tours, Tel. 767-448-48 50, www.khattstours.com) besucht werden können. Ideale Kulissen bietet das Eiland auch für Abenteuer wie Ziplining und Rivertubing (Wacky Rollers, Tel. 767-440-43 86, www.wackyrollers.com). Zarte Orchideen entfalten süßen Duft und üppige Farbenpracht, durch die Luft schwirren Pirole, Kolibris und Schmetterlinge. Dominica hat sich ganz dem Ökotourismus verschrieben. Es gilt nicht als klassische Badeinsel, obgleich es über eine Reihe schöner Strände verfügt, die malerisch von dichter Vegetation gerahmt sind, etwa bei Méro und Portsmouth im Norden. Tauchen und Schnorcheln kann man überall hervorragend.

Geschichte *Waitukubuli*, die hoch Gewachsene, nannten die **Kariben** die Insel, den Namen Dominica erhielt sie von Kolumbus, da er sie am 3. November 1493, an einem Sonntag, entdeckte. 1748 beschlossen **Briten** und **Franzosen** nach jahrhundertelangem Gerangel, die Insel den Ureinwohnern zu überlassen, doch wurde der Vertrag wenig später von den Franzosen gebrochen. Daraufhin zerstörten die Briten die Inselhauptstadt Roseau und forderten von den Franzosen ein stattliches Sühnegeld. 1805 kam Dominica endgültig zur britischen Krone. Seit 1978 ist sie unabhängiges Mitglied des Commonwealth. Den letzten überlebenden Indios wurde Anfang des 20. Jh. ein Reservat zugeteilt, das *Carib Territory*, in dem noch heute Nachfahren der Kariben leben. Nach ihrem Namen für die Insel ist heute der *Waitukubuli National Trail* benannt, ein Fernwanderweg, der in 14 Segmenten das Natur- und Kulturerbe Dominicas erschließt.

Roseau

Roseau (16 000 Einw.), die Hauptstadt Dominicas, liegt an der Südwestküste zwischen den Ausläufern des Morne Trois Pitons und dem **Roseau Valley**. Die Stadt der Plantagenbesitzer hat noch etwas vom Charme des 19. Jh. bewahrt, auch wenn Sehenswürdigkeiten rar sind. Das **Dominica Museum** (Mo–Fr 9–16, Sa 9–12 Uhr) an der Bay Front dokumentiert anhand einiger Exponate die Geschichte und Kultur der Insel. Auf dem **Old Market** hinter dem Museum wurden einst Sklaven verkauft, heute sind hier Kunsthandwerk und Souvenirs im Angebot. Architekturzeugen der Kolonialzeit sind die **Roman Catholic Church** (1790–1916, tgl. 8–16 Uhr) an der Virgin Lane und **Fort Young** im Süden, das in ein Hotel umge-

Im Morne Trois Pitons National Park von Dominica – auf dem Trail zum Kratersee Boeri Lake

wandelt wurde. Über die Queen Mary Street in Richtung Osten gelangt man zum Eingang der **Botanical Gardens** (tgl. 6–22 Uhr), die ein breites Spektrum an hiesigen Pflanzen und mächtigen tropischen Bäumen präsentieren. Ein Pfad führt von den Gärten in 20 Min. auf den **Morne Bruce** mit schönem Blick auf Roseau und die Küste.

Im Süden

Über die Küstenstraße geht es nach Süden zum hübschen Fischerdorf *Soufriere.* Unweit der Soufriere Bay garantiert der **Champagne Beach** dank der im Küstenwasser blubbernden heißen Quellen ein großes Bade- und Schnorchelvergnügen. Die Quellen entspringen etwa 3 km weiter im Land bei **Sulphur Springs** (tgl. 9–17 Uhr), wo man in einen Pool eintauchen kann. **Scotts Head** weiter südlich ist nicht nur ein farbenfrohes Fischerdorf, sondern auch Teil der *Soufriere Scotts Head Marine Reserve*. Vor der Küste liegen einige der spektakulärsten Tauchgründe Dominicas, darunter *L'Abym* (The Deep), ein Steilabfall von 500 m. Selbst vom Ufer aus kann man Delfine und manchmal sogar Wale beobachten. Ein idealer Aussichtspunkt sind die Ruinen von **Fort Cacharou**, einer Festung aus dem frühen 17. Jh. auf der nahen Landzunge.

TOP TIPP Morne Trois Pitons National Park

Ein Netz von *Wanderwegen* durchzieht die ganze Insel. Es empfiehlt sich, einen Führer zu engagieren, der Flora und Fauna erklärt und die schönsten Plätze kennt (z.B. Peter Green, Bushman Tours, Tel. 767-235-22 70). Den größten Teil des bergigen Inselinneren im Süden nimmt der 6400 ha große Morne Trois Pitons National Park ein, seit 1997 ein UNESCO Weltnaturerbe. Ausgangspunkt der meisten Trails (bei Regen häufig nicht begehbar) ist das Dorf **Laudat** nordöstlich von Roseau. Eine leichte Wanderung führt gen Süden zum höchsten und beeindruckendsten Wasserfall der Insel, den **Middleham Falls**. Schön ist auch die Tour zum **Freshwater Lake**, den man auf einem Waldpfad umrunden kann (1,5 Std.). Wildromantisch ist der Trail durch den mit exotischen Blumen, Orchideen und Riesenfarnen gesprenkelten Bergregenwald zum schönen Kratersee **Boeri Lake**. Ein anderer Weg führt östlich von Laudat zunächst zur **Titou Gorge**, einer Lavaschlucht, durch die vom Gebirge kommendes Wasser fließt (Bademöglichkeit). Ein Stück weiter beginnt der Trail zum berühmten **Boiling Lake** zu Füßen des 1224 m hohen Watt Mountain im Sü-

Geheimnisvolle Mangrovenwälder umgeben Bootsausflügler auf dem Indian River

den, den man auf einer Tagestour erkunden kann. Gute Kondition und ein Führer sind hier allerdings angezeigt. In dem See mit 60 m Durchmesser blubbert siedendheißes schwefelhaltiges Wasser, darüber treiben Dampfwolken – ein gespenstisches Ambiente. Ebenfalls faszinierend ist die Mondlandschaft des am Wege liegenden **Valley of Desolation** mit seinen Fumarolen und interessanten Mineralien.

Erholung bieten die einfachen Thermalbäder in **Wotton Waven**, z.B. Screw's Sulfur Spas (Tel. 767 440-4478, www.screwsspa.com, Di–So 10–22 Uhr) mit mehreren Schwefelwasserbecken von unterschiedlicher Temperatur.

Im Südwesten des National Parks stürzen die **Trafalgar Falls** aus der grünen Wand des Dschungels 40 m tief hinab. Der obere Wasserfall wird von den Wassern bei Titou Gorge gespeist, der untere vom *Trois Piton River*, der unweit des Boiling Lake entspringt. Ein kurzer Trail und eine Aussichtsplattform machen das Naturschauspiel leicht zugänglich. Über rutschige Felsen geht es zum Abkühlen in das Becken am Fuß der Fälle.

Eine weitere Naturschönheit ist der **Emerald Pool**. Das dunkelgrün schimmernde Wasserbecken liegt in einer idyllischen Lichtung des Regenwaldes zwischen Canefield und Castle Bruce. In

Blick vom Scotts Head, der die Südspitze der Insel markiert, auf die Gipfel Dominicas

elegantem Bogen stürzt ein Wasserfall aus dem Grün herab. Es ist nur ein kurzer Spaziergang über einen alten Kariben-pfad bis zu dieser wunderschönen Kulisse.

Im Norden

Der **Morne Diablotin**, mit 1447 m der höchste Berg der Insel, erhebt sich in der **Northern Forest Reserve** und kann im Rahmen einer geführten Tagestour bezwungen werden. Man sollte jedoch eine gute Kondition mitbringen.

Auf dem leicht zu begehenden **Syndicate Nature Trail** kommen Besucher den Gommierbäumen und anderen Urwaldriesen ganz nahe und sehen mit Glück Kolibris oder einen Sisserou-Papagei. Die einstündige Bootsfahrt auf dem **Indian River** (tgl. ab 8 Uhr) beginnt nahe **Portsmouth**, der zweitgrößten Stadt der Insel an der *Prince Rupert's Bay*. Flussaufwärts geht es durch den Dschungel, und in aller Ruhe kann man im Vorübergleiten die Pflanzen- und Vogelwelt beobachten.

Historischem Interesse wird das zum Teil restaurierte *Fort Shirley* (1770–1815) im **Cabrits National Park** (tgl. 8.30–17 Uhr) nordwestlich von Portsmouth gerecht. Der Park schließt das größte Sumpfland der Insel ebenso ein wie die *Douglas Bay* mit ihren Korallenriffen, Steilwänden und Canyons, ein Unterwasserparadies, von dem viele Taucher schwärmen.

Von Portsmouth gen Osten geht die Fahrt durch Bananenpflanzungen zur Atlantikküste mit dramatischen Ausblicken auf rote Felsformationen. Hier liegt das **Indian Territory**, Heimat des einzigen Karibenstamms, der bis heute überlebt hat. Am Crayfish River zeigt das *Kalinago Barana Auté* (Carib Cultural Village, www.kalinagoterritory.com) mit Handwerk, Tanz und Gesang den Alltag und die Kultur der Kalinago. Auf der Küstenstraße geht es nach Süden zur Hauptsiedlung namens **Salybia**. Die dortige *Caribs Church* ist wegen ihres Kanu-Altars und der farbenfrohen Wandmalereien sehenswert. Bei **Sineku** erheben sich riesige Naturtreppen aus dem Meer, die *Escalier Tête Chien*. Die Kariben erzählen hierzu die Legende von einer gigantischen Schlange, deren Leib diese Spuren zurückließ.

Praktische Hinweise

Information

Discover Dominica Authority, Financial Centre, Roseau, Tel. 767-448-20 45, www.dominica.dm

Aus 40 m Höhe donnern die Wassermassen der Trafalgar Falls herab

Hotels

Papillote Wilderness Retreat, Trafalgar, Tel. 767-448-22 87, www.papillote.dm. Einfache Zimmer in einem wuchernden Garten mit warmen Mineralpools, Restaurant mit kreolischer Küche.

Picard Beach Cottages, Portsmouth, Tel. 767-445-51 31, www.picardbeachcottages.com. Ruhige, gemütliche Häuschen auf einer ehemaligen Kokosnussplantage am Strand.

The Tamarind Tree Hotel, Salisbury, Tel. 767-449-73 95, www.tamarindtreedominica.com. Zimmer, Familiensuiten und Restaurant mit schweizerischer Gastfreundlichkeit, dazu Wandertouren und benachbarte Tauchschule.

Restaurant

Riverstone Bar & Grill, Laurent River, Bells, Tel. 767-449-37 13. Fisch- und Fleischgerichte vom Grill auf einer Terrasse am Laurent River. Manchmal Livemusik, eine Badestelle und viel Platz für Kinder.

Niederländische Antillen

Nördlicher Teil

Im Jahr 2010 endete der Status der Niederländischen Antillen als Überseegebiet der Niederlande, seither sind die Inseln ›Besondere Gemeinden‹ bzw. autonome Länder. Saba, Sint Eustatius und Sint Maarten gehören zu den nördlichen Inseln über dem Wind, die ABC-Inseln Aruba, Bonaire und Curaçao liegen unter dem Wind ganz im Süden der Karibik. Entsprechend unterschiedlich sind Landschaften, Vegetation und Ambiente. Die Architektur jedoch erinnert in beiden Teilen oft an das Mutterland. Auf **Saba**, dem Bergkegel, der aus der Meeresbläue ragt, zeigt sich das niederländische Erbe mitunter auch im Aussehen der Bewohner mit blauen Augen und flachsblonden Haaren. Vom Handelsgeist holländischer Kaufleute zeugen auf **Sint Eustatius** die historischen Lagerhallen. **Sint Maarten/Saint-Martin** ist eine Insel, die sich Holland und Frankreich brüderlich teilen, ein karibisches Paradebeispiel friedlicher Koexistenz.

20 Saba

Vor der kleinsten Insel mit dem höchsten Berg der Niederlande liegen wunderbare Tauch- und Schnorchelreviere.

Besondere Gemeinde der Niederlande
Größe: 13 km²
Einwohner: 1400
Hauptort: The Bottom
Sprachen: Niederländisch, Englisch und Papiamento
Währung: US-Dollar (US $)

Wie eine steile Pyramide ragt der **Mount Scenery** (877 m) aus dem Meer. Der gleichmäßig geformte Kegel eines längst erloschenen Vulkans bildet den Hauptteil der Insel Saba. An die Hänge dieses höchsten Berges der Niederlande schmiegen sich dichte Regenwälder, Bananenplantagen, Haine von Riesenfarnen und dazwischen mehrere Dörfer.

Die kleinste der früheren niederländischen Antillen besitzt keine Traumstrände, doch Urlauber schätzen das Ambiente und die kleinen atmosphärereichen Hotels, die teils ökologisch, teils elegant ausgerichtet sind. Die Besucher kommen zum Wandern, Fischen und vor allem zum **Tauchen**. Das glasklare Wasser mit Sichtweiten von 40–50 m im **Saba National Marine Park** (www.sabapark.org) rund um die Insel bietet ideale Bedingungen für Unterwassersportler. Es gibt rund **30 Tauchgebiete**, darunter spektakuläre wie Eye of the Needle, Labyrinth und Tent Reef Wall.

Die Inselmetropole **The Bottom** duckt sich mit ihren weißen Häusern, roten Ziegeldächern und grünen Fensterläden in ein windgeschütztes Hochtal. Hier und in den noch kleineren Orten *St. John* und **Windwardside** kann man Gewürze und traditionelle Stickereien erwerben. Das hiesige *Harry L. Johnson Museum* (Mo–Fr) dokumentiert die Geschichte der Insel und die Lebenswelt eines im 19. Jh. auf Saba ansässigen Kapitäns. Eine Art Villenviertel ist das nahe **Booby Hill** in sensationeller Panoramalage. Windwardside ist auch Ausgangspunkt für **Wanderungen** über die grüne Insel und zum Gipfel des Mount Scenery (Aufstieg über 1064 Stufen möglich) mit seinem Elfenwald (Elfin Forest) genannten Gürtel dichter tropischer Hochlandvegetation.

i Praktische Hinweise

Information

Saba Tourist Office, Windwardside, Tel. 599-416-2231, www.sabatourism.com

Hotels

Queens Garden Resort, Troy Hill Drive 1, Tel. 599-416-34 94, www.queensaba.com. 5-Sterne-Luxushotel mit zwölf Suiten inmitten eines tropischen Gartens.

Shearwater Resort, Booby Hill, Windwardside, Tel. 599-416-24 98, http://shearwater-resort.com. Hoch über den Klippen liegt das stilvolle Hotel mit Pool, Restaurant und Tennisplatz.

The Cottage Club, Windwardside, Tel. 599-416-23 86, www.cottage-club.com. Zehn hübsche karibische Holzhütten in luftiger Höhe über dem Meer.

Restaurants

Rainforest Restaurant, Ecolodge Rendez-Vous, Windwardside, Tel. 599-416-33 48, www.ecolodge-saba.com. Das Restaurant mitten im Grünen bietet hervorragende Speisen aus frischen Zutaten, darunter Fisch und Meeresfrüchte, aber auch Steaks und vegetarische Gerichte. Die Ecolodge verfügt über 12 hübsche Cottages.

The Deep End Bar and Grill, Fort Bay, Tel. 599-416-34 38, www.sabadeep.com. Am Hafen von Fort Bay treffen sich über dem Saba Deep Dive Center Touristen und Einheimische zu herzhaftem Frühstück und Lunch (tgl. 8.30–18 Uhr). Spezialitäten sind Saban Lobster, Snapper, Mahi Mahi, Wahoo und täglich wechselnde Fischsuppen.

21 Sint Eustatius

Schöne Wanderwege und Tauchgründe, viel Beschaulichkeit und Ruhe zeichnen die hübsche, geschichtsträchtige Insel aus.

Besondere Gemeinde der Niederlande
Größe: 31 km²
Einwohner: 3400
Hauptstadt: Oranjestad
Sprachen: Niederländisch, Englisch und Papiamento,
Währung: US-Dollar (US $)

Zwei heute erloschene Vulkane, die Seite an Seite aus der Tiefe der karibischen See aufsteigen, sind für die Entstehung der Insel verantwortlich, der 300 m hohe hügelartige Boven und der Quill mit 600 m, ein inaktiver Schichtvulkan und seit 1998 ein Nationalpark. Auf dem Hochplateau zwischen den beiden Bergen findet der *Franklin D. Roosevelt Airport* gerade genug Platz für eine kurze Landebahn.

Geschichte Seit dem 17. Jh. lebten auf Sint Eustatius niederländische Siedler. Im 18. Jh. galt die Hauptstadt Oranjestad als eines der blühendsten Handelszentren der Karibik. In den Lagerhäusern des Freihafens stapelten sich Luxus- und Gebrauchsgüter aus Europa. Aber die prosperierende Insel wurde hart umkämpft.

Wie ein Dorf aus dem fernen europäischen Mutterland liegt The Bottom auf Saba

Schäumende Brandung am schwarzen Vulkanstrand bei Oranjestad auf Sint Eustatius

Mehr als 20-mal wechselte sie den Besitzer. Engländer, Holländer und Franzosen waren auf den ›Goldenen Felsen‹ erpicht. 1816 ging die Insel endgültig an Holland.

Sint Eustatius, kurz **Statia** genannt, hat einige wenige Sehenswürdigkeiten und besonders hübsche Strände zu bieten. Es zeichnet sich durch angenehmes Klima (der kräftige Passatwind mildert die Tropenhitze) und geradezu himmlische Ruhe aus. Vor allem begeisterte Wanderer, Taucher und Segler zieht es auf die freundliche Insel.

Koloniales Ambiente in Oranjestads reizendem Simon-Doncker-Haus

Hauptort und Tourismuszentrum ist **Oranjestad** an der Westküste. Ein Spaziergang führt durch die **Upper Town** mit ihren Gebäuden im holländischen Kolonialstil (Stadhuis, Three Windows Corner) und **Fort Oranje** (1629/36) auf den Klippen mit Blick auf Lower Town und Oranje Bay. Heute ist in der Festung das Tourist Office ansässig. Vor den Toren des Forts steht das schön restaurierte **Government Guesthouse**, Amtssitz des Gouverneurs und zugleich Gerichtsgebäude. Bald darauf erreicht man das **St. Eustatius Historical Foundation Museum** (Tel. 599-318-2288, Mo–Fr 9–17, Sa/So 9–12 Uhr), in dem Haus, das sich der wohlhabende Kaufmann Simon Doncker im 18. Jh. erbauen ließ. Funde aus der präkolumbischen Zeit sowie Exponate der Kolonialzeit, darunter Gebrauchsgegenstände, ferner Kunsthandwerk und Möbel dokumentieren hier die Geschichte der Insel.

Seit Anfang des 18. Jh. ließen sich auch jüdische Händler auf der Insel nieder. Für sie entstand 1739 die **Synagoge**, eine der ersten in der Karibik. Nichts als Ruinen sind heute gegenüber der Library erhalten. Auch die 1775 weiter südlich errrichtete **Dutch Reformed Church** hat bessere Tage gesehen. Von dem restaurierten Kirchturm aber hat man einen schönen Blick auf Oranjestad.

Wenig übrig ist auch von der **Lower Town** am einst blühenden Hafen der Stadt. Nach einem Streifzug mit Blick auf die Ruinen von Lagerhäusern und Läden bietet sich eine Pause an der **Oranje Bay** mit ihrem dunklen Vulkansand an (gute Schnorchelmöglichkeiten).

Wer der Küste weiter nach Süden folgt, kann die Reste des *Fort de Windt* besichtigen und zugleich zur Nachbarinsel St. Kitts hinüberspähen.

Nördlich von Oranjestad führt die Straße nach **Zeelandia**, einem ebenfalls dunkelsandigen hübschen Strand (Achtung: Unterströmungen). Über einen Pfad erreicht man den weiter nördlich gelegenen **Venus Beach**, hierher kommen Meeresschildkröten zur Eiablage.

Auch Statia verfügt über einen **Marine Park** mit wunderschönen Tauchgründen, 30 *Dive Sites* liegen hier auf engstem Raum beieinander, historische Wracks einträchtig neben modernen.

TOP TIPP

Zu den größten Attraktionen über Wasser gehört eine Wanderung auf den erloschenen Vulkan **Quill**, der den Süden der Insel beherrscht. Mehrere Trails führen zum Krater hinauf und sogar in ihn hinein, ein Paradies mit Regenwald, Orchideen und Kolibris. Schön und anspruchsvoll ist die einstündige Wanderung auf dem *Mazinga Trail*, der am Kraterrand entlangläuft und herrliche Ausblicke auf Quill, Meer und Inselwelt ermöglicht.

i Praktische Hinweise

Information

St. Eustatius Tourist Office, Fort Oranjestraat, Oranjestad, Tel. 599-318-3370, www.statiatourism.com

Hotels

Old Gin House, Oranje Baai, Oranjestad, Tel. 599-318-2319, www.oldginhouse.com. Hotel mit dem Flair des 18. Jh. am alten Hafen. Ausgezeichnetes Restaurant.

Statia Lodge, White Wall, Tel. 599-318-1900, www.statialodge.com. 10 hölzerne Bungalows und ein Pool über dem Meer. Preise inklusive Roller bzw. Auto.

Restaurants

Blue Bead Bar & Restaurant, Gallows Bay, Tel. 599-318-2873. Mittags gibt es Salate und Sandwiches, abends frischen Fisch und Lobster, aber auch Fleisch.

Kings' Well Bar & Restaurant, Oranje Bay, Tel. 599-318-2538, www.kingswellstatia.com. Das Hotelrestaurant bietet frischen Fisch und Meeresfrüchte.

22 Sint Maarten/ Saint-Martin

Eine Insel – zwei Nationen! Gemeinsam sind ihnen strahlend weiße Strände und ein reger Tourismus mit spannender Gastroszene.

Autonomer Teil der Niederlande bzw. französisches Überseegebiet
Größe: 96 km^2
Einwohner: 67000
Hauptstadt:
Philipsburg (niederländisch) bzw. Marigot (französisch)
Sprachen: Niederländisch, Papiamento, Englisch, Französisch
Währungen: Antillengulden (NAf) bzw. Euro (€)

Frankreich und die **Niederlande** teilen sich die Antilleninsel, die am Martinstag des Jahres 1493 von Kolumbus entdeckt und nach diesem Tag des Heiligen benannt wurde. Beide Teile der Insel glänzen mit weißen Sandstränden und türkisfarbenem Wasser, mit Luxushotels und Restaurants, Duty Free Shops, Spielcasinos, Golf- und Tennisplätzen. Die Grenzübertritte gestalten sich auf dieser geteilt-gemeinsamen Insel übrigens vollkommen problemlos.

Geschichte Die Spanier hielten die Insel für wertlos, allenfalls geeignet, um Sträflinge dorthin zu verbannen. Ein Gefangenenaufstand Anfang des 17. Jh. beendete die spanische Hoheit. 1638 kamen fast gleichzeitig französische und niederländische Siedler auf die Insel und bauten an entgegengesetzten Stellen Befestigungsanlagen. Über die **Zweiteilung** des Eilandes kursiert folgende Geschichte: Da sich die Siedler über den Grenzverlauf nicht einigen konnten, vereinbarten sie einen Wettlauf. Beim ersten Hahnen-

Im Südwesten Sint Maartens bezaubert der Cupecoy Beach mit einer dramatischen Steilküste

schrei starteten vom *Boundary Point* aus ein französischer und ein holländischer Läufer in entgegengesetzte Richtungen zur Inselumrundung. An der Stelle, wo sie aufeinandertrafen, sollte die Grenze markiert werden. Der Franzose muss schneller gelaufen sein, denn der Anteil der Grande Nation an dem Eiland ist wesentlich größer als der niederländische. Natürlich war Alkohol mit im Spiel. Während der Holländer eine Feldflasche mit hochprozentigem Genever umhängen hatte, stärkte sich der Franzose mit einem leichten Rotwein. Zeitgenossen berichteten jedenfalls, dass sich beide ziemlich betrunken begegneten.

Sint Maarten

Der niederländische Hauptort **Philipsburg** wurde 1733 im Süden auf einer Landzunge zwischen Great Salt Pond und Great Bay gegründet. Einige hübsche Bauten des 18./19. Jh. zeugen noch von der Kolonialzeit, doch ansonsten wirkt das Zentrum mit **Front Street** und **Back Street** fast wie ein einziger großer Duty Free Supermarkt, durch den tagsüber die Passagiere der Kreuzfahrtschiffe strömen. Am Hauptplatz **Wathey Square** steht das elegante alte *Courthouse* (1793), heute dient es als Postamt. Weiter westlich zieht die hübsche hölzerne *Methodist Church* von 1851 die Blicke auf sich. Im östlichen Teil der Front Street kann man dann elegante holländische Bürgerhäuser bewundern und sich im **St. Maarten Museum** (Tel. 599-542-4917, www.museumsintmaarten.org, Mo–Fr 10–16 Uhr) über die Geschichte der Insel informieren. Ganz in der Nähe liegen die Jachthäfen Great Bay Marina und Bobby's Marina.

Am Great Salt Pond im Norden der Stadt lädt der **St. Maarten Zoo** (Tel. 599-543-2030, www.stmaartenzoo.com, tgl. 9–17 Uhr) zum Besuch ein. Der Zoo mit schönem botanischen Garten ist Heimat für 80 zum Teil seltene Tierarten wie etwa Rotfußschildkröten und Grüne Iguanas.

Für ein erfrischendes Bad bietet sich anschließend der **Great Bay Beach** von Philipsburg an. Die meisten Badeurlauber nehmen jedoch an der *Südwestküste* Quartier. Vorbei an dem riesigen Binnensee **Simpson Bay Lagoon** gelangt man zu den schönen weißen Stränden von **Maho Bay** (vom Fluglärm geplagt) mit beliebter Strandbar, der palmengesäumten **Mullet Bay**, **Cupecoy Beach** mit seiner dramatischen Klippenkulisse und **Long Bay** mit ihrem langen Sandstrand und türkisen Gewässern, die eigentlich schon in St-Martin liegt.

i Praktische Hinweise

Information

St. Maarten Tourist Bureau, Krippa Bldg. Unit 10, Juancho Yrausquin Blvd. 6, Philipsburg, Tel. 721-542-2337, www.vacationstmaarten.com

Hotels

Holland House Beach Hotel, 43 Front Street, Philipsburg, Tel. 721-542-2572, www.hhbh.com. Mitten in der Stadt und gleichzeitig direkt am Strand. 54 nette Zimmer und Restaurant.

Pasanggrahan Royal Guest House, 19 Front Street, Philipsburg, Tel. 721-542-3588. Das älteste Hotel von St. Maarten steht am Great Bay Beach. Es war einst Gouverneurssitz und Gästehaus für Staatsbesuche.

Saint-Martin

Der Hauptort **Marigot** schmiegt sich an die Marigot Bay, wo Fähren und Fischerboote anlegen. Das Hafenviertel hat Flair, edle Designer Shops, coole Bars und ausgezeichnete Restaurants. Und die Küche von St-Martin zählt zu den besten der Karibik. Weiter westlich lockt der große **Markt** (tgl. 7–15 Uhr) mit reichem Warenangebot von Obst bis zu Souvenirs. Die **Marina Port La Royale** erweist sich als moderner Jachthafen mit Mode- und Juwelierengeschäften. Nach einem Besuch der **Le West Indies Shopping Mall** mit ihren über 20 Läden kann einen nur noch der Aufstieg zu den Ruinen von **Fort Louis** (1789) und der Blick über die Bay auf andere Gedanken bringen.

Westlich von Marigot breiten sich einige der schönsten Strände der Insel aus, z. B. **Baie Rouge** und **Baie aux Prunes**.

TOP TIPP

Auch das etwas weiter nordöstlich gelegene **Grand Case** wird wegen seines Strandes geschätzt, aber vor allem wegen seiner über 20 *Spitzenrestaurants* (www.grandcase.com), die französische Haute Cuisine mit karibischem Flair kredenzen.

Weitere Urlaubszentren sind die Strände von **Anse Marcel** und **Cul-de-Sac** an der Ostküste. Wunderschön, aber hoch kommerzialisiert ist der Strand von **Baie Orientale** mit Hotelresorts und vielfältigem Wassersportangebot. **Oyster Pond** weiter südlich ist ein beliebter Ankerplatz der Skipper, sein schönster Strand, **Dawn Beach**, liegt auf niederländischer Seite.

Natur pur bietet das Inselinnere. Im Norden von Marigot etwa erschließen um die **Loterie Farm** (Tel. 0059/(0)590-878616, www.loteriefarm.net) mit dem *Hidden Forest Café* zahlreiche Pfade den faszinierenden Regenwald. Eine dreistündige Wanderung führt auf den **Pic du Paradis** (390 m). Vom Gipfel bietet sich ein fantastisches Inselpanorama.

i Praktische Hinweise

Information

Office du Tourisme, Rte de Sandy Ground, Marigot, Tel. 0059/(0)590-875721, www.st-martin.org

Hotels

Alamanda Resort, Baie Orientale, Tel. 0059/(0)590-528740, www.alamanda-resort.com. Farbenfroh gestyltes Strandhotel mit 42 Zimmern und Suiten im Kolonialstil. Pool und Wassersport.

La Samanna, Baie Longues, Tel. 0059/(0)590-876400, www.lasamanna.com. De-Luxe-Villen im mediterranen Stil mit Pool, Spa, Fitness Center, Wassersport.

Radisson Blu Resort Marina & Spa, Anse Marcel, Tel. 0059/(0)590-876700, www.radissonblu.com/resort-stmartin. Luxushotel am Wasser mit Privatmarina.

Restaurants

L'Auberge Gourmande, 89 Boulevard de Grand Case, Grand Case, Tel. 0059/(0)590-877337, www.laubergegourmande.com. Französisch-kreolische Gourmetküche in schönem Ambiente.

L'Escapade, 94 Boulevard de Grand Case, Grand Case, Tel. 0059/(0)590-877504, www.escapaderestaurant.com. Delikate fränzösisch-karibische Küche und qualitätvolle Weine.

Unweit der Baie Orientale bietet die Ilet Pinel wildromantisches Wasserwüstenambiente

Französische Antillen

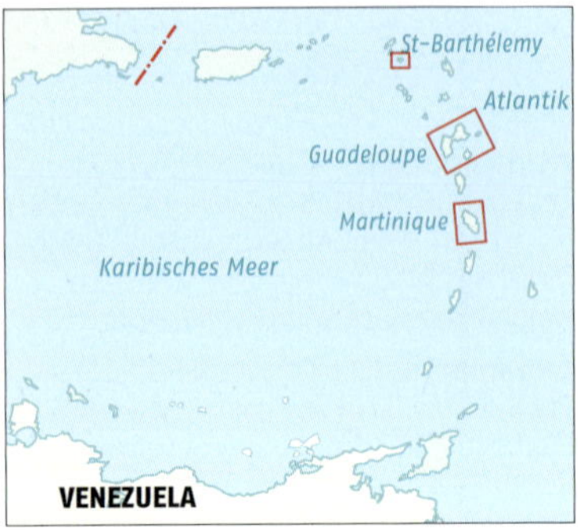

Man mische französische Lebensart, afrikanische Rhythmen und einen kräftigen Schuss tropische Sonne, *et voilà*, fertig ist der karibische Cocktail, ein Stück Frankreich weit weg von Europa. Guadeloupe (mit den kleineren Inseln Les Saintes, Marie-Galante und La Désirade) und Martinique sind Départements d'Outre-Mer, Saint-Martin (französischer Teil) und St-Barthélemy Collectivités d'Outre-Mer.

Die beiden größeren Inseln, Guadeloupe und Martinique, sind vulkanischen Ursprungs und recht gebirgig. Im Osten der Berge regnet sich der feuchtigkeitsbeladene Passat ab. Die Niederschläge sind beträchtlich. Der Großteil geht allerdings während der *Hivernage* zwischen Juli und Dezember nieder. In den Monaten Januar bis März/April, der *Carême*, ist es dann ausgesprochen trocken. **Guadeloupe** lockt auf dem gebirgigen Inselteil *Basse-Terre* mit seinem großen *Parc National* und dem Vulkan **La Soufrière**. Eine Besteigung des 1467 m hohen Berges mitten im Regenwald ist ein großartiges, doch schweißtreibendes Erlebnis. Erfrischung versprechen nahe Wasserfälle, Süßwasserbecken und die feinsandigen Strände auf der flacheren Inselhälfte *Grande-Terre*. Schöne Naturerlebnisse bietet auch die Insel **Martinique**: Im Norden Bergsteigen und Wandern am **Mont-Pelée**, im Süden Baden am kilometerlangen Strand von **Grande Anse des Salines**. Und die beiden Inselmetropolen **Pointe-à-Pitre** (Guadeloupe) und **Fort-de-France** (Martinique) bieten mit ihren historischen Bauten und ihren Museen interessante Einblicke in die Geschichte.

23 Guadeloupe

Der französische Außenposten bietet jahrhundertealte Kolonialbauten, einen mächtigen Vulkan, prächtigen Regenwald und ausgedehnte Sandstrände.

Französisches Département d'Outre-Mer
Größe: 1628 km²
Einwohner: 450 000
Hauptstadt: Basse-Terre
Sprache: Französisch, Kreolisch
Währung: Euro (€)

Aus der Luft sieht Guadeloupe, das viele Einheimische *Gwada* nennen, wie ein *Papillon* aus, wie ein bunter Schmetterling, der von einem Schwarm kleiner Begleiter umgeben wird, darunter die Inselchen Les Saintes, Marie-Galante und La Désirade. Zusammengenommen bilden die neun Eilande seit 1946 keine Kolonie mehr, sondern ein **Département d'Outre-Mer**, das denselben politischen Status hat wie eine französische Region auf dem europäischen Festland, eine EU-Enklave, rund 7000 km von Paris entfernt. Das wird von den meisten Einheimischen positiv gesehen. Sie verdienen drei- bis viermal soviel wie die Bewohner der Nachbarinseln und haben Teil am europäischen Sozialsystem. Aber das alles hat auch seinen Preis: Die französischen Antillen sind ausgesprochen teuer, für Einheimische ebenso wie für Besucher.

Geschichte Vor etwa 2000 Jahren besiedelten Arawak und Kariben den zentralkaribischen Raum und auch *Kakukéra*, die ›Insel der schönen Gewässer‹. Als Kolumbus sie auf seiner zweiten Westindien-Reise am 4. November anno 1493 besuchte, änderte er den Namen in Guadeloupe – nach dem spanischen Kloster *Santa Maria de Guadeloupe* in der Extremadura. Der Admiral schrieb in sein Logbuch: »Wir ankern vor einem Gebirge, das bis in den Himmel reicht und von dem

Ihre Ähnlichkeit mit weiblichen Rundungen verhalf den Mamelles zu ihrem Namen

herab sich Wasser in schier unerschöpflichen Mengen ergießt …«. 1635 siedelten sich unter Führung der Franzosen Lienard de l'Olive und Duplessis d'Ossonville hier Bauern aus der **Normandie** an. Ab 1644 begannen die Siedler mit dem Anbau von Zuckerrohr und bald betrieben sie ihre **Plantagen** mit Sklaven aus Schwarzafrika. 1664 fasste Jean-Baptiste Colbert alle französischen Besitzungen in

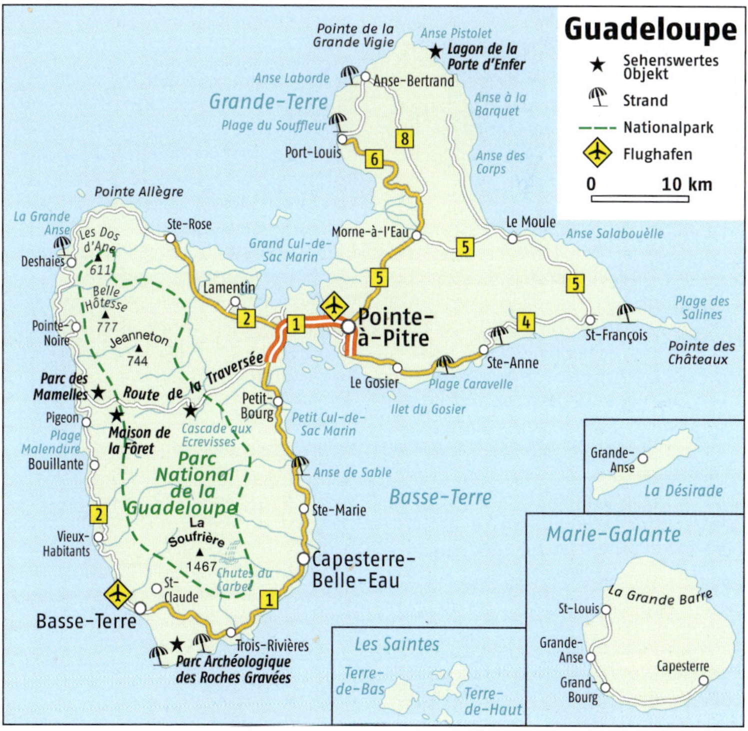

Karibisches Geschichtsbuch – Petroglyphen im Parc Archéologique des Roches Gravées

der Karibik in der *Compagnie des Indes Occidentales* zusammen, die Gewürze, Tabak, Zucker und Rum für das Mutterland Frankreich produzierte. Zwischendurch kam es immer wieder zu Scharmützeln mit den **Briten**, mehrmals wechselte Guadeloupe die Besitzer. 1763 wurde die Insel gegen Abtretung der Eisgebiete Kanadas der Französischen Krone zugesprochen.

Das 1794 erlassene Verbot der Sklavenhaltung hob **Napoleon** 1802 wieder auf. Erst 1848 gelang es dem Elsässer *Victor Schoelcher*, die Sklaverei endgültig abzuschaffen. Statt der Schwarzen wurden auf den Plantagen nun 40 000 indische Kontraktarbeiter eingesetzt. 1871 erhielten die französischen Territorien Sitz und Stimme im Parlament des Mutterlandes. 1946 wurden sie französische Übersee-Départements. 2007 spalteten sich die bis dahin von Guadeloupe aus verwalteten Inseln St-Barthélemy und St-Martin ab und sind seither als *Collectivité d'Outre Mer* formal autonom.

Guadeloupe besteht aus zwei landschaftlich ganz unterschiedlichen Inseln, die durch eine Landbrücke miteinander

Zuckerbrot, Rum und Peitsche

Alle waren sie als Fremde gekommen, doch einige wenige von ihnen herrschten über viele: Die weißen Herren aus Europa gründeten ihre karibischen Reichtümer, den Ertrag riesiger Zuckerrohrplantagen, auf die Ausbeutung afrikanischer **Sklaven**. Die Sklavenhändler, rege Rädchen im Getriebe des florierenden **Dreieckshandels** zwischen Europa, Afrika und den Karibischen Inseln, brachten vom 16. bis zum 19. Jh. etwa 12 Millionen Afrikaner in die Neue Welt. Be- und gehandelt wurden diese Sklaven wie Vieh. Diejenigen, welche die Schiffsreise überlebten, wurden auf einem der **Sklavenmärkte**, z. B. auf Jamaika, verkauft. Kräftige Männer und junge Frauen, von denen man sich kostenlosen Sklavennachwuchs erhoffen konnte, erzielten die höchsten Preise.

Auf den Zuckerrohrfeldern regierte die Peitsche der **Aufseher**. Körperliche Züchtigung war nur eine der Maßnahmen, um die Masse der Unterdrückten im Zaum zu halten. Es war den Sklaven untersagt, in Familiengemeinschaften zu leben, ihre Sprachen zu sprechen, ihre eigene Religion auszuüben und ihre Feste zu feiern. Dass die Afrikaner in der karibischen Fremde trotz allem ihre **Kultur** nicht vergaßen, ist noch heute ersichtlich. Sie sollten Spanisch, Französisch oder Englisch sprechen, doch sie formten daraus ihre eigenen Sprachen wie Bajan, Papiamento oder Patois. In Walzer, Quadrille und Polka integrierten sie ihre eigenen **Tänze**. Und aus den Klageliedern der Feldsklaven, den Protestsongs der Aufständischen, entstanden neue, eigenwillige **Musikformen**.

Die Sklaverei endete auf den Karibischen Inseln relativ spät. Erst im Jahr 1886, nach vielen blutigen **Revolten**, wurde sie zu guter Letzt auch auf den spanischen Inseln abgeschafft. Dies bedeutete gleichzeitig das Ende der gewinnbringenden Plantagenwirtschaft. Und während viele der weißen Herren die Inseln daraufhin verließen, prägten die Nachfahren der einst vom Schwarzen Kontinent Verschleppten nun ihre tropische Heimat.

verbunden sind. Die flache Insel **Grande-Terre** (582 km²) ist das touristische Herz des Landes mit herrlichen Stränden und quirligen Hotelresorts. Über den Isthmus, an dem die vitale Stadt Pointe-à-Pitre mit dem Flughafen liegt, erreicht man dann die gebirgige Insel **Basse-Terre** (850 km²) mit ihrem faszinierenden Vulkan, dem opulenten Regenwald und den rauschenden Wasserfällen.

Basse-Terre

Die Erkundung der Insel Basse-Terre beginnt im Süden, in der eher unattraktiven Hauptstadt **Basse-Terre** (12 000 Einw.), die 1643 gegründet wurde. Sie ist Verwaltungs- und Bischofssitz des Archipels und besitzt den zweitgrößten Hafen von Guadeloupe mit bedeutender Bananenausfuhr nach Europa. Unweit des Hafens liegt die Altstadt mit der Kathedrale **Notre-Dame-du-Mont-Carmel** aus dem 18. Jh. und einigen nostalgischen Kolonialbauten. Nahebei erhebt sich auch das 1643 erbaute **Fort Delgrès** (früher Fort St-Charles, tgl. 8–17.30 Uhr). In der sternförmigen Anlage mit den vorspringenden Schanzen starben 1802 der Nationalheld Guadeloupes, *Colonel Louis Delgrès*, und etwa 200 seiner Leute im Kampf. Sie hatten vergeblich versucht, die Wiedereinführung der bereits abgeschafften Sklaverei durch die einmarschierenden napoleonischen Truppen zu verhindern.

Basse-Terre war früher beträchtlich größer als heute. Schuld ist der mächtige schwarze Vulkan La Soufrière (s. u.), der sich über der Stadt drohend in den Himmel reckt. Im 20. Jh. brach er zweimal aus: 1956 und 1976/77. Bei der letzten verheerenden Eruption mussten Basse-Terres 70 000 Einwohner evakuiert werden, lediglich ein Teil von ihnen kehrte nach sechs Monaten zurück. Längst überdeckt tropische Vegetation die meisten Spuren, die der letzte Ausbruch des nach wie vor rauchenden Riesen hinterließ. Nur noch wenige Brandspuren, Lava- und Aschefelder sind zu entdecken.

Südküste und La Soufrière

Von Basse-Terre geht es nun nach Südosten zum Ort **Trois-Rivières** mit dem sehenswerten **Parc Archéologique des Roches Gravées** (tgl. 9–17 Uhr). Eingebettet in einen üppigen Garten liegen hier große rund geschliffene Lavabrocken, in die präkolumbische *Petroglyphen* eingeritzt sind: Strichgestalten, Köpfe, Symbole und mystische Zeichen, die Archäologen

Der Vulkan La Soufrière ist der höchste Berg der Kleinen Antillen

als Zeugnisse der jahrtausendealten Indiokultur deuten, eine Hinterlassenschaft der Arawak, die einst den karibischen Raum besiedelten.

Trois-Rivières ist einer der Ausgangshäfen für Tagestouren zu den beiden vorgelagerten Inseln **Les Saintes**. Die eine, **Terre-de-Haut**, begeistert mit herrlichen Stränden wie der *Plage de Pompierre* südöstlich des *Fort Napoléon* (Aussicht) und mit schöner Kolonialarchitektur im hübschen *Le Bourg* an der Baie des Saintes. Die andere, **Terre-de-Bas**, ist rauer und stiller. Sie bietet den Strand *Grand Anse* und einige Wanderpfade.

Doch zurück nach Guadeloupe: Ein besonderes Highlight ist die Besteigung des Vulkans **La Soufrière**, mit 1467 m der höchste Berg der Kleinen Antillen. Von Basse-Terre fährt man nach Norden über die D 11 steil hinauf nach **St-Claude** mit dem Abenteuerpark *Mangofil* (Tel. 00 59/(0)5 90-68 08 08, www.mangofil.eu), wo man Felsen erklettern und an Seilzügen durch die Baumkronen gleiten kann. Weiter geht es bergan zum Plateau **Savaneà Mulets**, dem Parkplatz auf 1142 m. Am Weg sind meterdicke Baumriesen mit Luftwurzeln zu sehen, von den Ästen hängen Lianen, Efeu und Aloen, in den Baumkronen blühen wilde Orchideen. Vom Parkplatz. beginnt der 1,5-std. Aufstieg zum Gipfel. Mehrere markierte *Wanderwege* führen auf den König

TOP TIPP

der Antillenvulkane bzw. um den Berg herum. Im Verein mit vielen anderen wandern und steigen Unermüdliche über einen Teppich von lindgrünen Moosen, über graues Tuffgestein und giftgelben Schwefel, unter Gummi- und Farnbäumen dem Gipfelplateau zu. Oben sieht es aus wie auf einem anderen Stern. Fumarolen zischen und pfeifen, aus Spalten steigt weißer Rauch auf, begleitet von rhythmischem Grollen aus dem Erdinneren. Der schlafende Riese erweckt den Eindruck, als wolle er jeden Augenblick wieder ausbrechen.

Eine weitere interessante, doch leichte Tour führt von **Capesterre-Belle-Eau**, zum **Grand Etang**, einem 430 m hoch gelegenen, schwarz schimmernden Süßwassersee im Regenwald. Von Capesterre-Saint-Sauveur gelangt man zu den eindrucksvollen Wasserfällen **Les Chutes de Carbet**. Am einfachsten zu erreichen ist der 30 Min. enfernte, 110 m hohe Wasserfall. Zum 115 m hohen Fall ist man 4 Std. unterwegs (nur für erfahrene Wanderer geeignet). Eine mittelschwere Tour führt von Routhier in 1 Std. zum dritten und mit 20 m kleinsten Wasserfall. Capesterre selbst ist auch bekannt wegen seiner **Allée Dumanoire**, einer von hohen schlanken Königspalmen gesäumten Allee, der am anderen Ortsende eine Allee mit Flamboyant-Bäumen entspricht.

Von Königspalmen beschattet – die Avenue Dumanoire von Capesterre-Belle-Eau

La Traversée und Parc National

Anschließend geht es auf der N 1 zur Ostküste. Vorbei an mehreren schwarzen Badestränden wie Plage de Roseau und Pointe du Carénage Ste-Claire erreicht man **Ste-Marie**, historisch belegt als erster Landeplatz Kolumbus' auf Guadeloupe. Weiter nördlich, in **Petit-Bourg**, einem Zentrum des Bananen- und Zuckerrohranbaus, bietet die **Domaine de Valombreuse** (www.valombreuse.com, tgl. 8–18 Uhr) Gelegenheit, einen der schönsten tropischen Gärten der Insel zu besuchen und Blumenbouquets zum Mitnehmen nach Europa zu bestellen.

Hier beginnt auch die **Route de la Traversée** (D 23), eine schmale, vielfach gewundene Straße, die quer durch den rund 17300 ha großen **Parc National de la Guadeloupe** (www.guadeloupe-parc national.com) zur Westküste führt. Der von der UNESCO zum Biosphärenreservat ernannte Nationalpark mit seinen dichten Regenwäldern schließt auch das Gebiet um La Soufrière und Les Chutes de Carbet (s. o.) mit ein. Von der Traversée zweigen mehrere Wanderwege ab. Der erste führt links der Straße zur **Cascade aux Ecrevisses**, dem ›Wasserfall der Flusskrebse‹, mit Bademöglichkeit und Picknickplatz. 2 km weiter steht die **Maison de la Forêt** (Mi–Mo 9–13.15 und 14–16.30 Uhr), das Informationszentrum des Nationalparks. Von hier führt der Naturlehrpfad **Sentier de Découverte** durch den tropischen Bergwald mit seinen moosbehangenen Riesenbäumen und murmelnden Bächen. Nach nochmals 3 km Fahrt gelangt man zum **Parc des Mamelles** (Tel. 00 59/(0)590-98 83 52, www.parcdesmamelles.com, tgl. 9–18 Uhr), wo in üppiger tropischer Vegetation Iguanas, Affen und Waschbären gehalten werden. Die Mamelles übrigens sind zwei 700 m hohe Bergkegel, die wie weibliche Brüste geformt sind. Zum Schluss geht es auf der Traversée steil hinab zur Westküste, die man bei *Mahaut* erreicht.

Im Norden

Die N 2 führt von hier gen Norden an der malerischen Küste entlang und bietet jede Menge herrliche Panoramen, etwa die hübsche Plage Caraïbe im stillen **Pointe-Noire**. Bei **Deshaies** verführt die einsame goldgelbe **Grande Anse** zu einem Strandspaziergang, und nahebei kann man den

Die Cascade de Ecrevisses im Parc National de la Guadeloupe lädt zum Baden ein

Jardin Botanique de Deshaies (Tel. 00 59/(0)590-28 43 02, www.jardin-botanique.com, tgl. 9–16.30 Uhr) bewundern, einen paradiesischen Garten mit Wasserfällen und Teichen, Flamingos und Papageien. An der Nordostküste bei **Ste-Rose** dreht sich alles um Rum. Die **Domaine de Sévérin** (Tel. 00 59/(0)590-28 91 86, www.severinrhum.com, Mo–Sa 8.30–17.30 Uhr) etwa ist eine noch von einer alten Wassermühle betriebene Destillerie. Ein kleiner Zug bringt hier die Besucher zu den einzelnen Besichtigungspunkten. In der *Distillerie Reimonenq* zeigt das **Musee de Rhum** (Tel. 00 59/(0)590-28 70 04, http://musee-du-rhum.fr, Mo–Sa 9–17 Uhr) Exponate zur Rumherstellung, eine Insektensammlung und Schiffsmodelle.

Gen Süden

Auf der N 2 von Mahaut aus nach Süden kommt man nach 4 km zur malerischen dunkelsandigen **Plage Malendure**. Der Strand mit seinen vielen Dive Shops ist Treffpunkt zahlloser Unterwassersportler, die von hier dreimal täglich zu den vorgelagerten **Îlets Pigeon** gebracht werden. Der Archipel aus Inselchen und Felsbrocken ist überaus berühmt als **Réserve Jacques Cousteau**. Der französische Tiefseeforscher erklärte das 400 ha große Gebiet zum besten Tauchrevier, das er jemals erforscht habe, und Folge ist, dass heute in den Gewässern jährlich 60 000 Tauchgänge stattfinden. Jeder will das Paradies eben mal gesehen haben.

Grande-Terre

Noch mehr Betrieb herrscht in der größten Stadt Guadeloupes, **Pointe-à-Pitre** (20 000 Einw.). Besucher müssen sich zunächst durch ein Verkehrschaos zum Zentrum durchkämpfen, zur **Place de la Victoire**, so genannt zum Gedenken an den Sieg über die Briten. Viel Blut floss einstmals über den palmengesäumten Stadtplatz. Während der Französischen Revolution (1789–99) stand hier die Guillotine, mit der der Jakobiner *Victor Hugues* 4000 weiße Plantagenbesitzer hinrichten ließ, die sich der Aufhebung der Sklaverei widersetzt hatten. Heute erinnern zwischen Musikpavillon, Blumenrabatten und Springbrunnen Büsten wie die des Inselgouverneurs *Felix Eboné* an die wechselvolle Kolonialgeschichte Guadeloupes.

Südlich des Platzes liegt **La Darse**, der alte Hafen. An jener Stelle setzte 1654 der Holländer Pieter einige niederländische Familien an Land und wurde so zum Stadtgründer des nach ihm benannten Pointe-à-Pitre. Von La Darse legen heute Wassertaxen und Ausflugsschiffe zu den vorgelagerten Inseln *Marie-Galante* und *Les Saintes* ab, für die Kreuzfahrtschiffe und den Frachtverkehr gibt es eigene Terminals.

Geblieben ist das bunte Bild der Märkte, auf denen täglich außer Sonntag rund um das Hafenbecken Fisch, Obst, Gemüse sowie auf dem lebhaften **Marché Central** auch Gegenstände des täglichen Bedarfs verkauft werden. Der Markt geht nahtlos in die Hauptgeschäftsstraße **Rue Frébault** über. Hier gibt es alles zu kaufen, von Werkzeug bis zur Haute Couture. Schön ist ein Bummel durch die alten Gassen, z.B. die Rue Bébian oder Rue Sadi Carnot. In der Rue Peynier 24 lädt das **Musée Schoelcher** (Tel. 0059/(0)590-820804, Mo–Fr 9–17 Uhr) zum Besuch ein. In dem früheren Wohnhaus Schoelchers, des Kämpfers für die Sklavenbefreiung, wird auch seine Sammlung von Antiquitäten gezeigt. In einem attraktiven Kolonialbau der Rue Nozière dokumentiert das **Musée Saint-Jean Perse** (Mo–Fr 9–17, Sa 8.30–12.30 Uhr) Leben und Werk des aus Guadeloupe stammenden Schriftstellers und Literaturnobelpreisträgers *Alexis Léger* (1887–1975), der sich Saint-John Perse nannte.

Die am besten erhaltenen Kolonialbauten, viele geschmückt mit Balkonen und schmiedeeisernen Gittern, stehen nördlich der Place de la Victoire in der Rue A. Isaac. Auf dem Wege dorthin passiert man die schöne **Cathédrale St-Pierre-et-St-Paul** von 1873. Sie wird auch die ›Eiserne Kathedrale‹ genannt, weil sie wegen der zahlreichen Wirbelstürme ein starkes Stahlkorsett verpasst bekam, das nicht so recht zum neobarocken Kirchenbau und den Glasfenstern in kräftigen Farben passen will. Das moderne Gesicht der Stadt wird von Hochhäusern und einigen exzentrischen Bauten wie Rathaus, Post, Bank und Kulturzentrum geprägt.

Le Gosier und die Südküste

Der Weg von Pointe-à-Pitre in den Süden führt vorbei am **Aquarium de la Guadeloupe** (Tel. 0059/(0)590-909238, www.aquariumdelaguadeloupe.com, tgl. 9–18.30 Uhr), in dessen Becken sich Meeresbewohner wie Haie, Rochen und Muränen tummeln. Anschließend geht es zu den Ruinen des **Fort Fleur d'Epée** (tgl. 9–17 Uhr). Von der Bastion bietet sich ein exzellenter Blick auf Stadt, Hafen und die *Rivière du Sud*. Die Riviera und ihre Badeorte haben Guadeloupe ebenso berühmt gemacht wie seine Naturschönheiten. Das wichtigste Tourismuszentrum ist das 7 km entfernte **Le Gosier**, eine Kombination aus karibischem Dorf und dem schicken Hotelviertel *Pointe de la Verdure*. Die schönsten Strände findet man auf der **Îlet du Gosier**, die hier wie eine weiße Sandsichel im türkisblauen Meer vor der Küste liegt.

Noch viel schöner aber ist die palmengesäumte **Plage Caravelle** mit dem Club Med (Nichtgästen weisen die Schilder zum *Hotel Le Rotabas* den Weg zum Strand). Das 1 km entfernte Dorf **Ste-Anne** bietet gute Wassersporteinrichtungen, am hiesigen Strand sind u.a. Surfbretter und Kayaks zu mieten.

20 km weiter prunkt **St-François**, ein Ferienort aus der Retorte, mit vielfältigen touristischen Einrichtungen und Sportmöglichkeiten vom Hochseefischen bis zum Golfen. Das einst arme Fischerdorf rückte 1975 erstmals ins Rampenlicht, als sich hier Jimmy Carter, Helmut Schmidt,

Einkauf in Pointe-à-Pitre – auf dem Marché Central kann man karibischen Alltag studieren

Wie Drachenzähne ragen die Klippen des Pointe de Châteaux aus der Atlantikbrandung

James Callaghan und Giscard d'Estaing zum Gipfeltreffen einfanden. Die heutigen Gäste von St-François interessieren sich vor allem für die Bilderbuchküste östlich der **Marina**, wo sich auf 11 km attraktive Strände und verträumte Buchten aneinanderreihen. Die *Plage Anse Tarare* ganz im Osten ist übrigens der einzige FKK-Strand der Insel.

Den Schlusspunkt der Riviera bildet die nadelförmige Südostspitze der Insel, **Pointe des Châteaux**, ein dramatisches Ensemble von 40 m hohen Klippen, gegen das die ganze Wucht des Atlantiks anbrandet. Die nahe **Plage des Salines** lädt zum Baden und Picknick ein. Von der **Pointe de Colibris**, einem benachbarten 43 m hohen Felsen, blickt man nach Nordosten direkt auf die nur 11 km entfernte Insel **La Désirade** (Fähren von St-François). Sie ist bekannt für ihre attraktiven Strände und die ausgezeichneten Wassersportmöglichkeiten.

Höllentor und Flüsterstrand

Über **Le Moule**, den einzigen Atlantikhafen der Insel, geht es zur berühmten **Lagon de la Porte d'Enfer**. Das ›Höllentor‹ heißt so, weil hier die Brandung ein gewaltiges Loch in die Felsenküste geschlagen hat, duch das sich das Meer in eine stille Lagune ergießt. Den nördlichsten Punkt der Insel markiert die **Pointe de la Grande Vigie**. Vom Aussichtspunkt blickt man hinab auf die leuchtend azurfarbenen Küstengewässer. Vorbei an der wild umbrandeten *Anse Laborde* geht es dann zur verträumten *Anse Bertrand*. Für seine schönen hölzernen Kolonialbauten ist **Port-Louis** an der Westküste berühmt. Die meisten Besucher kommen aber hierher, um die herrliche weißsandige **Plage du Souffleur** zu genießen.

Marie-Galante

Die flache, fast runde Insel Marie-Galante taufte Kolumbus nach einem seiner Schiffe. Heute erreicht man sie am Besten von St-François oder Pointe-à-Pitre aus. Die Insel des Zuckerrohrs produziert Guadeloupes stärksten Rum (59 %), und die Destillerien sind neben den Stränden ihre größten Attraktionen. Nach Ankunft der Fähre im ältesten Ort **St-Louis** sollte man sich gleich auf den Weg machen, denn die Rumproben finden nur vormittags statt. In **Grand-Bourg** ist *Bielle* (Tel. 00 590/(0)590-97 93 62) die beliebteste Anlaufstelle für die Rumverkostung. In **Capesterre** vertritt *Bellevue* (Tel. 00 590/(0)590-97 26 50) das hochprozentige alkoholische Gewerbe. Anschließend sollte man sich vielleicht am schönsten Strand der Insel, der nahen **Plage de la Feuillère**, von den ›Strapazen‹ erholen. Auch die hübschen Strände Plage Moustique, Anse Canot und Anse de Vieux-Fort nördlich von St-Louis lohnen einen Besuch.

i Praktische Hinweise

Information

Comité du Tourisme, Square de la Banque 5, Pointe-à-Pitre, Tel. 00 59/(0)590-82 09 30, www.lesilesdeguadeloupe.com

Office du Tourisme de Marie-Galante, Rue du Fort, Grand Bourg de Marie-Galante, Tel. 00 59/(0)590-97 56 51, www.ot-mariegalante.com

Hotels

Amaudo Cocolo Beach, Anse à la Barque, Saint-François, Grande-Terre, Tel. 00 59/(0)590-88 87 00, www.im-caraibes.com/cocolo. Kleines hübsches Hotel im Kolonialstil mit Pool und herrlichem Küstenpanorama.

Auberge de la Vieille Tour, 5 Montauban, Le Gosier, Grande-Terre, Tel. 00 59/(0)590-84 23 23, www.accorhotels.com. Luxushotel rund um eine alte Zuckermühle. Das Restaurant *Vieille Tour* serviert kreolische Kompositionen.

La Toubana Hôtel & Spa, Fonds Thézan, Ste-Anne, Grande-Terre, Tel. 00 59/(0)590-88 25 78, www.toubana.com. Resorthotel mit Pool, Restaurant (Spezialität sind Langusten) und einem kleinem Privatstrand.

Le Diwali, Plage de Ste-Anne, Grande-Terre, Tel. 00 59/(0)590-85 39 70, www.lediwali.fr. Sehr geschmackvolles kleines Hotel mit Restaurant, 20 Min. vom Flughafen entfernt. Auch das Wassersportangebot ist sehr umfangreich.

Restaurants

La Canne à Sucre, Pointe-à-Pitre, Grande-Terre, Tel. 00 59/(0)590-90 38 83. Elegantes Restaurant mit Terrasse am Hafen. Französische Küche mit karibischem Einfluss.

La Touna, Pigeon, Bouillante, Basse-Terre, Tel. 00 59/(0)590-98 70 10, www.la-touna.com. Fisch vom Feinsten, tolle Aussicht.

Le Karacoli, Grande Anse, Impasse du Vieux Port, Deshaies, Basse-Terre, Tel. 00 59/(0)590-28 41 17. Strandlokal mit kreolischer Küche. Berühmt sind hier die Krebse *Crabe farci*.

Le Rocher de Malendure, Morne Tarare, Pigeon, Bouillante, Basse-Terre, Tel. 00 59/(0)590-98 70 84. Alles aus dem Meer von Sushi bis Hummer.

Les Quatre Épices, Gosier, Grande-Terre, Tel. 00 59/(0)590-84 76 01. Farbenfrohes Haus voller kreolischer Genüsse und großer Rumauswahl.

24 St-Barthélemy

Die High Society und moderne Kreuzfahrer tummeln sich auf der paradiesischen Insel.

Französisches Collectivité d'Outre-Mer
Größe: 21 km²
Einwohner: 7000
Hauptort: Gustavia
Sprache: Französisch
Währung: Euro (€)

230 km nordwestlich von Guadeloupe steigt St-Barthélemy aus dem karibischen Meer. Weitab vom Trubel des Massentourismus bildet **St-Barths**, wie die Insel kurz genannt wird, eine Enklave der Schönen und der Reichen.

Kolumbus fand das trockene Eiland so uninteressant, dass er nach kurzer Besichtigung gleich weitersegelte. Er taufte die Insel nach seinem Bruder *Bartolomé Colón*. 1784 überließ Ludwig XVI. St-Barthélemy den *Schweden*. Sie etablierten hier einen Freihafen, doch 1877 sahen sich die Skandinavier aus Geldmangel gezwungen, die Insel an Frankreich zurückzuverkaufen. Richtig ›en vogue‹ wurde St-Barths erst, als sich US-Bankier *David Rockefeller* an der Anse du Grand Colombier eine Ferienvilla bauen ließ. Kurz darauf kamen die Fords und die Rothschilds. Liz Taylor, Caroline von Monaco, Catherine Deneuve und andere Stars verbrachten hier ihren Urlaub. In den 22 Traumbuchten rund um die Insel sonnen sich noch heute VIPs aus aller Welt. Die Hotels und Restaurants genießen einen guten Ruf, sind teuer und heimsen fleißig Michelin-Sterne und Gault-Millaut-Hauben ein. Als Tagesausflug von einer der Nachbarinseln wird St-Barths jedoch auch für normale Urlauber erschwinglich.

Weiße Jachten ankern im Hafen der Hauptstadt **Gustavia** an der Südküste, die noch immer skandinavischen Charme ausstrahlt. Weiße Häuser mit roten Ziegeldächern und kantige graue Steinbauten bilden den Rahmen für verführerische Designer und Duty Free Shops und hübsche Cafés mit Hafenblick. Auf einem Hügel über der Stadt erhebt sich bei den spärlichen Resten des schwedischen **Fort Gustaf** ein Leuchtturm in schöner Aussichtslage.

Das wichtigste Urlaubszentrum der Insel ist das von zwei Stränden gerahmte **St-Jean** an der Nordküste. Auch der Fluglärm vom nahen Airport tut der Beliebt-

Im Hafen von Gustavia ist Platz für passionierte Segler und abgeklärte Prominentenkapitäne

heit keinen Abbruch. Hier trifft man sich in St-Barths ältestem und spektakulärsten Hotel, *Eden Rock* (www.edenrockhotel.com), flaniert durch schicke Läden oder hält Hof in flotten Bars und erstklassigen Restaurants. Vom nahen, ruhigeren *Quartier Lorient* geht es zurück an die Südküste zu den schönen Stränden **Anse de Grande Saline** und *Anse du Gouverneur* oder zum nordöstlichen **Pointe Milou** mit seinen auf den Klippen inszenierten edlen Villlen. Bald ist dann die goldsandige *Anse de Grand Cul-de-Sac* erreicht, eine dicht von Hotels gerahmte Lagune.

In dem 4 km westlich von Gustavia gelegenen Fischerdorf **Corossol** verkaufen Frauen hübsche Körbe und Hüte aus getrockneten Palmblättern. Eine faszinierende Muschelsammlung präsentiert das **Inter-Oceans Museum** (Tel. 00 59/(0)590-27 62 97, Di–Sa 9–12.30 und 14–17 Uhr).

An der Nordwestküste thront das Dorf **Flamands** über der von Palmen gerahmten *Anse des Flamands*. Per Boot oder auf 20-min. Wanderung erreicht man von hier die hinreißend schöne *Anse du Grand Colombier*.

Praktische Hinweise

Information

Comité du Tourisme, Quai Général de Gaulle, Gustavia, Tel. 00 59/(0)590-27 87 27, www.saintbarth-tourisme.com

Hotels

Hotel Guanahani & Spa, Anse de Grand Cul-de-Sac, Tel. 00 59/(0)590-27 66 60, www.leguanahani.com. De-Luxe-Cottages, z. T. mit Privatpool, außerdem zwei Gourmetrestaurants, ein Clarins-Spa und ein umfangreiches Wassersportangebot.

La Banane, Anse des Cayes, Baie de Lorient, St-Jean, Tel. 00 59/(0)590-52 03 00, www.labanane.com. 9 helle Designer-Suiten in einer Villa im Grünen, dazu zwei Pools im Garten mit Zen-Flair und ein Restaurant.

Sunset Hotel, Gustavia, Tel. 00 59/(0)590-27 77 21, www.st-barths.com/sunset-hotel. Traditionelles und preiswertes Haus mit 10 einfachen, frisch renovierten Zimmern. Terasse mit Blick auf den Hafen.

25 Martinique

Eine karibische Schönheit ist die Blumeninsel im Schatten des Vulkans Mont-Pelée mit ihren palmengesäumten Stränden, den Naturparks und üppigen Wäldern.

Französisches Département d'Outre-Mer
Größe: 1106 km²
Einwohner: 398 000
Hauptstadt: Fort-de-France
Sprache: Französisch, Kreolisch
Währung: Euro (€)

Die südlichste der französischen Antillen wird wegen ihrer reichen Flora auch Blumeninsel, *Madinina*, genannt. Sie hat wie Guadeloupe zwei Gesichter: Im gebirgigen, regenreichen **Norden** erstrecken sich rund um den Vulkan Mont-Pelée (1397 m) ausgedehnte Bergwälder mit Wasserfällen, Gebirgsbächen und wilden Canyons: Naturreservate, die zum Trekking und Bergwandern einladen. Im trockenen **Süden** befinden sich die schönsten Strände, komfortable Hotels und attraktive Ferienanlagen. Hier lassen sich alle nur denkbaren Sportarten betreiben von Parasailing über Golfen bis zu Biken und Boule-Spielen. Ungefähr in der **Mitte** der Insel, an der Westküste, liegt die quirlige Hauptstadt Fort-de-France.

Geschichte Als Kolumbus auf seiner vierten Westindienreise bei der heutigen Ortschaft Le Carbet landete, empfingen ihn kriegerische **Kariben** nicht gerade freundlich, sodass der Admiral bald wieder aufbrach. Erst im 17. Jh. unterwarfen **Franzosen** unter Chevalier Pierre Belain d'Esnambuc die Indios und zwangen sie, zusammen mit den Sklaven auf den Plantagen zu arbeiten. Binnen weniger Generationen waren die Ureinwohner ausgestorben. Sklavenhaltung war im ›*Code Noir*‹ (1685) ausdrücklich erlaubt worden und hielt sich auf Martinique fast 200 Jahre lang. Erst 1848 wurde die Sklaverei auf Initiative von *Victor Schoelcher* abgeschafft. Ab 1667 stieg Martinique zur wichtigsten Insel des französischen Kolonialreiches in der Karibik auf. Gleichwohl wurde sie noch einige Male von den **Briten** erobert. Zur Verteidigung bauten die Franzosen 1669 Fort Royal, aus dem sich die Hafenstadt Fort-de-France entwickelte. Die damalige Hauptstadt *St-Pierre* wurde durch den Ausbruch des Mont-Pelée 1902 völlig vernichtet. 1946 erhielten Martinique und Guadeloupe den Status französischer Übersee-Départements, die Bewohner wurden Staatsbürger. Doch die *Unabhängigkeitsbewegung* hat auf Martinique tiefe Wurzeln, und in Folge der hohen Arbeitslosigkeit flammt der Ruf nach Selbstständigkeit auch heute immer wieder auf.

Fort-de-France

Die Altstadt von Fort-de-France (94 000 Einw.) drängt sich auf einer Quadratmeile zwischen dem alten Hafen **Baie des Flamands** und **Fort St-Louis** im Süden sowie dem Boulevard Général-de-Gaulle im Norden. Mittelpunkt ist die schattige **Place de la Savane** mit ihren schlanken Palmen, den Bougainvillea- und Jasminsträuchern. Den Platz zieren die Denkmäler zweier bedeutender Persönlichkeiten Martiniques: das Standbild des Karibenunterwerfers *Chevalier Pierre Belain d'Esnambuc* und die (kopflose) Statue von *Kaiserin Joséphine*, der Gemahlin Napoleons I. Sie wurde am 23. Juni 1763 in Trois-Îlets geboren. An der Westseite von La Savane befinden sich Tourismusbüro, Postamt und das **Musée Départemental d'Archéologie précolombienne et de préhistoire** (Mo 13–17, Di–Fr 8–15, Sa 9–12 Uhr) mit Exponaten aus der über 2000-jährigen Geschichte der Insel. Besonders interessant sind die Ausstellungsstücke aus präkolumbischer Zeit,

Majestätisch-bedrohliches Wahrzeichen von Martinique ist der Vulkan Mont-Pelée

darunter einfache Steinwerkzeuge, Äxte, Tongefäße und Skulpturen, gefertigt von Taíno und Kariben.

An der Nordecke des Platzes steht die **Bibliothèque Schoelcher** (Mo 13–17.30, Di–Fr 8.30–17.30 und Sa 8.30–12 Uhr). Ursprünglich war der mit ägyptischen Säulen und Majolika verzierte byzantinisierende Bau von Henri Pick auf der Weltausstellung 1889 in Paris zu sehen. Die gut besuchte Bibliothek, hervorgegangen aus der Privatsammlung Schoelchers, bringt architektonisch einen zusätzlichen Hauch von Exotik in die karibische Metropole, einen Farbtupfer vor dem Grau der benachbarten *Préfecture*.

Noch weiter nördlich präsentiert das **Musée Régional d'Histoire et d'Ethnographie** (10 Boulevard Général-de-Gaulle, Mo, Mi–Fr 8.30–17, Di 14–17, Sa 8.30–12 Uhr) in den Räumen eines neoklassizistischen Palais (1887) anhand von Möbeln, Kunsthandwerk und Gebrauchsgegenständen die bürgerliche Lebenswelt des 19. Jh.

Es geht nun zurück in Richtung Hafen, zur 1978 nach alten Plänen erneuerten **Cathédrale St-Louis** mit ihrem 57 m hohen Kirchturm und den kreolischen Glasmalereien in der Apsis. Nach einem Bummel durch die Fußgängerzone **Rue de la République** und über die **Rue Victor Hugo** mit ihren zahlreichen Geschäften erkundet man die weiter nordwestlich gelegenen farbenfrohen **Märkte** (tgl. 6–17 Uhr) der Stadt, es gibt jeweils separate Märkte für Obst und Gemüse, für Fleisch und für Fisch.

Der Norden und Mont-Pelée

Fort-de-France geht nördlich nahtlos in den vornehmen, langgestreckten Ort *Schoelcher* über. Die kurvenreiche Westküstenstraße N 2 schlängelt sich von hier aus an Fischerdörfern vorbei: *Case-Pilote* mit einer sehenswerten Barockkirche aus dem 18. Jh., *Bellefontaine* mit dem hoch gelegenen Aussichtspunkt *Panorame Verrier* und **Le Carbet**, dem Landeplatz des Kolumbus im Jahre 1502. Zurück auf der N 2 gelangt man bald zur **Anse Turin** mit ihrem dunklen Strand und dem kleinen **Musée Paul Gauguin** (wegen Reno-

Orientalisch inspirierter Jugendstil prägt die Schoelcher-Bibliothek in Fort-de-France

vierung geschlossen). Es erinnert daran, dass der französische Maler 1897 einige Monate mit seinem Freund Charles Laval hier lebte. Der nächste Stopp gilt der **Habitation Latouche** (Tel. 00 596/(0)596-78 19 19, tgl. 9.30–17 Uhr) mit den eindrucksvollen Resten der im 17. und 18. Jh. angelegten, doch im Jahr 1902 zerstörten größten Zuckerrohrplantage der Insel, heute ein Kaktusgarten.

Klein-Pompeji wird **St-Pierre** heute genannt, doch einst war die blühende Hauptstadt zu Füßen des Mont-Pelée das Klein-Paris der Antillen. Bei seinem letzten Ausbruch im Jahre 1902 begrub der Vulkan binnen zwei Minuten die Stadt mitsamt ihrer 30 000 Einwohner unter Lava und Asche. Nur ein einziger Mensch überlebte die Katastrophe, der Häftling Louis Cyparis, der sich zur Zeit des Ausbruchs in einem unterirdischen Verlies befand. Über die Uferpromenade gelangt man zu den freigelegten Ruinen der Stadt. Im **Musée Volcanologique** (Tel. 00 596/(0)596-78 15 16, tgl. 9–17 Uhr) an der Rue Victor Hugo im Zentrum illustrieren Exponate wie die deformierte Kirchenglocke die Urgewalt des Vulkans. Eindrucksvoll sind auch die Überreste des 1831/32 errichteten *Theaters* gleich gegenüber. Im Süden breitet sich am Wasser das **Quartier de Figuier** aus, von den Lagerhallen des 18. Jh. blieb nichts als ein riesiges Trümmerfeld. Am Nordende der Stadt erläutert in einem exzentrischen Neubau das **Centre de Découverte des Sciences de la Terre** (http://cdst.e-monsite.com, Di–So 9–17 Uhr) mittels interaktiver Exponate Erdgeschichte und Naturkatastrophen.

Eine schmale Straße führt von St-Pierre nordwärts nach **Le Prêcheur**. In dem pittoresken Fischerdorf verbrachte Françoise de Maintenon, die spätere Gemahlin Ludwigs XIV., ihre Jugend. Beim alten Fischerdorf *Anse Belleville* gibt sich die Küste wildromantisch. Tiefschwarze Strände, bizarre Felsen und überquellende Vegetation bilden einen faszinierenden Dreiklang. Vorsicht ist beim Baden in der wilden Brandung von **Anse Céron** geboten! Vom Ende der Fahrstraße bei der bildschönen **Anse Couleuvre** führt ein 18 km langer Fußweg rund um die Nordflanke des Mont-Pelée.

Zur Ostküste

Bei Fort-de-France beginnt auch die *Route de la Trace* (N 3) , die durchs Inselinnere in Richtung Mont-Pelée und dann zur Ostküste führt. Einige Kilometer nördlich der Stadt zieht der **Jardin de Balata** (www.jardindebalata.com, tgl. 9–18 Uhr) alle Register karibischer Pflanzenpracht und bietet atemberaubende Blicke auf die 1120 m hohen **Pitons du Carbet**.

Von **Morne Rouge**, dem höchst gelegenen Ort der Insel (450 m) starten Touren zum **Mont-Pelée** (1397 m). Organisiert werden die Bergwanderungen durch das *Maison du Volcan* (Tel. 00 596/(0)596/52 45 45) im Zentrum. 2 km weiter östlich erreicht man die Straße zum Krater (Richtung *Aileron* ausgeschildert). Vom Parkplatz bei Petite-Savane dauert der Aufstieg zum Kraterrand des Mont-Pelée etwa 2 Stunden.

Reizvoll ist auch eine Wanderung in den südlich der N 3 gelegenen **Parc Naturel Régional de la Martinique** mit seinem artenreichen Regenwald. Ein dritter Ausflug führt von Ajoupa-Bouillon zu den **Gorges de la Falaise** (tgl. 9–16 Uhr, mit Führer, doch nicht bei Regen). Man läuft zweieinhalb Stunden durch das grandiose Bett des Bergflusses, duscht unter Wasserfällen und picknickt in tiefen Schluchten.

Basse-Pointe ist der Geburtsort des Schriftstellers und Politikers *Aimé Césaire* (1913–2008). Auf der N 1 geht es in angenehmer Fahrt nordwärts nach **Grand' Rivière**, dem Paradies der *Surfer*, die im Passatwind vor der Nordküste über die Wellen flitzen.

Auf der Fahrt entlang der N 1 an der Ostküste gen Süden ist bei *Ste-Marie* das **Musée du Rhum Saint-James** (Tel. 00 596/(0)596-69 30 02, tgl. 9–17 Uhr) zu besuchen, das Destillierkunst und Rumgeschichte vorstellt und zur Verkostung einlädt. Schließlich gelangt man zum Ort *Trinité*, hinter dem die hübsche Halbinsel **Presqu'Île de la Caravelle** in den Atlantik hinausreicht. Zwischen Zuckerrohrfeldern und Bambushainen öffnet sich hier eine pittoreske Szenerie, darin gebettet das einzige Dorf **Tartane**, gerahmt von herrlichen Stränden. Wanderpfade führen duch das Naturschutzgebiet auf der Halbinselspitze mit den spärlichen, aber malerischen Mauerresten des 1740 erbauten **Château Dubuc** (tgl. 8–18 Uhr). Weiter geht es auf der N 1 über *Le François* zur **Habitation Clément** (www.habitation-clement.fr, tgl. 9–17 Uhr). Die Destillerie liegt in einem üppigen Park und bietet nicht nur Rumverkostung, sondern auch Ausstellungen bunter zeitgenössischer Werke

Nachmittagslicht über der Grande Anse des Salines im Süden Martiniques

von einheimischen Künstlern. Einen reizvollen Kontrast dazu zeigt das noch vollständig möblierte Herrenhaus von 1887.

Der Süden

Von Fort-de-France führt die stark frequentierte A 1 bis nach Le Marin (s. u.) im Südosten Martiniques. Beim *Internationalen Flughafen Lamentin* biegt eine Landstraße in Richtung **Trois-Îlets** ab. Hier kann man bei der **Domaine Château Gaillard** eine Stopp einlegen. Das nette *Musée Café & Cacao* (Tel. 00 596/(0)596-48 24 40, tgl. 9–17.30 Uhr) präsentiert Informationen zur Kaffee- und Kakao-Produktion mit Verkostung. Im Anschluss laden die Helikopter von *Heli Blue* (Tel. 00 596/(0)596-66 10 80, www.heliblue.com) zu einer Spitztour über die Insel ein. Für noch mehr Nervenkitzel sorgt der nahe Abenteuer- und Vergnügungspark **Mangofil** (Tel. 00 596/(0)596-68 08 08, tgl. 9–17 Uhr, www.mangofil.eu). Auf dem Boden der Tatsachen hingegen bleibt die **Maison de la Canne** (Mo, Mi/Do 8.30–17.30, Fr/Sa 8.30–17, So 9–17 Uhr), ein interessantes Museum zur Geschichte des Zuckerrohrs und der Sklaverei.

Hinter Trois-Îlets führt eine Stichstraße ins bergige Innere und nach **La Pagerie** (Di–Fr 9–13 und 14–17.30, Sa/So 9–12.30 und 15–17 Uhr). Auf dem Landgut erblickte 1763 Joséphine (Marie-Josèphe Rose) Tascher, die spätere Gemahlin Napoleons I., das Licht der Welt. In einem Küchengebäude dokumentiert ein *Museum* die Geschichte der Kaiserin.

Ihr hätte es sicher im nördlich gelegenen **Pointe-du-Bout** gefallen, einem beliebten und trubeligen Ferienort mit Luxushotels, Restaurants, Nachtclubs, Marina, Golfplatz und Strand. Vom Hafenkai besteht Fährverbindung nach Fort-de-France, dessen Silhouette auf der anderen Seite der Bucht zu erkennen ist.

Weiter geht die Fahrt nach Süden, vorbei an dem kleinen Ferienort *Anse À L'Âne* und den hübschen Fischerdörfern *Grande Anse, Anses d'Arlets* und *Petite Anse*. Hier breiten sich feine Sandstrände aus, und das kristallklare Wasser lädt zum Baden ein. Die kurvige Straße führt als nächstes zum angenehmen Urlaubsort **Le Diamant**, benannt nach der kleinen Felseninsel **Rocher du Diamant**, die 3 km vor der Küste steil und 180 m hoch aus dem tiefblauen Meer steigt. Ihre Küstengewässer sind ein fantastisches *Tauchrevier* dank einer Vielfalt an Korallen, Schwämmen und bizarren Grotten.

Bei der Weiterfahrt zum äußersten Südzipfel Martiniques berührt man bekannte Ferienorte wie *Ste-Luce, Le Marin* und *Ste-Anne* (mit Club Med). Nach noch

Umkämpfter Felsen

Ein geologischer Rohdiamant ist der Rocher du Diamant vor der Küste Martiniques

Als es den Briten 1804 gelungen war, auf dem steilen Felsen des heutigen **Rocher du Diamant** 120 Matrosen mitsamt Kanonen und Gewehren abzusetzen, begann ein 18 Monate währendes Spiel. Tagsüber nahm die französische Küstenwache den Rocher du Diamant unter Beschuss, nachts ärgerten die Engländer vorbeifahrende französische Schiffe mit Salven aus ihren Geschützen. Da besannen sich die Franzosen auf eine List und schickten ein mit **Rumfässern** beladenes Boot in Richtung Felseninsel. Die alkoholentwöhnten Briten fingen die Fässer ein und veranstalteten ein hochprozentiges Gelage. Anschließend waren sie so betrunken, dass die Franzosen sie widerstandslos abführen konnten.

einmal 5 km erreicht man den schönsten und beliebtesten Strand der Insel: TOP TIPP **Grande Anse des Salines** ist eine kilometerweite Bucht mit weißem Sand, gesäumt von Schatten spendenden Palmen vor blauem Meer. Hier gibt es Strandbars und Restaurants, Liegestuhlverleih und Eisverkäufer. Im Hinterland lädt ein Salzsee zur Erkundung ein.

Nordöstlich der Grande Anse breitet sich die **Savane des Pétrifications** aus, sie ist bedeckt mit den bizarren Resten eines unter Lava versteinerten Waldes.

i Praktische Hinweise

Information

Comité Martiniquais du Tourisme, Immeuble Le Beaupré, Pointe de Jaham, Schoelcher, Tel. 00 596/(0)596-61 61 77, www.insel-martinique.de, www.martinique.org

Hotels

L'Anse Bleue, L'Anse Bleue, Diamant, Tel. 00 596/(0)596-76 21 91, www.hotel-anse-bleue.com. Hübsches Hotel mit Cottages und Pool in malerischer Lage.

La Pagerie, Pointe du Bout, Trois Ilets, Tel. 00 596/(0)596-66 05 30, www.hotel-lapagerie.com. Frisch renoviertes Mittelklassehaus mit 95 geräumigen Zimmern.

Le Cap Est Lagoon Resort & Spa, Le François, Tel. 00 596/(0)596-54 80 80, www.capest.com. Luxuriöse Suiten mit Privatpools an einer Lagune der Ostküste.

Residence Galion, Tartane, Presqu'île de la Caravelle, Tel. 00 596/(0)596-58 65 30, www.karibea.com. Freundliches Hotel mit geräumigen Apartments, Restaurant und Pool.

Résidence La Goëlette, Tartane, Presqu'île de la Caravelle, Tel. 00 596/(0)596-78 47 84, www.antillesexception.com. 40 gut ausgestattete familienfreundliche Juniorsuiten, große Pools.

Restaurants

Chaîne des Auberges Créoles en Martinique. Die Restaurants dieser Kette sind über die ganze Insel verteilt und bieten landestypische Küche in guter Qualität:

Le Fromager, Route de Fonds St-Denis, St-Pierre, Tel. 00 596/(0)596-78 19 07. Die Käseplatte ist ein Gedicht.

Chez Tante Arlette, 3 Rue Fossarieu, Grand'Rivière, Tel. 00 596/(0)596-55 75 75. Typisch französisch-karibische Köstlichkeiten, auch als Drei-Gänge-Menü (Di–Sa 12–16 Uhr).

La Dunette, Ste-Anne, Tel. 00 596/(0)596-76 73 90, www.ladunette.com. Preiswerte kreolische Küche. Eine Spe-zialität ist der Fleischeintopf *Colombo*.

Le Marie-Sainte, 160 rue Victor Hugo, Fort-de-France, Tel. 00 596/(0)596-63 82 24. Exzellente karibische Küche mit exotischen Gewürzen (Mo–Sa 8–16 Uhr).

British Windward Islands

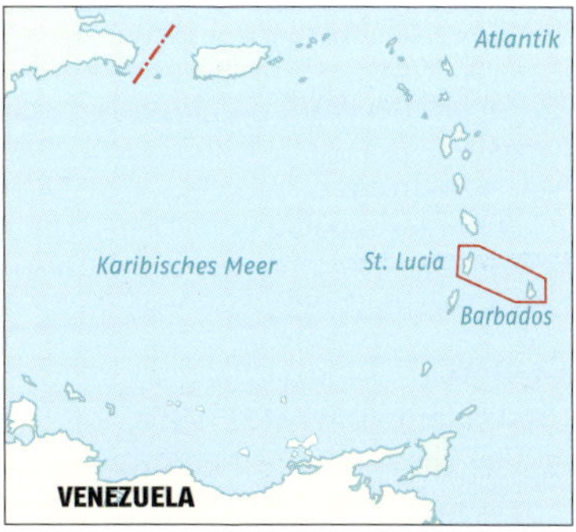

Zu der im Luv, also dem Wind zugekehrt, gelegenen Kolonie der British Windward Islands, die bis 1960 bestand, zählten Dominica, St. Lucia, St. Vincent, die Grenadinen, Grenada, Tobago und **Barbados**. Dieses Eiland gehört ebenfalls zu den Inseln über dem Wind, fällt aber durch seine Lage östlich des Inselbogens ein wenig aus der Reihe. Allen gemeinsam ist ihre britische Vergangenheit. Während die meisten Windward Islands flach sind, gibt es auch gebirgige und stark bewaldete Inseln wie **St. Lucia**, auf denen Besucher nach Herzenslust wandern und bergsteigen können. Alle Windwards und natürlich auch Barbados warten mit vorzüglichen Sandstränden und einer farbenprächtigen Unterwasserwelt auf. Außerdem gehören die Gewässer dieses zentralen Teils der Kleinen Antillen zu den beliebtesten Segel- und Jachtrevieren der Welt.

26 St. Lucia

Wanderungen, Vulkanbesichtigung, Jungle Biking, Jazz und – Erholung an makellosen Sandstränden.

Parlamentarische Monarchie, Mitglied des British Commonwealth
Größe: 620 km^2
Einwohner: 172 000
Hauptstadt: Castries
Sprachen: Englisch, Patois
Währung: Ostkaribischer Dollar (EC $)

Für viele Reisende ist St. Lucia eine der schönsten und abwechslungsreichsten Inseln der Karibik. Sie bietet alles, was man von einem Tropenparadies erwartet. Reiche Vegetation vom Bergregenwald bis zu blumenübersäten Gärten, schöne Badestrände in allen Farbnuancen von Weiß bis Schwarz, glasklare Schnorchel- und Tauchreviere, malerische Fischerdörfer und bizarre Vulkanszenerien. Dazu kommen bunte Märkte in der Inselhauptstadt Castries sowie viel Musik von Calyp-

Der messerscharfe Zickzack von Petit Piton und Gros Piton hinter der Stadt Soufrière

so bis zu Jazz – im Mai findet das renommierte **Saint Lucia Jazz & Arts Festival** (http://stluciajazz.org) statt. Natürlich fehlt es auch nicht an komfortablen Hotelanlagen in Bilderbuchlage und ausgezeichneten Restaurants mit kreolischer, französischer oder asiatischer Küche. Skipper schätzen die Jachthäfen St. Lucias als Startbasen für Segeltörns durch die wunderschöne Inselwelt der Grenadinen.

Geschichte Kolumbus hat die damals von kriegerischen Kariben bewohnte Insel *Hewanorra* nie betreten. Als möglicher europäischer Entdecker gilt der Spanier *Juan de la Cosa*, der Kolumbus bei seiner ersten Reise begleitete. Im Gegensatz zu Kolumbus segelte Juan de la Cosa bei seinen nächsten Expeditionsfahrten in südlicher Richtung. Dabei entdeckte und kartographierte er die Inseln der südlichen Karibik und die Nordküste Südamerikas. Ab 1550 kamen die ersten französischen und britischen Siedler, die jedoch von den Kariben massakriert wurden. Dann entdeckten Freibeuter wie der Franzose François de Clerc das vorgelagerte *Pigeon Island* und bauten es zur Piratenfestung aus. In der zweiten Hälfte des 17. Jh. begann die eigentliche Phase der Kolonialisierung, wobei **Frankreich** und **England** in Dauerfehde lagen. In dieser Zeit wechselte St. Lucia an die 20 Mal den Besitzer, bis die Insel im Vertrag von Paris 1814 endgültig den Engländern zugesprochen wurde. 1967 erhielt sie den Status eines mit England assoziierten Staates, seit 1979 ist St. Lucia unabhängig. Seit dem Niedergang zunächst der Zuckerrohrproduktion, dann des Bananenexports ist das wichtigste wirtschaftliche Standbein der Insel der **Tourismus**. Im kleinen St. Lucia wurden übrigens zwei **Nobelpreisträger** geboren: der Wirtschaftswissenschaftler Sir William Arthur Lewis (1915–91) und der Schriftsteller Derek Walcott (* 1930).

Castries

Die Hauptstadt von St. Lucia, Castries (40 000 Einw.), im Nordwesten am Port Castries gelegen, hat aufgrund verheerender Brände 1796 und 1948 heute nur noch wenige historische Sehenswürdigkeiten zu bieten. Folglich wird das Stadtbild von nüchterner moderner Architektur geprägt.

Am **Derek Walcott Square** (benannt nach dem aus Castries stammenden Literaturnobelpreisträger von 1992) steht die imposante, original erhaltene **Cathedral of the Immaculate Conception** (1894–97). Das Innere der Kirche weist reiche Holzschnitzereien auf und an Decken und Wänden bunte Malereien mit Darstellungen von Heiligen und Aposteln.

Weitere Beispiele schöner Kolonialarchitektur hat die südlich der Kirche verlaufende *Brazil Street* aufzuweisen. Ein Einkaufsbummel führt über die *Jeremie Street*, zunächst zum großen, kunterbunten **Central Market** (Mo–Sa 9–17 Uhr). Hier und in der nahen *Vendor's Arcade* wird auch eine Fülle von Souvenirs angeboten. Zahlreiche Duty Free Shops sind bei der früheren Werft **La Place Carenage** am Hafen versammelt. Die Piers für Kreuzfahrtschiffe liegen an der **Vigie Peninsula** im Nordteil des Hafens. Die Passagiere strömen von Bord gleich ins größte Duty Free Shopping Center der Insel, **Point Seraphine**. Die Vigie-Halbinsel war die erste Keimzelle von Castries und lange eine heiß umkämpfte Festung.

Südlich des Zentrums wurde 1895 an der Flanke des **Morne Fortune** (225 m) das **Government House** im würdigen viktorianischen Stil errichtet, der Sitz des Generalgouverneurs. Hier beleuchtet das *Le Pavillion Royal Museum* (Tel. 758-452-24 81, Di, Do 10–12 und 14–16 Uhr nach Voranmeldung) die Geschichte der Insel. Auf dem Morne Fortune sieht man Reste des **Fort Charlotte** (18. Jh.) und genießt den Ausblick auf Castries.

An den Pforten zu Dolittle's Paradies – palmenumflorter Blick auf den Strand von Marigot Bay

Rodney Bay und der Norden

Vom britischen Admiral George B. Rodney, der im 18. Jh. lebte, hat die Rodney Bay ihren Namen, heute ist sie ein hoch entwickeltes Tourismuszentrum. Highlights sind der geschützte Jachthafen **Rodney Bay Marina** (800 Liegeplätze) und der **Reduit Beach** auf der Landzunge davor. Er gilt als der schönste Strand der Insel, ist daher mit entsprechend vielen Bars, Restaurants und Hotels ausgestattet und meist überlaufen. Nördlich des Hafenkanals liegt das Fischerdorf **Gros Islet**, es hat durch den Freitagnacht stattfindenden *Jump Up* Berühmtheit erlangt, einer lustigen Straßenparty mit Musik, Snacks und jeder Menge flüssiger Genüsse.

Idyllischer geht es da schon im **Pigeon Island National Landmark** (Tel. 758-452 50 05, tgl. 9–17 Uhr) zu. Ein Damm, auf dem das luxuriöse *Sandals Grande St. Lucian* mit Lagunensuiten und Strand›hütten‹ liegt, verbindet St. Lucia mit diesem Erholungsgebiet. Es bietet schöne Strände, Wanderwege, Picknickplätze und eine Konzertbühne. Reste von alten Befestigungsanlagen und Kasernen bilden die Kulisse. Wer den *Signal Peak*, erklimmt, genießt herrliche Panoramablicke.

Westküste: Pitons und La Soufrière

Von Castries geht es an der Westküste entlang nach Süden. Die malerische, von Palmen und Mangroven gesäumte **Marigot Bay** verfügt mit ihrer geschützten Lagune über den idealen Jachthafen. Als Kulisse für den Hollywoodfilm ›Doctor Dolittle‹ (1963) betrat das verschlafene Fischerdorf mit seinem schönen Strand erstmals die Weltbühne, doch lange existierte hier nur eine Handvoll kleiner Hotels und Strandcafés. Inzwischen gibt es das große Hotelresort *Discovery* (www.discoverystlucia.com) und das *Marina Village* mit allem, was Segler brauchen. Den schönsten Platz zum Baden und Faulenzen besitzt das *Marigot Beach Club & Dive Resort*, und dessen Restaurant Dolittle's sorgt für das leibliche Wohl.

TOP TIPP

Ursprünglicher geblieben ist das südlich benachbarte Fischerdorf **Anse la Raye**. An Freitagabenden findet hier der rustikale *Fish Fry* mit Meerestieren vom Grill und Livemusik statt.

Ebenfalls als Filmkulisse bewährt (z. B. Superman II) ist der älteste Ort St. Lucias (gegr. 1746), das weiter südlich gelegene **Soufrière**. Die hübsche Stadt liegt an einer tiefen Bucht vor dem Hügelland

Teil eines gigantischen kollabierten Vulkans – die dampfenden Fumarolen von La Soufrière

des Regenwaldes. Ein Spaziergang führt vom Hafen vorbei an den Kolonialbauten um den Town Square zu den **Diamond Botanical Gardens** (www.diamondst lucia.com, Mo–Sa 10–17, So 10–15 Uhr) auf einer ehemaligen Zuckerrohrplantage von 1713. Faszinierend ist vor allem der in üppiges Grün gebettete **Diamond Waterfall**. Nahe Soufrière locken Strände wie *Anse Chastanet* (Tauchen und Schnorcheln), *Anse Manin* (Ausgangspunkt für Jungle Biking, www.bikestlucia.com) und *Anse de Pitons*, letztere mit schönem Blick auf die weltberühmten Pitons, die Wahrzeichen von St. Lucia.

TOP TIPP Die beiden zuckerhutartigen Vulkankegel **Petit Piton** (743 m) und **Gros Piton** (770 m) erheben sich nur 5 km voneinander entfernt aus dem Meer und sind durch den *Piton Mitan ridge* miteinander verbunden. Als Pitons Management Area wurden sie 2004 zusammen mit den Korallenriffen ihrer Küstengewässer und den La Soufrière Sulphur Springs zum UNESCO Weltnaturerbe erklärt. Wer in diese einzigartige Naturkulisse eintauchen und den Gros Piton erklimmen möchte, nimmt an einer geführten Tour (Gros Piton Tour Guides Association, Tel. 758-489-0136) teil.

Die **La Soufrière Sulphur Springs**, fälschlicherweise als einziger befahrbarer Vulkan der Welt angepriesen, ist in Wirklichkeit eine Caldera, der eingebrochene Teil eines riesigen Vulkans, der 7 km^2 umfasst. Im Bereich der Solfatare schaut man von Aussichtsplattformen auf die brodelnden, zischenden und nach Schwefel riechenden Fumarolen. Das aus den Quellen fließende Wasser ist neben dem Eingangsgebäude auf 38 °C abgekühlt und in Badebecken gefasst, in denen sich die Besucher auch mit heilsamen Schlamm einreiben können.

Im Süden und an der Ostküste

Naturfreunde wird es noch tiefer in den Dschungel und Regenwald ziehen, der weite Teile des Inselinneren bedeckt und als **St. Lucia Central Forest Reserve** geschützt ist. Die hiesigen Pfade waren in alten Zeiten Transportwege, heute können Besucher sie im Rahmen geführter Touren (Forest & Lands Department, Tel. 758-450-2231, Jungle Tours, Tel. 758-715-3438, www.jungletoursstlucia.com) erkunden und die vielgestaltige Topographie der Insel, ihre reiche Flora und Fauna kennen lernen.

Auch der Süden St. Lucias präsentiert sich als faszinierendes Landschaftsbild. Die Berghäupter blicken herab auf Küsten-

Gold und Edelsteine – den Diamond Waterfall von Soufrière lieben nicht nur Juweliere

St. Lucia Jazz & Arts Festival – 2013 waren hier R. Kelly, The Jacksons und Akon zu Gast

dörfer wie das Kunsthandwerkszentrum **Choiseul** und das Fischerdorf **Laborie**. Zwischen beiden Orten liegt die **Balenbouche Estate** (www.balenbouche.com), eine Plantage des 18. Jh. und heute ein nettes Hotel, gerahmt von pittoresken Ruinen. An der eher flachen Südspitze der Insel befindet sich ihre zweitgrößte Stadt, **Vieux Fort** mit dem *Hewanorra International Airport*. Lohnend ist ein Ausflug zum *Moule à Chique Lighthouse* auf dem äußersten Inselzipfel. Von hier bieten sich herrliche Panoramablicke.

Vor der *Anse de Sable*, dem nahen Surferstrand an der Südostküste, liegt **Maria Islands Nature Reserve**. Die zwei Inseln sind Brutstätten vieler Seevögel. Auch die dem Atlantik zugewandte, rauere Ostküste bietet unvergessliche Naturerlebnisse. Die **Fregate Islands Nature Reserve** bei *Praslin* lädt zur Beobachtung von Fregattvögeln ein, der **Eastern Nature Trail** etwas weiter nördlich macht außerdem mit der Flora der Region bekannt. Nahe *Dennery* produziert der **Treetop Adventure Park** jede Menge Adrenalin beim Ziplining, einem ›Flug‹ an Stahlseilen, oder beim Spaziergang auf Plankenwegen durch die Baumkronen des Regenwaldes. Nördlich davon führen unbefestigte Pisten zur **Grande Anse Bay** mit ihrem hohen Wellengang. Im Rahmen nächtlicher Exkursionen (Heritage Tours, Tel. 758-451-60 58, www.heritage toursstlucia.org, Ende März–Ende Aug.) sind hier urtümliche *Lederschildkröten* bei der Eiablage an einem noch unberührten Strand zu beobachten.

i Praktische Hinweise

Information

St. Lucia Tourist Board, Pointe Seraphine Duty Free Shopping, Castries, Tel. 758-452-75 77, Sureline Building, Vide Boutielle, Castries, Tel. 758-452-40 94, www.stlucia.org

Hotels

Bay Gardens Beach Resort, Rodney Bay, Tel. 758-457-85 00, www.baygardensbeach resort.com. 75 komfortable und geräumige Zimmer mit großen Balkonen und Küchen, Pool, Spa und breitem Sportangebot am weitläufigen Sandstrand.

Fond Doux Holiday Plantation, Soufrière, Tel. 758-459-75 45, www.fonddouxestate.com. 11 Cottages im französischen Kolonialstil auf einer Kakaoplantage.

Hummingbird Beach Resort, Soufrière, Tel. 758-459-79 85, www.istlucia.co.uk. Familiäres Hotel mit Restaurant, Pool, Bar – und Traumblick auf die Pitons.

TOP TIPP **Jade Mountain**, Soufrière, Tel. 758-459-40 00, www.jademountain.com. Luxus pur in ›Sanctuaries‹ mit privaten Infinity-Pools und den Pitons als Kulisse. Butlerservice, Sportangebot und Gourmetrestaurant mit organisch erzeugten Zutaten aus der nahen Plantage.

27 Barbados

Das traditionsbewusste ›Klein-England‹ ist landschaftlich ausgesprochen abwechslungsreich, und feine Badestrände verführen zu ganz unbritischem Dolce vita.

Parlamentarische Demokratie, Mitglied des British Commonwealth
Größe: 431 km²
Einwohner: 285 000
Hauptstadt: Bridgetown
Sprache: Englisch, Bajan
Währung: Barbados Dollar (BDS $)

Mehr als 300 Jahre britische Kolonialgeschichte haben das Bild der östlichsten der Kleinen Antillen geprägt – vom Gerangel der europäischen Mächte blieb Barbados verschont. Orte wie Cambridge, Oxford oder Holetown erinnern an die koloniale Vergangenheit, die Autos fahren links, und die Inselbewohner, die **Bajans**, sprechen ein distinguiertes Englisch. Rund um die Metropole Bridgetown findet man Bridge und Bobbies, Cricket, Golf und Polo, Fish and Chips und Five-o'clock-tea. Die Architektur ist genauso britisch wie das Leben in den vornehmen Hotels, auch wenn das Dinner Jacket zum Abendessen nicht mehr in allen Häusern Vorschrift ist. In der Gegenrichtung erobert die 1988 auf Barbados geborene Sängerin Rihanna seit 2005 den britischen (und weltweiten) Musikmarkt.

Geschichte Auf allen vier Entdeckungsfahrten segelte Kolumbus an der unbewohnten, von dichtem Dschungel überwucherten Insel vorbei. Auch der portugiesische Kapitän *Pedro a Campo*, der 1536 die **Isla de los Barbados** (benannt nach den bartartigen Luftwurzeln der Feigenbäume) als erster Europäer betrat, war nicht sonderlich begeistert. Erst als der Engländer *John Powell* 1625 den Union Jack auf dem länglichen Kalkplateau hisste, trat die Insel ins Licht der Geschichte, zunächst mit Zuckerrohrplantagen und als Rumproduzent, später als unbeschwerte ›Island in the sun‹.

1639 erhielt Barbados sein erstes *Parlament*. Es ist stolz darauf, drittälteste Demokratie der Englisch sprechenden Welt zu sein. Das hinderte die Kolonialherren jedoch nicht daran, fast 200 Jahre lang schwarze Sklaven auf den Plantagen für sich arbeiten zu lassen. Erst 1834 wurden die Sklaven der Insel in die Freiheit entlassen. Seit dem 30. November 1966 ist Barbados unabhängig, gehört aber zum Commonwealth. Heute besitzt das Eiland die beste touristische Infrastruktur in der gesamten Karibik.

Bridgetown

Die ›Stadt an der Brücke‹ über den Constitution River wurde 1648 unter dem Earl of Carlisle gegründet. Vorher befand sich an dieser Stelle schon ein kleiner Flusshafen. Der Rundgang durch die Hauptstadt (96 000 Einw.) beginnt am TOP TIPP trichterförmigen Hafen **Careenage**. Wo früher Fracht- und Segelschiffe ankerten, liegen heute Fischerboote und schicke Jachten. Über die Chamberlain Bridge gelangt man zum **National Heroes Square** (früher Trafalgar Square), dem Zentrum der City mit dem *Admiral-Nelson-Denkmal* von 1815. Der Platz wird dominiert von den **Parliament Buildings** (zugänglich während der Debatten), die ab 1870 im neogotischen Stil errichtet wurden. Durch die St. Michael's Row gen Osten geht es zur nahen **St. Michael's Cathedral** (tgl. 9–16 Uhr), die 1665–1786 erbaut wurde. Ihr tonnengewölbtes Inneres ist mit schönem Holzschnitzwerk geschmückt. Enge Altstadtgassen münden weiter nördlich in die Lucas Street mit den **Hartford Chambers**. Der Sitz der Staatsanwaltschaft gilt als das älteste Gebäude der Stadt. Weiter geradeaus gelangt man in die Coleridge Street und dann rechterhand zur **Synagoge** (1654 errichtet, 1833 erneuert, Mo–Fr 9–12 und 13–16 Uhr) mit weiß-rosa Fassade. Der Bau erinnert daran, dass jüdische Siedler schon in der Frühzeit der Kolonialisierung auf Barbados heimisch wurden.

Einige schöne Exemplare der Kolonialarchitektur finden sich auch in der traditi-

An der Careenage von Bridgetown treffen Tradition und Moderne hart aufeinander

onellen Einkaufsstraße **Broad Street**, die heute von Duty Free Shops, Boutiquen und Restaurants gesäumt wird. Vorbei an der **St. Mary's Church** (18. Jh.) schlendert man dann zum **Cheapside Market** und schließlich über die Temple Street Richtung Hafen und *Temple Yard*, wo Rastas ihre handgearbeiteten Souvenirs verkaufen. Der Princess Alice Highway führt nach Westen zum *Pelican Village*, einem attraktiven Shopping Center.

Südwestlich des Zentrums wurde einer der vielen Verteidigungsposten der Insel errichtet. Um **St. Ann's Fort** (1705) entstand bald das Hauptquartier der britischen Truppen in der Karibik, ein architektonisch attraktiver Kasernenkomplex rund um den Exzerzierplatz **Garrison Savannah**, heute Rennbahn, Sportplatz und Park. Im einstigen Militärgefängnis präsentiert das **Barbados Museum** (Tel. 246-427-02 01, Mo–Sa 9–17, So 14–18 Uhr) seine umfangreichen natur- und kulturhistorischen Sammlungen. Ausgestellt sind Tonwaren der Indios, alte Karten und Stiche, Wohndesign einer Plantage des 18. Jh., Kunsthandwerk und Gebrauchsgegenstände aller Art, aber auch Puppen und Spielzeug in der beliebten *Children's Gallery*. In die Kunst und Geschichte einer fernen Heimat führt die *Afrika-Galerie*.

Die Südküste

An den Stränden südöstlich von Bridgetown feierte der Tourismus auf Barbados seine ersten Erfolge. Heute können die trubeligen Orte mit ihrem z.T. verblichenen Charme an Attraktivität aber nicht mit den paradiesischen Resorts konkurrieren, die sich an der Westküste etabliert haben. Auf dem Highway 7 nach Süden erreicht man zunächst den ältesten Urlaubsort, **Hastings**, mit seinen betagten Grand Hotels, dann **Rockley's** mit dem herrlichen, doch häufig überlaufenen *Accra Beach*. Schöne Strände locken auch ins einst elegante **Worthing** und in die quirligen Touristenhochburgen **St. Lawrence Gap** und **Dover**. Hauptort der Südküste ist **Oistins**. Hier locken der Fischmarkt und die guten Seafood-Stände von *The Bay Garden*. Freitags und samstags trifft man sich hier zur ungezwungenen Party (*Fish Fry* genannt). Weniger Trubel herrscht am volkstümlichen *Miami Beach*, am *Silver Sand*, dem Windsurfer-Dorado, und am *Long Beach*, dem längsten Inselstrand.

Karibische Träume – Surfer an der Westküste

Die Westküste

Der Highway 1 führt von Bridgetown an der *Platinküste* entlang nach Norden. Hier, am Karibischen Meer, liegen die malerischsten, von Palmen gesäumten Strände, Fresh Water Bay mit Paradise Beach, Bats Rock Bay, Prospect Beach, Paynes Bay und die gloriose **Sandy Lane Bay**. Ihre Kulisse bilden die schönsten Hotelanlagen, versteckt hinter Mauern und gebettet in opulente Gärten.

Hauptort der Region ist **Holetown**, wo 1625 die ersten Siedler an Land gingen. Neben den Shopping Malls ist die hübsche *St. James Parish Church* (1628) einen Besuch wert. Vor der Küste lädt der *Folkstone Marine Park* zu spannenden Tieftauchgängen ein.

Nach einem Bad am Strand von *Mullins Bay* geht es weiter nach **Speightstown** mit seiner neuen Marina Port St. Charles und der restaurierten Esplanade. Aus der Kolonialzeit sind einige Gebäude an der Queen's Street erhalten, darunter Arlington House. Kunst und Kunsthandwerk der Gegenwart präsentiert die *Gallery of Caribbean Art* (www.artgallerycaribbean.com, Mo–Fr 9.30–16.30, Sa 9.30–14 Uhr).

Im Zentrum und im Norden

Vom Reichtum der Zuckerrohrplantagen zeugen im Inneren der Insel Herrenhäuser wie das französisch beinflusste **Francia Plantation House** von 1913. Es steht östlich von Paynes Bay und beherbergt eine Privatschule. Vom Wachtturm der nahen **Gun Hill Signal Station** (1818, Mo–Sa 9–17 Uhr) blickt man weit über Land und Meer.

Weiter nördlich gelangt man zu **Harrison's Cave** (tgl. 8.45–15.45 Uhr). Für die Tour durch das Labyrinth der 1970 entdeckten Tropfsteinhöhle steht eine

Barbados – Spaß, Kultur und Abenteuer

Unvergessliche Unterwasser-Erlebnisse bietet die Fahrt mit dem ›**Atlantis Submarine**‹ (Tel. 246-436-8929, http://barbados.atlantissubmarines.com, tgl. 9–19 Uhr,). Per Boot geht es von Bridgetown Harbour zunächst zum U-Boot und dann hinab in die Welt der Korallenriffe. In bis zu 45 m Tiefe sieht der Passagier exotische Fische, bizarre Korallen und Wracks von Schiffen, die einst vor der Küste gesunken sind .

In einem Hangar neben dem Internationalen Flughafen bietet die **Barbados Concorde Experience** (Tel. 246-420-7738, www.barbadosconcorde.com) die Gelegenheit, durch ein Überschallflugzeug zu spazieren. Es war 1984-91 von British Airways auf der Strecke London-Barbados eingesetzt worden.

Der Barbados National Trust (Tel. 246-426-2421, http://www.barbadosnational trust.org) offeriert im Rahmen seines Open Houses Programme die Möglichkeit, auf **Heritage Tours** (Jan–März) historische Gebäude zu besichtigen. Darunter sind Pollard's Mill, eine Zuckerrohrplantage aus dem Jahr 1722, und das Government House, seit 1703 die Residenz des britischen Gouverneurs.

TOP TIPP Von Mitte Mai bis Anfang August steht ganz Barbados im Zeichen des **Crop Over Festival** (www.barbadoscropoverfestival.com). Die traditionelle Feier zum Ende der Zuckerrohrernte lässt sich bis 1780 zurückverfolgen und bietet heute Anlass zu einer ausgedehnten Party mit Straßenparaden, Konzerten und Band- und Designerwettbewerben. Eines der Highlights ist die Wahl des **Pic-O-De-Crop Monarchs**, des Calypso Königs, die im National Stadium gefeiert wird. Das größte Spektakel ist natürlich das Finale, die **Grand Kadooment** genannte Karnevalsparade durch die Straßen von Bridgetown – mit Calypso Bands und kostümierten Tanzgruppen, die um den begehrten Designer Preis konkurrieren. Das Spektakel mündet in einer ausgelassenen Party in Spring Garden.

Plantschbecken und Sandkasten – die idyllische Bottom Bay an der Südküste von Barbados

Elektrotram zur Verfügung. Dramatische Naturkulissen bietet der **Welchman Hall Gully** (tgl. 9–16.30 Uhr), eine tiefe Schlucht mit geologisch ungewöhnlichen Steinformationen und einem Dschungel von Zitrus- und Gewürzbäumen.

Ein beliebtes Ausflugsziel unweit der Nordostküste ist die **Barbados Wildlife Reserve** (tgl. 10–17 Uhr), ein Tierpark mit frei herumspringenden Affen. Spektakuläre Aussichten genießt man vom **Farley Hill National Park** (tgl. 8–17 Uhr), wo mitten im Grünen die Ruinen eines Herrenhauses von 1857 prangen. Nächster Stopp ist die **Morgan Lewis Sugar Mill** (in der Erntezeit Mo–Sa 9–17 Uhr), eine der einst über 500 Mühlen, in denen Zuckerrohr ausgepresst wurde. Nach einem Blick auf die Atlantikküste vom *Cherry Tree Hill* besichtigt man das Herrenhaus **St. Nicholas Abbey** (So–Fr 10–15.30 Uhr) von 1650 mit seinem stilvollen Inventar. Filmaufnahmen von 1934 dokumentieren das Leben auf der Zuckerrohrplantage. Dann geht es zum **North Point** mit seinen einsamen Buchten und zu Unterwassertropfsteinhöhlen wie der *Animal Flower Cave*, einem Taucherparadies.

Die Ostküste

Der Rückweg führt entlang der wilden Atlantikküste mit ihren eindrucksvollen Steilklippen. Beim pittoresken Ort **Bathsheba** mit seinem beliebten Surferstrand stehen vor der Küste riesige Felsbrocken in der Brandung. Unweit der *Tent Bay* laden die herrlichen **Andromeda Botanical Gardens** (tgl. 9–17 Uhr) zu einem Streifzug durch die üppig blühende Natur mit Blick auf den ungestümen Ozean ein. Im Hinterland genießt man das Panorama vom oberen Rand des **Hackleton's Cliff**, einem schroffen Geländeabbruch inmitten opulenter Naturschöpfungen. Menschenwerk hingegen ist die elegante **St. John's Parish Church** (tgl. 9–17 Uhr) von 1650 (1836 erneuert). Sie birgt eine meisterlich geschnitzte Kanzel und eine Marienstatue von Richard Westmacott.

i Praktische Hinweise

Information

Barbados Tourism Authority, Harbour Road, Bridgetown, Tel. 246-427-26 23, www.visitbarbados.org

Hotels

The Fairmont Royal Pavilion, Porters, St. James, Tel. 246-422-55 55, www.fairmont.com/royalpavilion. Luxusstrandhotel im mediterranen Stil mit Restaurants, Pool und Sportangebot.

Little Arches, Miami Beach, Christ Church, Tel. 246-420-46 89, www.littlearches.com. Hübsches kleines Boutiquehotel mit Strandblick, Pool auf der Dachterrasse und Restaurant. Nur für Erwachsene.

Sandy Lane, Sandy Lane Bay, St. James, Tel. 246-444-20 00, www.sandylane.com. Die Bentleys gehören ebenso zum Hotel wie der renommierte 18-Loch-Golfplatz, ferner Spa, Fitness Center, vier Restaurants, Treehouse Club für die Kleinen etc.

St. Vincent, die Grenadinen und Grenada

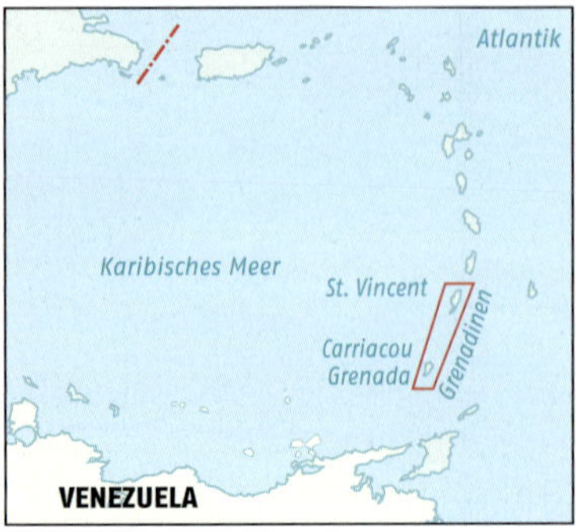

Makellose Sandstrände, kristallklares Wasser in allen Blau- und Grüntönen, farbenprächtige Korallenriffe und Palmen, die sich aus dem Meer der Bougainvilleabüsche erheben, das ist die Welt der **Grenadinen**. Unter dieser Bezeichnung fasst man den Archipel aus Dutzenden kleiner und kleinster Inseln zusammen, der sich zwischen **St. Vincent** und **Grenada** über eine Distanz von 160 km erstreckt. Die nördlichen Inseln Bequia, Petit Nevis, Battowia, Baliceaux, Isle à Quatre, Mustique, Petit Mustique, Savan Islands, Canouan, Mayreau, Tobago Cays, Palm Island, Union Island und Petit St. Vincent gehören politisch zu St. Vincent. Carriacou, Petite Martinique, Saline, Frigate, Large, Diamond, Caille, Ronde Islands sowie Les Tantes und Bird Island werden zu Grenada gerechnet.

Viele der kleinen, meist flachen Koralleninseln sind unbewohnt, sodass sich mancher Besucher hier wie Robinson Crusoe fühlt. Ringförmige Korallenriffe umgeben schützend die Atolle, und in den flachen Lagunen wimmelt es von tropischen Fischen. Taucher sind in dieser faszinierenden **Unterwasserwelt** ganz in ihrem Element. Auf einem mehrtägigen **Segeltörn** kann man den Inselbogen am besten kennen lernen. Im Hafen von **Kingstown**, St. Vincent, und in **Clifton** auf Union Island liegen Dutzende von Jachten und Katamarane in allen Größen und Preisklassen vor Anker. Sie warten nur darauf, gechartert zu werden, tage- oder wochenweise, mit oder ohne Crew.

28 St. Vincent

Eingefasst von schwarzsandigen Stränden, überragt vom mächtigen Vulkan, mit grünem Dschungel überzogen, trägt das Eiland den Beinamen ›Smaragdinsel‹ mit Recht.

Konstitutionelle Monarchie, als St. Vincent and the Grenadines Mitglied des British Commonwealth
Größe: 388 km^2, einschließlich der 32 Grenadinen-Inseln
Einwohner: 120 000
Hauptstadt: Kingstown
Sprache: Englisch
Währung: Ostkaribischer Dollar (EC $)

›Saint Vincent, Land so Beautiful‹, so singen die Einwohner der Vulkaninsel ihre Nationalhymne am 22. Januar. Es ist der Tag des hl. Vinzenz, des Schutzpatrons der Insel, und zugleich der Nationalfeiertag *Discovery Day*, der mit Frohsinn und Ausgelassenheit, mit Steel Bands und Gospel, mit Rum und Speisen gefeiert wird. Vor Kolumbus hieß die Insel *Hairoun*, ›gepriesenes Land‹, oder *Qouroumei*, ›Land der schönen Regenbögen‹.

Tiefschwarz wie der Vulkan La Soufrière glänzen auch die Petroglyphen im dichten Grün des Regenwaldes, geheimnisvoll geritzte Kultsteine aus der Zeit der Taíno. Schwarz sind auch die Strände, auf denen Kräuselwellen ausrollen, perlend wie Krimsekt auf samtenem Kaviar, schwarz wie die Gesichter der **Black Caribs** (auch *Garifuna people*), in deren Adern indianisches und afrikanisches Blut fließt. Die 27 km lange und 17 km breite gebirgige Insel St. Vincent ist das dunkle Tor in die strahlend helle Welt der Grenadinen, 388 km^2 Karibik pur.

Geschichte Nachdem 4000 Jahre lang verschiedene Indiostämme die fruchtbare Insel besiedelt hatten, erschien 1498 Kolumbus vor St. Vincent und versuchte, das Eiland zu erobern. Er scheiterte jedoch am heftigen Widerstand der streitbaren **Kariben**. 1675 geriet ein holländisches Schiff mit Siedlern und Sklaven

Moderne Zweckbauten prägen St. Vincents Haupt- und Hafenstadt Kingstown

an Bord bei St. Vincent in Seenot und sank. Einige der Schwarzen konnten sich auf die Insel retten und vermischten sich mit der indianischen Urbevölkerung. Ihre Nachfahren gingen als Black Caribs in die Geschichte ein.

Ab 1722 begannen die **Briten**, St. Vincent zu kolonialisieren, doch kamen ihnen die Franzosen ins Gehege, die ihrerseits Interesse für die Insel zeigten. Erst im *Vertrag von Versailles* 1783 wurde St. Vincent endgültig britische Kronkolonie. Damals lebte noch eine beträchtliche Anzahl von Kariben auf der Insel, die sich 1795 mit Unterstützung der Franzosen gegen die neuen englischen Herren auflehnten. Nach der blutigen ›Befriedung‹ wurden die meisten der überlebenden Kariben auf die heute zu Honduras gehörende Insel Roatán deportiert. Im 19. Jh. kamen portugiesische und indische Siedler. Sie sorgten für weiteren kosmopolitischen Einfluss. Seit 1979 bildet St. Vincent zusammen mit den Grenadinen einen unabhängigen Staat im British Commonwealth.

Kingstown

Die Hauptstadt Kingstown (20 000 Einw.) liegt in einer geschützten Bucht rund um den einzigen Tiefseehafen von St. Vincent und gerahmt von grünen Bergrücken. Die Bibliothek und zwei Kathedralen sind die markantesten Bauwerke im Stadtbild. Da ist einmal die **St. George's Anglican Cathedral** an der North River Road in der Nähe des Hafens, 1820 im georgianischen Stil erbaut. Und da ist schräg gegenüber

Luftige Masche – die virtuose Fassade von St. Mary's erinnert an Venedigs Paläste

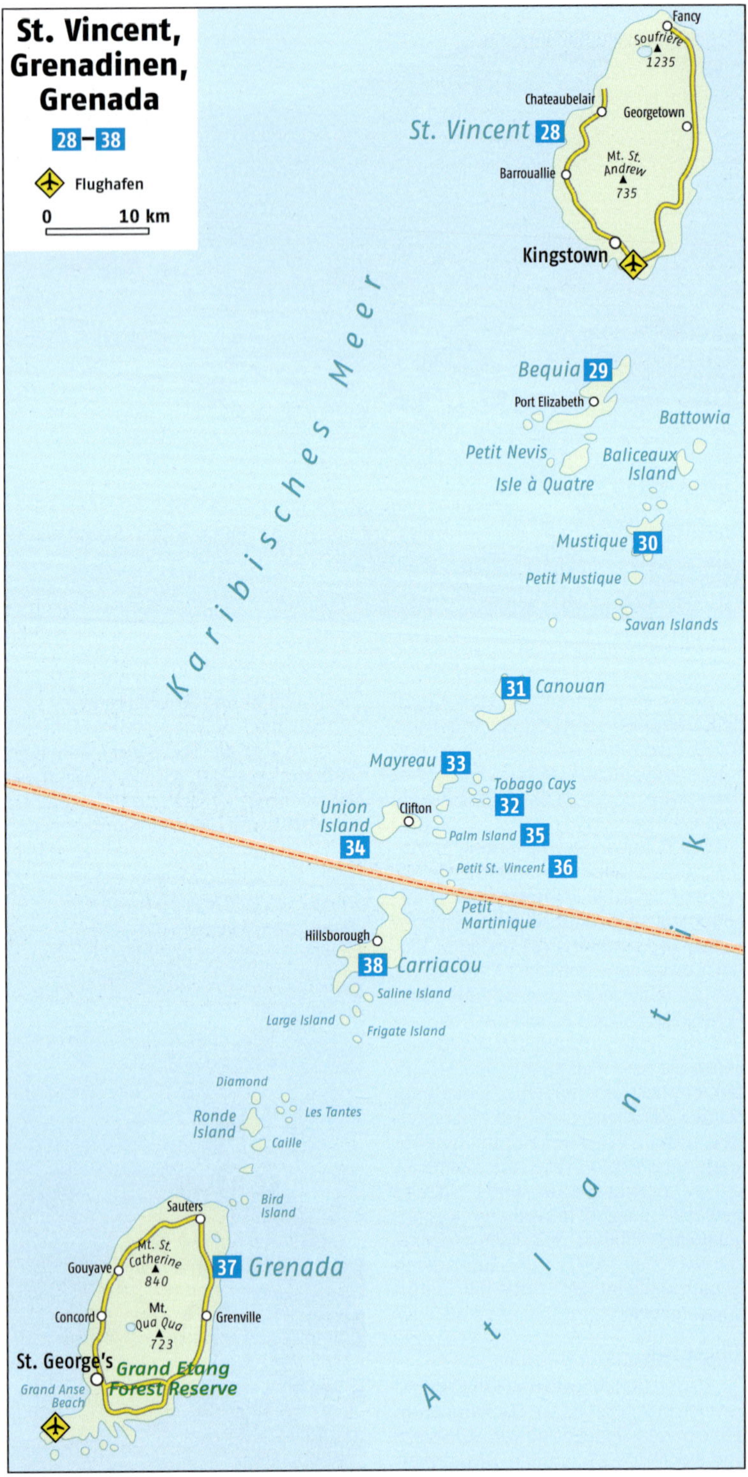

St. Vincent, Grenadinen, Grenada
28–38
Flughafen
0
10 km
Fancy
Soufrière
1235
Chateaubelair
Georgetown
St. Vincent 28
Mt. St. Andrew
735
Barrouallie
Kingstown
Karibisches Meer
Bequia 29
Port Elizabeth
Battowia
Petit Nevis
Baliceaux Island
Isle à Quatre
Mustique 30
Petit Mustique
Savan Islands
31 Canouan
Mayreau 33
Tobago Cays
32
Union Island
34
Clifton
Palm Island 35
Petit St. Vincent 36
Petit Martinique
Hillsborough
38 Carriacou
Saline Island
Large Island
Frigate Island
Diamond
Ronde Island
Les Tantes
Caille
Bird Island
Sauters
Mt. St. Catherine
840
Gouyave
37 Grenada
Concord
Mt. Qua Qua
723
Grenville
St. George's
Grand Etang Forest Reserve
Grand Anse Beach
Atlantik

die **St. Mary's Catholic Cathedral** von 1823, die einen venezianisch inspirierten Stilmix aus romanischen, gotischen, barocken und Renaissance-Elementen aufweist. Die beiden späteren Umbau- und Erweiterungsmaßnahmen vereinheitlichten das ungewöhnliche Erscheinungsbild keinesfalls.

Wer Lust auf einheimische Lebensart hat, sollte unbedingt durch den zweigeschossigen **Market** (Mo–Sa 8–16 Uhr) an der Upper Bay Street zwischen Bedford Street und Long Lane schlendern, der neben Lebensmitteln auch Kunsthandwerk und Souvenirs bietet.

Sehenswert sind auch die **Botanical Gardens** (Tel. 784-457-10 03, tgl. bis Sonnenuntergang) im Nordwesten der Stadt. Sie wurden 1765 angelegt und gelten als die ältesten in der westlichen Welt. Die mächtigen Brotfruchtbäume sollen auf jene Setzlinge zurückgehen, die *Captain William Bligh* (›Meuterei auf der Bounty‹) 1787 aus der Südsee mitbrachte. Außerdem leben hier die letzten Exemplare des St.-Vincent-Papageis, der wegen seiner begehrten bunten Federn gejagt wurde. Im früheren Hospital am Botanischen Garten dokumentiert ein *Museum* (Mo–Fr 9.30–17, Sa 9–13 Uhr) Leben und Werk des Chirurgen Cecil Cyrus und zeigt historische Exponate aus seiner Privatsammlung.

Auf dem Berkshire Hill im Westen bewacht das verwitterte **Fort Charlotte** seit 1806 Stadt und Hafen. Einst war es mit 34 Kanonen ausgestattet. Den Namen erhielt es zu Ehren der Gemahlin des britischen King George III. In den Old Barracks zeigt eine Sammlung Gemälde von Lindsay Prescott zur Geschichte der Black Caribs. Von der Aussichtsplattform des Forts genießen Besucher den Panoramablick über die Südküste und den Vulkan.

Sie waren vor den Weißen da

Die fruchtbaren Antilleninseln wurden spätestens im 4. Jahrtausend v. Chr. von Südamerika aus durch Stämme der **Siboney** und später durch die sie verdrängenden **Taíno** besiedelt. **Kolumbus** und seine Männer trafen mehrfach mit diesen Indios zusammen, die sie Arawak nannten, und lernten von ihnen u. a. den Anbau von Tabak und Kartoffeln sowie den Gebrauch von Hängematten. Die Weißen dankten den Arawak die freundliche Aufnahme mit beinahe vollständiger Ausrottung.

Allerdings ist es fraglich, ob das Schicksal der Siboney und Taíno ein grundsätzlich anderes gewesen wäre, wenn Christianisierungswut, Gold- und Machthunger der weißen Eroberer die Westindischen Inseln verschont hätten. Seit etwa dem 8. Jh. n. Chr. hatten die als friedlich beschriebenen Taíno mit anderen Einwanderern zu kämpfen: Angehörige des Volkes der **Kariben** stießen, ebenfalls von Südamerika aus, auf die Antillen vor – und sollten später zum Namenspaten der Region werden. Diese wagemutigen Seefahrer waren den Arawak militärisch weit überlegen und hatten sie zur Zeit, als Kolumbus erstmals durch die Inselwelt segelte, bereits weit in den nördlichen Teil der Antillen verdrängt. Die Kariben waren als kriegerisch bekannt und wegen ihrer Brutalität gefürchtet, doch sie teilten letztlich das tödliche Schicksal der Siboney und Arawak. Nur auf **Dominica** wurde, schon zu Queen Victorias Zeiten, das **Carib Territory** als Reservat eingerichtet, in dem noch heute Nachkommen der Kariben leben.

›Schlimmer als wilde Tiere‹ wüteten die Conquistadores unter den Indios

Als weitere unterscheidbare Gruppe erhielten sich auf St. Vincent die **Black Caribs** (auch Garifuna people), Nachfahren jener Mischlinge, die aus der Verbindung hiesiger Kariben mit jenen Sklaven hervorgegangen waren, die sich nach einem Schiffbruch hatten an Land retten können.

Teuflisch schön – der Krater des gefährlichen Vulkans La Soufrière posiert als Unschuld in Grün

Die Westküste

Etwa 6 km südlich von Kingstown liegen die Strände **Villa Beach** und **Indian Bay**, gerahmt von einigen Hotels und Restaurants. Per Boot gelangt man zum bildschönen vorgelagerten **Young Island** mit seinem exklusiven Resort (Besuch auf Voranmeldung, Tel. 784-458-48 26, www.youngisland.com) und von dort zum malerischen **Fort Duvernette Island**, auf dessen steilen Klippen die Reste einer Festung (um 1800) thronen.

Etwa 30 Minuten nördlich von Kingstown erreicht man die Abzweigung zur **Buccament Bay**, einem kleinen stillen Strand. Über einen Seitenpfad geht es von hier zu Klippen, die mit uralten *Petroglyphen* übersät sind. Vom nahen **Buccament Valley** führen zwei Trails durch herrliche Naturkulisse mit vielfältiger Flora und Fauna – Vogelbeobachter werden begeistert sein.

Rund 2 km weiter erfreut sich der pittoreske Strand von **Wallilabou** seines Starruhms, denn hier wurden Bootsstege und Gebäude errichtet, um Szenen des Films ›Fluch der Karibik‹ (2003) zu drehen. Zur weiteren Erfrischung dient der Besuch bei den etwas weiter nördlich herabrauschenden *Wallilabou Falls*.

Die Straße führt nun vorbei an anderen bildschönen Buchten und endet in **Richmond**. Vor dem Richmond Beach ankern Jachten, und die Unterwasserwelt lädt zum Schnorcheln und Tauchen ein.

Die Ostküste

Nur an der Ostküste entlang erreicht man den hohen Norden von St. Vincent. 15 km von Kingstown öffnet sich beim rauen Strand von **Argyle** das liebliche **Mesopotamia Valley**. Bewässert von klaren Bergbächen wachsen hier Breadfruit, Bananen, Kokosnüsse, Kakao und Muskatnüsse in üppiger Fülle. Bezaubernd sind auch die weiter nördlich gelegenen **Montreal Estate Gardens** (www.montrealestgdns.f9.co.uk/) mit ihrer üppigen Pflanzenpracht.

Kurz vor Georgetown geht es durch den **Black Point Tunnel**, der 1815 gebaut wurde, damals eine technische Meisterleistung. Wie eine Reise in die Vergangenheit ist der Besuch des ganz im Norden gelegenen Dorfes **Owia**. Hier leben noch einige Black Caribs, Nachfahren von schiffbrüchigen Schwarzen und hiesigen Kariben. Mit einem Bad im *Owia Salt Pond* am Atlantik bereitet man sich danach auf die nächsten Erkundungen vor.

Im Rahmen von Touren (z. B. HazEco Tours, Tel. 784-457-8634, www.hazeco tours.com) ist der imposante Vulkan **La Soufrière** (1235 m) zu besteigen. Bei seinem bisher verheerendsten Ausbruch 1902 fanden 2000 Menschen den Tod. Zuletzt eruptierte er 1979. Eine gewaltige Explosion sprengte damals die gesamte Bergspitze in die Luft. Zuvor waren 20 000 Einwohner evakuiert worden. Der Krater ist heute ein beliebtes Ausflugsziel. Vom lieblichen **Rabacca Valley** bei Georgetown erreicht man ihn zu Fuß in 4 Std., hinab geht es auf der anderen Seite nach **Chateaubelair** an der Westküste. Der Aufstieg ist mühevoll, aber am Kraterrand entschädigt ein wunderbarer Panoramablick.

Landschaftliche Schönheiten anderer Art bieten die bis zu 20 m hohen **Falls of Baleine** an der Nordwestküste. Zwischen Felsen öffnet sich zu ihren Füßen ein Pool, der zum erfrischenden Bad einlädt. Die Wasserfälle erreicht man ebenfalls im Rahmen einer Wandertour.

i Praktische Hinweise

Information

Tourist Office, NIS Building, Upper Bay Street, Kingstown, Tel. 784-456-6222, http://discoversvg.com

Hotels

Beachcombers Hotel, Villa Beach, Tel. 784-458-4283, www.beachcombers hotel.com. Hübsche familiäre Anlage am Strand mit Cottages, Spa, Pool, Restaurant und Bar.

Grand View Beach Hotel, Villa Point, Tel. 784-458-4811, www.grandviewhotel.com. Wohnen im Herrenhaus einer einstigen Baumwollplantage mit herrlichem Blick auf die Grenadinen.

Villa Lodge Hotel, Indian Bay, Tel. 784-458-4641, www.villalodgehotel.com. 11 Zimmer und 8 Apartments mit Blick auf die Indian Bay oder den Regenwald, familiäre Atmosphäre.

Young Island Resort, Young Island, Tel. 784-458-4826, www.youngisland.com. Romantisches Hotel auf einer Privatinsel mit Cottages, Pool, Tennisplatz und Restaurant am weißen Strand.

Bunte Bonbons oder Bauen heißt Spielerei

Die Architektur der Karibik ist ohne Uniformitätszwang. Man kann sich einerseits über kleine Häuschen z. B. auf **Jamaika** freuen, deren schlichte Form mit der überbordenden Farbigkeit wetteifert. Oder staunt erheitert über die vielfach verzierten Holzgebäude auf **Trinidad**, **Mustique** und **Antigua**, die mit strenger viktorianischer Architektur liebäugeln und deren Fassaden zugleich quietschbunte Knallbonbons nachahmen. **Gingerbread Houses** nennt man diese Bauten, und ihre Zuckerbäckerornamentik erfreut das Auge.

Die einfache strohgedeckte **Hütte** (Ajoupa oder Caille), wie sie schon Kolumbus in seinen Aufzeichnungen erwähnte, ist heute meist nur noch in ländlichen Gegenden z. B. in der Dominikanischen Republik zu finden. Ansonsten triumphiert in der Architektur der Karibik die **kreative Konstruktion**. Häuser auf Stelzen verschaffen natürliche Kühlung von unten, geräumige Veranden machen keinen Wohn-Unterschied mehr zwischen drinnen und draußen, und Jalousien reduzieren den Einfall der Sonnenstrahlen auf ein erträgliches Maß.

Doch bis die Bevölkerung sinnenfrohe Architektur à la Karibik in die Tat umsetzen konnte, wurden erst einmal viele andere Dächer auf viele andere Häuser gesetzt. Und zwar nach dem Geschmack der Kolonialherren. So errichtete man im 17./18. Jh., was in Europa beliebt und bewährt war. Ein typisches Beispiel dafür steht auf **Barbados**. *St. Nicholas Abbey* wurde um 1650 im Stil eines englischen Landhauses gebaut und wirkt im tropischen Ambiente seltsam fremd. Auch die englische Vorliebe für den großen Renaissancebaumeister *Palladio* wurden mit dem Klasszismus des **Georgian Style** unverblümt in die karibische Inselwelt importiert, wie *Bridgetown* mit seinem London-Flair stolz dokumentiert. Die Franzosen hingegen mischten feinfühliger und lockerten die strengen europäischen Bauformen durch filigrane Fenster, verzierte Rundbögen und luftige Galerien auf.

Bequia bezaubert mit dem bildhübschen Port Elizabeth und der grün gerahmten Admiralty Bay

29 Bequia

Segelboote und Jachten aus aller Herren Länder geben sich im großen Hafen der kleinen Insel ein buntes Stelldichein.

Erste Station einer Reise durch die Inselwelt der Grenadinen ist Bequia, 15 km südlich von St. Vincent. Der Hauptort **Port Elizabeth** an der *Admiralty Bay* besteht praktisch nur aus der Hafenmole und einer Handvoll pastellfarbener Holzhäuser im Gingerbread-Stil. An Shops und Restaurants vorbei schlendert man über die Front Street und den Belmont Walkway mit seinen Hotels. Schöne Strände und dazu das Meer, das sich manchmal dramatisch gebärdet, faszinieren die Urlauber. Unweit des Hafens breitet sich die eher stille **Princess Margret Bay** aus, etwas lebhafter geht es an der nahen **Lower Bay** zu. Auf den Atlantik blickt die bildschöne, entspannte **Friendship Bay** im Südwesten. Hier erinnert das **Whaling Museum** (Tel. 784-458-33 22) nahe La Pompe an den Walfänger Athneal Ollivierre und an die Zeiten, als die Bequianer ihren Lebensunterhalt mit Schiffsbau und dem Fang der Meeressäuger bestritten.

Praktische Hinweise

Information

Bequia Tourism Assocciation, Port Elizabeth, Tel. 784-458-32 86, www.bequiatourism.com

Hotels

Friendship Bay Hotel, Tel. 784-458-32 22, www.yachtcharterclub.com/friendshipbay.htm. Strandhotel im Kolonialstil mit Restaurant.

Gingerbread Hotel, Admiralty Bay, Tel. 784-458-38 00, www.gingerbreadhotel.com. Freundliches Hotel mit Restaurant und Apartments oberhalb des Strandes.

Sweet Retreat Hotel, Lower Bay, Tel. 784-457-30 37, www.bequiasweetretreathotel.com. Familiäres Haus mit 4 Zimmern über dem Strand, Restaurant und Sonnendeck.

30 Mustique

Auf der Bilderbuchinsel bleibt die Prominenz gern unter sich. Kein Wunder, denn hier ist es teuer, heiß und traumhaft schön.

Die exklusivste und teuerste Insel der Karibik schottet sich weitgehend ab, doch kann sie z. B. im Rahmen eines Tagesausfluges erkundet werden, als Segeltour von St. Vincent aus, per Flugzeug oder Fähre. Wer hier Urlaub macht braucht viel Geld, z. B. für die Miete einer der Luxusvillen etwa 5000 bis 45 000 US-Dollar die Woche. Und auch die beiden einzigen Hotels verlangen wahre Fantasiepreise.

Geschichte Die Erfolgsstory von **Moskito**, so hieß die von Mückenschwärmen geplagte Insel ursprünglich, begann 1959, als der schottische Millionenerbe *Collin Tennant* das 600 ha große Baumwoll- und Zuckerrohr-Eiland für 45 000 britische Pfund erwarb. Zunächst taufte er die Insel auf den gefälligeren Namen Mustique und parzellierte alles brauchbare Land. Dann kam dem pfiffigen Schotten die zündende Idee: Er schenkte der britischen *Prinzessin Margaret* zur Hochzeit die hübsche Landzunge im Süden der Insel, dort, wo der Atlantik das Karibische Meer küsst. Der königliche Dank ließ nicht lange auf sich warten. Tennant wurde von der Queen in den Adelsstand erhoben und verkaufte nun als Lord Glenconner Bauland an Gleichgesinnte, an Adel, Geldaristokratie und Künstler. Lord Glenconner schuf eine vorbildliche Infrastruktur, ließ Flughafen und Hafenkai anlegen und lieferte schlüsselfertige Traumvillen. Seine Parties waren legendär, Hollywoods Filmprominenz und britischer Adel amüsierten sich bei Lobster und Champagner unter karibischer Sonne. Doch nach einem Streit verkaufte Lord Glenconner seinen Besitz und verließ die Insel. Heute verwaltet die **Mustique Company** das Inselreich, vermietet die Luxusvillen, besorgt Jachten, Autos, Flugzeuge und Pferde für das Urlaubsvergnügen der High Society. Das Geschäft läuft gut.

Die Mustique Company bietet 74 Villen an, 19 davon im Stil französischer Herrenhäuser, die der britische Bühnenbildner und Architekt *Oliver Messel* entwarf. Es sind licht- und luftdurchflutete Träume, ins gleißende Licht der Karibik gesetzt. Darunter befinden sich **Les Jolies Eaux**, das einstige Anwesen von Prinzessin Margaret, die Villa **Samambaia** hoch oben in den Endeavour Hills, **Pelican Beach,** das Strandhaus von ›Rolling Stone‹ *Mick Jagger* mit Platz für sechs Personen, und **Bali Hai**. Diesen verspielten, luftigen Palast in balinesischem

Mustique und seine kleinen Schmuckstücke – Gingerbread Houses unter Palmen

Wandern über und unter Wasser – die Tobago Cays sind Traumziele für Naturfreunde

Stil ließ sich der Sänger *David Bowie* auf einen der Hügel setzen.

Die Mehrzahl der neueren Häuser baute der Schwede *Arne Hasselquist*. Seine eigene Villa **Shogun**, ein japanisch anmutendes Ensemble aus Bungalows, Gärten, Teichen und Wasserfällen, errichtete er hoch über der Britannia Bay. Hasselquist nennt dies *Television Architecture*.

Seinen Palast im maurischen Stil verkaufte Lord Glenconner an den vormaligen KGB-Agenten Sergej Kausov, der das Great House mit Marmor aus Rajasthan weiter ausbauen ließ.

i Praktische Hinweise

www.mustique-island.com

Hotels

Cotton House, Tel. 784-456-4777, www.cottonhouseresort.com. Viele der 17 Suiten in dem eleganten Plantagenhaus haben private Pools.

Firefly, Tel. 784-488-8414, www.fireflymustique.com. Villa in Hügellage mit 5 kreativ gestylten Suiten, exzellentem Restaurant, Pool und Jacuzzi.

Restaurant

Basil's Bar & Restaurant, Britannia Bay, Tel. 784-488-8350, www.basilsbar.com. Auf Stelzen über Strand und Meer gebauter legerer VIP-Treffpunkt.

31 Canouan

Das Inselchen Canouan präsentiert einige der hinreißendsten Sandstrände der Karibik.

Eine Segelstunde südlich von Mustique entfernt steigt Canouan (Kariben-Wort für Schildkröte) sichelförmig aus dem Meer. Die winzige Insel erhebt den Anspruch, von einigen der schönsten Strände mit puderzuckerfeinem Sand umsäumt zu sein. Spätestens seit der Vielverdiener *Donald J. Trump* Canouan für sich entdeckt hat, ist hier an Luxus kein Mangel mehr: Es gibt den Grenadines Estate Golf Club, 13 Estate Villas und das 5-Sterne Canouan Resort.

Die meisten der etwa 700 Inselbewohner leben in **Charlestown**, das malerisch in der westlichen Grand Bay liegt. Mehrere Airlines fliegen die Insel regelmäßig von größeren Karibikinseln wie Puerto Rico oder Antigua aus an.

i Praktische Hinweise

www.canouan.com

Hotel

Anchor Inn Guest House, Grand Bay, Tel. 784-458-8568. Kleine Pension nahe Grand Bay mit drei einfachen Zimmern. Frühstück und Dinner.

32 Tobago Cays

Im National Marine Park sind Tauchen und Schnorcheln unbedingt zu empfehlen, Fischen dagegen ist verboten.

Südlich von Canouan und westlich von Mayreau liegen die Tobago Cays genannten Inselchen Petit Rameau, Petit Bateau, Barabal, Jamesby und Petit Tobac. Wie die Rücken von Riesenschildkröten erheben sich die unbewohnten Eilande mit ihren weißen Badebuchten aus dem türkisblauen Meer. Sie sind beliebte Ziele von Jachten und für Tagestouren von den Nachbarinseln aus. Die reiche Unterwasserwelt der Korallenriffe rund um die Tobago Cays, die als **National Marine Park** geschützt sind, versetzt Schnorchler und Taucher gleichermaßen in Begeisterung. Am Strand und an Land wiederum sind Windsurfer und Vogelbeobachter in ihrem Element.

33 Mayreau

Die touristisch weitgehend unerschlossene Insel lockt mit viel Sonne, Strand und Meer sowie mit karibischem Alltag.

Auf dem 3 km^2 großen Inselchen, das per Boot von Union Island aus zu erreichen ist, leben 300 Menschen. Das Kapital des Eilands sind seine weißen Sandstrände, die meist einsame **Saline Bay** im Süden und die betörende **Salt Whistle Bay** im Norden. Vom höchsten Punkt Mayreaus bei *Salt Whistle Village* blickt die kleine Catholic Church auf die bezaubernde Inselwelt der Grenadinen.

i Praktische Hinweise

Hotel

Salt Whistle Bay Resort, Tel. 784-458-84 44, www.saltwhistlebay.com. Komfortabel wohnen in hübschen Cottages am naturbelassenen Traumstrand im Norden der Insel. Gutes Restaurant.

34 Union Island

Der Ankerplatz ist belebt und beliebt. Vor der Küste kann man tauchen, im hügeligen Inselinneren wandern.

Mehr Kurzweil und Unterhaltung als die Nachbarinseln bietet Union Island auch dank eigenem *Jachthafen* und *Flugplatz*. Der Hafenort **Clifton** ist Dreh- und Angelpunkt für Segelcrews und andere Urlauber, die über den Markt schlendern oder in einer der Bars einlaufen. Spezialitäten der Restaurants sind *Conchs* (Schneckenmuscheln) und *Hummer*, die auch lebend von Fischerbooten aus verkauft werden.

Nicht weit von hier entdeckt man die landschaftlichen Reize der Tropeninsel. Der **Mount Taboi** ragt 305 m über der hügeligen Insel auf und ist damit die höchste Erhebung auf den Grenadinen. Wegen der grünen Gipfel, der palmengesäumten Strände und der schönen Korallenriffe im azurblauen Meer wird Union Island oft auch ›Little Tahiti‹ genannt. Schön ist eine Wanderung von Clifton zum Dorf **Ashton** in einer kleinen Bucht mit Naturhafen an der Südküste. Von hier führen mehrere Trails ins Inselinnere. Das nahe **Lagoon Reef** bietet ein hervorragendes Revier für Schnorchler. Im Norden liegen die einsamen Strände Richmond Beach und Big Sand Beach.

i Praktische Hinweise

Hotel

Anchorage Yacht Club, Clifton, Tel. 784-430-86 04, www.anchorage-union.com. Marina, Jachtklub und 2013 renoviertes Hotel mit hübschen Zimmern am Strand. Bar und Restaurant an einer Hai-Lagune.

35 Palm Island

Wer das nötige Kleingeld hat, kann sich die einladenden Luxusbungalows unter Palmen auch leisten.

2 km vor Union Island liegt – scheinbar zum Greifen nahe – Palm Island. Mitte der 1960er-Jahre hatte der US-Amerikaner John Caldwell, Spitzname Coconut Johnny, die 45 ha große Robinson-Insel, auch *Prune Island* genannt, von der Regierung von St. Vincent auf 99 Jahre zum Spottpreis von einem US-Dollar pro Jahr gepachtet und jahrelang bewirtschaftet. Der fleißige Yankee forstete die einst vegetationslose Insel mit Kokospalmen auf. Dann stattete er den so entstandenen Wald mit Villen und Sportanlagen aus. Unter seinem Sohn John Jr. entwickelte sich das **Palm Island Resort** (Tel. 784-458-88 24, www.palmislandresortgrenadines.com) mit gut ausgebauter Marina zu einem der komfortabelsten all inclusive *hideaways* der Kleinen Antillen.

36 Petit St. Vincent

Hier findet man Erholung in gediegener Atmosphäre – und das hat seinen Preis.

Nicht minder exklusiv als Palm Island ist das **Petit St. Vincent Resort** (Tel. 784-458-88 01, www.psvresort.com) mit seinen nobel-rustikalen Villen auf der weiter südlich gelegenen Grenadinen-Insel Petit St. Vincent. Auch sie befindet sich in Privatbesitz.

Die 22 Luxus-Cottages sind großzügig über die ganze Insel verteilt, um den illustren Gästen ein Höchstmaß an Privatsphäre zu ermöglichen. Vor jedem Anwesen erhebt sich ein Bambusmast mit einer gelben und einer roten Fahne. Zieht der Gast die rote Fahne nach oben, gibt er damit zu verstehen, dass er nicht gestört werden will. Hisst er dagegen die gelbe Fahne, signalisiert er, dass er einen Wunsch hat. Alsbald kommt ein Bediensteter im Elektromobil, um die Bestellung entgegenzunehmen. Wenige Minuten später findet der Urlauber seine Drinks, Snacks oder was sonst sein Herz begehrt in einer Bambusnische vor dem Haus. Diskreter geht es nicht. Und natürlich entspricht die Insel auch in allen ihren natürlichen Reizen den anspruchsvollsten Karibik-Klischees.

37 Grenada

Auf der kleinen Insel mit dem großartigen Charme, wo es überall nach Gewürzen duftet, sind die herrlichsten Strände zu entdecken.

Konstitutionelle Monarchie, Mitglied des British Commonwealth
Größe: 344 km², einschließlich der zugehörigen Nachbarinseln Carriacou, Petit Martinique, Saline Island, Frigate Island, Large Island und Les Tantes
Einwohner: 105 000
Hauptstadt: St. George's
Sprache: Englisch
Währung: Ostkaribischer Dollar (EC $)

Christoph Kolumbus fuhr 1498 an der grünen Insel vorbei, allerdings nicht, ohne sie offiziell zu benennen. Zunächst schien ihm Concepción passend, später änderte er diesen Namen zu Ehren der andalusischen Stadt Granada. Anno 1609 unternahmen **Engländer** einen Landeversuch, der jedoch am Widerstand der **Kariben** scheiterte. Erst 1650 gelang es **Franzosen**, mit Perlen, Schnaps und anderen Gastgeschenken an Land zu gehen und den Indios das Land ›abzukaufen‹. Als diese den Betrug bemerkten, verteidigten sie ihr Terrain mit aller Kraft. Mit Pfeil und Bogen waren sie allerdings den besser bewaffneten Europäern hoffnungslos unterlegen. Um der drohenden Versklavung zu entkommen, sprangen sie vom äußersten nördlichen Felsenvorsprung Morne des Sauteurs, heute *Carib's Leap* genannt, in den Tod.

Nun entbrannte der Kampf um die fruchtbare Insel zwischen Franzosen, die sie *La Grenade* nannten, und Engländern, die daraus *Grenada* machten. Erst 1783 beendete der *Vertrag von Versailles* das 100 Jahre dauernde Hin und Her, und Grenada wurde England zugeschlagen. Gute Beute für die britische Krone, denn die bereits etablierte *Plantagenwirtschaft* der Insel (Zuckerrohr, Tabak, Kakao, Baumwolle, Indigo) stand auch dank Sklavenhaltung in voller Blüte. Nach der Sklavenbefreiung 1834 stellten die Farmer auf Vanille, Zimt, Ingwer, Nelken und Muskatnuss um - die ›Gewürzinsel‹ war geboren.

1877 wurde Grenada *britische Kronkolonie*, 90 Jahre später entstand ein mit Großbritannien assoziierter Staat, 1974 erhielt die Insel ihre volle Unabhängigkeit. Erster Regierungschef war **Eric Gairy**, der ähnlich wie Papa Doc auf Haiti eine Geheimpolizei aufbaute, die *Mongoose Gang*. Durch einen unblutigen Putsch kam 1979 sein politischer Gegner, der Sozialist **Maurice Bishop**, an die Macht, der mit Unterstützung von Kuba und der Sowjetunion eine revolutionäre Volksarmee und eine Volksmiliz aufstellte. 1983 wurde Maurice Bishop inhaftiert, auf der Insel herrschte Chaos. Einige karibische Nachbarstaaten ersuchten die USA um Hilfe. Gemeinsam entsandte man **Invasionstruppen**, die Grenada für einige Tage besetzten. Bishop und seine Frau wurden unter ungeklärten Umständen ermordet. Mit freien und demokratischen Wahlen kehrte die Insel 1984 wieder zu geordneten Verhältnissen zurück.

2004/2005 verwüsteten Hurrikane die Insel, doch längst hat sie sich davon erholt, und auch der **Tourismus** steht wieder in voller Blüte. Besonders beliebt ist sie als Ziel von Wracktauchern, die die Auswahl zwischen mehr als 20 versunkenen Schiffen haben. Darunter ist die *Bianca C*, ein 1961 untergegangenes Kreuzfahrtschiff, das auf Grenada als ›Titanic der Karibik‹ bezeichnet wird.

St. George's

Um den hufeisenförmigen inneren Hafen **Carenage** liegt die Hauptstadt St. George's (10 000 Einw.) auf mehreren Hügeln. Davor breiten sich der äußere Hafen mit dem *Cruise Ship Dock* und die *Lagoon* aus, der Ankerplatz für Jachten. Von der Carenage führt die *Young Street* ins Herz der Stadt.

In einem Gebäude von 1704, einst Gefängnis, später Hotel, präsentiert das **Grenada National Museum** (Young Street/Mockton Street, Mo–Fr 9–16.30, Sa 10–13.30 Uhr) interessante Exponate zur Geschichte Grenadas von der Zeit der Kariben bis ins 20. Jh. Von hier geht es über die Grand Etang Road hinauf zum **Fort George** (1705), das auf einem Hügel thronend Hafen und Stadt bewacht und einen herrlichen Panoramablick über die Insel bietet. Der letzte Angriff auf das Fort erfolgte 1983 durch US-Truppen. Auf dem Weg zurück passiert man die Ruinen der von dem Hurrikan Ivan 2004 zerstörten

Muskatnüsse, Verkaufsschlager aus Grenada

St. Andrew's Presbyterian Church. Über die Halifax Street führt der Weg in die Altstadt und zum **Market Square**, einem der exotischsten Märkte der Karibik. Hier schüttet die Gewürzinsel Grenada ihr duftendes Füllhorn aus, aber auch Kunst-

Fischerboot im beschaulichen Carenage Harbour von St. George's

handwerk wie Schnitzereien und Bilder werden als Souvenirs angeboten.

Über Market Hill und Church Street erreicht man als nächstes die **Cathedral of the Immaculate Conception** (1820), einen strengen grauen Bau, dessen Fenster schöne Glasmalereien zieren. Ihr Vorplatz bietet eine herrliche Aussicht. Ein schönes Beispiel georgianischer Architektur ist das nahe **York House** (1801), Sitz der Houses of Parliament.

Auf dem *Richmond Hill* östlich des Zentrums thront **Fort Frederick**. Die von den Fanzosen 1787 angelegte und 1791 von den Briten vollendete Wehrburg gehörte zu einem Ring von Verteidigungsanlagen, die durch Tunnel miteinander verbunden waren. Der Blick schweift von hier über St. George's, gerahmt von grünen Hügeln und der schönsten Bucht Grenadas: Die 3 km lange **Grande Anse Bay** ist ein breites weißes Sandband mit Luxushotels und Guesthouses, Bars und Restaurants. Trotz seiner Popularität hat der Strand stets ruhige Stellen zu bieten. Im Hinterland weiden gelegentlich Kühe, jenseits der Straße locken Shopping Malls. Zu den kleineren, stilleren Badestränden, die sich weiter im Süden anschließen, gehören die benachbarten *Morne Rouge Beach* und *Portici Beach*.

In der *Moliniere Bay* 3 km nördlich von St. George's schuf der Künstler und Tauchlehrer Jason de Caires Taylor einen **Unterwasser-Skulpturenpark**. Die 65 im Meer versenkten menschenförmigen Gipsobjekte verwandeln sich mit der Zeit in Riffe, die mit Korallen und anderen farbenfrohen Wasserwesen bewachsen sind.

Rund um die Insel

Die 55 km lange Rundfahrt um die Insel lässt sich per Auto (Linksverkehr) oder im Rahmen einer Tour in einem Tag absolvieren. Von St. George's geht es zunächst ins Inselinnere. Man fährt durch die imposanten Regenwälder des oft nebelverhangenen Berglandes **Grand Etang National Park**, dessen höchster Punkt der erloschene Vulkan **Mount St. Catherine** (840 m) ist. Ein Netz von Wanderwegen erschließt dieses von Hurrikan Ivan attackierte Naturdenkmal. Von den Ufern des Kratersees **Grand Etang Lake** in 540 m Höhe bieten sich herrliche Ausblicke auf den **Mount Qua Qua** (723 m) und andere Gipfel des Tropenwaldes.

Von St. George's führt die Westküstenstaße an der hübschen *Beauséjour Bay* und am **Halifax Harbour** mit dem Grenada Dove Sanctuary vorbei zum malerischen Fischerdorf **Concord**, dem Geburtsort des Calypso-Königs Mighty Sparrow. Hier zweigt man ab zu den **Concord Falls**. Die drei bis zu 20 m hohen Wasserfälle stürzen aus dem grünen Dschungel über moosbewachsene Felsen in natürliche Badepools.

Die Küstenstraße erreicht als nächstes **Gouyave**, wo es eine *Nutmeg Processing Station* (Mo–Fr 8–16 Uhr) zur Muskatverarbeitung zu besichtigen gibt. Wo immer möglich, werden auf dem Land Gewürze angebaut, ihr intensiver Duft überzieht die ganze Insel. Zimt, Pfeffer, Ingwer und Muskatnuss haben Grenada den Beinamen **Gewürzinsel** gegeben. Seit der Unabhängigkeit führt die Insel sogar die **Nutmeg**, die Muskatnuss, im Staatswappen. Siedler hatten sie in der Mitte des 19. Jh. aus Indonesien mitgebracht, und sie vermehrte sich so rasch, dass Grenada bald zum größten Muskatnussproduzenten der Welt avancierte. Gouyave ist auch berühmt für den **Fish Friday**, ein abendliches Straßenfest mit viel frischem Fisch, Musik und guter Stimmung.

Wenig später ist der nördlichste Punkt der Insel beim Dorf **Sauteurs** erreicht. Von der hiesigen Steilklippe **Carib's Leap** stürzten sich einst die letzten Indios ins Meer. Heute gewahrt der Besucher von hier oben einige der Inseln, die zum Staatsgebiet von Grenada gehören, darunter die unmittelbar vorgelagerten Sugar Loaf, Green Island und Sandy Island.

Nun geht die Fahrt an der Ostküste entlang, mit Blick auf den Atlantik, vorbei am rauen *Bathway Beach*. Im Inland erstreckt sich der **Levera National Park**, dessen pittoreske vulkanische Hügellandschaft durch Wanderwege erschlossen ist. Ein erloschener Krater hat den schönen **Lake Antoine** aufgenommen.

Die **River Antoine Rum Distillery** (Tel. 473-442-71 09, Mo–Fr 8–16 Uhr) führt in ein anderes Produkt der Natur ein. Die älteste Wassermühle (1785) der Karibik presst hier noch immer Zuckerrohr für die Rumherstellung. Süß statt stark duftet es landeinwärts, denn die **Grenada Chocolate Company** (Tel. 473-442-00 50, www.grenadachocolate.com) stellt dunkle Schokolade von höchster Qualität her. Die nahe **Belmont Estate** (Tel. 473-442-95 24, www.belmontestate.net, So–Fr 8–16 Uhr), eine Plantage aus dem 17. Jh., lässt die landwirtschaftliche Geschichte lebendig werden. Zwei Restaurants und Kulturevents sind zusätzliche Attraktionen.

Wanderwege durchziehen den Dschungel des Grand Etang National Park

Weiter südlich gelangt man zum 1763 gegründeten **Grenville**, der mit etwa 2500 Einwohnern zweitgrößten Stadt und dem bedeutendsten Gewürzzentrum der Insel. Die Strände *La Sagesse Bay* und *Petite Bacaye* laden zu Zwischenstopps ein. Bewunderung verdient die benachbarte **Westerhall Bay**, und schöne Ausblicke genießt man an der *Mount Hartman Bay* weiter westlich. Vorbei am von den Kubanern gebauten *Point Saline International Airport* führt der Weg zurück an die Südwestküste mit ihren Buchten und Stränden.

i Praktische Hinweise

Information

Board of Tourism, Burns Point, The Carenage, St. George's, Tel. 473-440-2279, www.grenadagrenadines.com

Hotels

Calabash Hotel & Villas, Lanse Aux Epines, St. George's, Tel. 473-444-4334, www.calabashhotel.com. Geschmackvoll gestylte Anlage mit Suiten, Villen und Palmenstrand.

Maca Bana, Point Salines, Tel. 473-439-5355, www.macabana.com. Künstlerisch gestylte Villen oberhalb eines hübschen Strandes, auf den auch das Gourmetrestaurant Aquarium blickt.

The Flamboyant Hotel, Grande Anse Bay, Tel. 473-444-4247, www.flamboyant.com. Das gut ausgestattete Haus liegt über dem schönen Strand mit Blick auf die Hauptstadt St. George's.

38 Carriacou

Einheimische wie Touristen schätzen das geruhsame Leben, Skipper sind begeistert von den Ankerplätzen.

Zwar ist Carriacou nur 50 km von der Nordspitze Grenadas entfernt (90 Min. per Fähre von St. George's), doch sind Atmosphäre und Mentalität der Bewohner deutlich anders. Auf dieser Insel geht es noch ruhiger, noch gelassener zu als auf den Nachbarinseln. Es scheint fast so, als ob hier die Zeit still stünde.

Geschichte Der Name stammt von den Taíno, *Kayryouacou* bedeutet ›Insel der Riffe‹. Erstmals wurde das Eiland 1656 in europäischen Schriften in Père du Tertres ›Histoire des Antilles‹ erwähnt. Anfangs besiedelten französische Schildkrötenfänger Carriacou, später folgten Farmer aus Guadeloupe. 1763 kam Carriacou zusammen mit Grenada in englischen Besitz. Auf den Plantagen wurden damals Baumwolle, Kakao, Indigo, Zuckerrohr und Kaffee angebaut.

Die 35 km² kleine Insel wird häufig übersehen. Sogar die US-Soldaten, die 1983 Grenada besetzten, dachten zunächst nicht an sie. Als die Marines nach einer Woche den Lapsus bemerkten, zogen sie mit schwerer Ausrüstung nach Hillsborough. Statt von kampfeslustigen

Gottesfürchtig und pubikumswirksam bemalte ein Schuster auf Carriacou sein Geschäft

Kubanern wurden die GIs von freundlichen Einheimischen mit Rum Punch und Bier empfangen.

Wer von Norden über die Insel fahren will, wartet am Straßenrand auf einen der poppig angemalten Minibusse. Unterwegs gibt es immer etwas anzuschauen: in **Windward** die Bootsbauer, die mit Stolz auf ihre schottischen Vorfahren verweisen, oder in **Belair** eine alte Zuckerrohrmühle und herrliche Aussicht. Im Rahmen von Wandertouren kann man den **High North Peak National Park** rund um den höchsten (303 m) Berg der Insel erkunden. Wen es ans Wasser zieht, der macht Halt am Strand von **Anse la Roche**, hier kommt die Schnorchelausrüstung zum Einsatz.

Der Hauptort **Hillsborough** (600 Einw.) ist ein Fischerdorf mit alten Kolonialbauten und einer Handvoll Läden. Am geschäftigen Pier wird montags Markt abgehalten. Zerstreuung bieten auch das *Carriacou Museum* (Mo–Fr 9.30–15.45 Uhr), das von der Geschichte der Insel erzählt, und die *Botanical Gardens*.

Abendlicher Treffpunkt zum Plaudern, zu Rum mit Musik ist die nächste Straßenecke. Manchmal ist der braune Zuckerrohrschnaps so stark, dass die Eiswürfel auf den Boden des Glases sinken. Und manchmal sind nachts dumpfe Trommeln zu hören: Zu Hochzeiten, Begräbnissen, aber auch zum Karneval oder der im August veranstalteten *Carriacou Regatta* findet der **Big Drum Dance** statt, ein uraltes Beschwörungsritual aus Westafrika. Noch mehr Wundersames: Im hübschen Dorf *Harvey Vale* an der **Tyrell Bay** südlich von Hillsborough sind Austern zu sehen, die an den Wurzeln der Magroven wachsen. Die schöne Bucht mit ihren beliebten Stränden ist gut geschützt, ein sicherer Ankerplatz für Jachten.

Weiter nördlich bei *L'Esterre* wartet der Star unter den Stränden, der **Paradise Beach**, mit zwei Inselchen an seinen Flanken auf Gäste. Auf **Petite Martinique**, *White Island*, *Saline Island* und auf der winzigen **Sandy Island** im Hafen von Carriacou können Urlauber an einsamen Stränden Robinson Crusoe spielen. Und überall locken fantastische Schnorchelreviere und Tauchgründe.

i Praktische Hinweise

Information

www.carriacou.org

Hotels

Bayaleau Point Cottages, Windward, Tel. 473-443-79 84, www.carriacoucottages.com. Vier schmucke kleine Häuschen, in bunten Bonbonfarben bemalt, im äußersten Osten der Windward Bay.

Bogles Round House, Bogles, Tel. 473-443-78 41, www.boglesroundhouse.com. Drei Cottages mit Bar und Restaurant oberhalb der Sparrow Bay.

Green Roof Inn, Hillsborough, Tel. 473-443-63 99, www.greenroofinn.com. Hübsches kleines Guesthouse im Grünen über dem Meer.

Villa Sankofa, Craigston Point, Tel. 310-472-23 43, www.sankofainternational.com. Modern gestylte Holzvilla über schmalem Strand an der Sparrow Bay.

Trinidad und Tobago

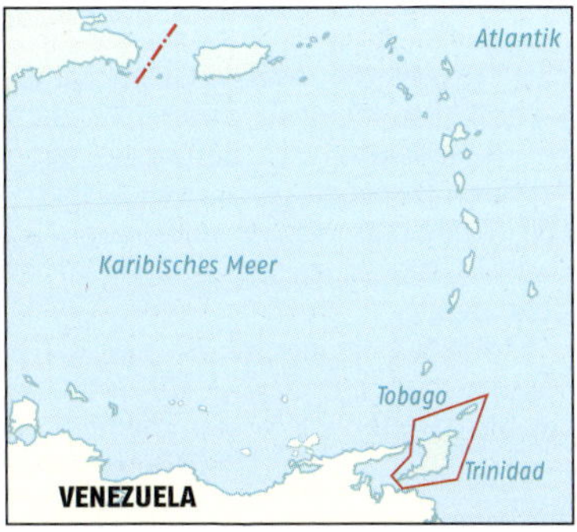

Nur 15 km von der Nordküste Venezuelas entfernt liegen die beiden südlichsten Inseln der Karibik, Trinidad und Tobago. Sie bilden einen gemeinsamen Staat, doch welch ein Kontrast: Hier das geschäftige **Trinidad** mit seinen reichen Erdöl-, Erdgas- und Asphaltvorkommen, dem Big Business, der weltgewandten Hauptstadt Port of Spain und nicht zuletzt den Steel Bands und dem Karneval. Und dort das stille, ländliche **Tobago** mit seinen großen Naturparks, den idyllischen Stränden und der reichen Tier- und Pflanzenwelt. Geologisch gehören beide Inseln bereits zu Südamerika. Flora und Fauna bieten eine aparte Mischung aus karibischen und südamerikanischen Arten. In den Bergen und Sümpfen Trinidads leben *Büffelaffen* und *Anacondas*, und die Vogelvielfalt beider Inseln begeistert jeden Ornithologen. Scharen von Scharlach-Ibissen, die tagsüber in den Küstengewässern Venezuelas fischen, übernachten in den Mangroven des **Caroni Swamp** von Trinidad. Und in Tobagos *Arnos Vale Hotel* z. B. kann man mitten unter schwätzenden Piepmätzen auf der Terrasse Tee trinken.

39 Trinidad

Die multikulturelle Insel ist bekannt für ihre überschäumende Lebensfreude – vor allem während des farbenprächtigen Karnevals.

Als präsidiale Republik Trinidad & Tobago Mitglied des British Commonwealth
Größe: 5128 km²
Einwohner: 1,3 Mio.
Hauptstadt: Port of Spain
Sprachen: Englisch, Patois
Währung: Trinidad & Tobago Dollar (TT $)

Einem bunten Völkergemisch begegnet der Besucher in Trinidad, einem Schmelztiegel von 120 Nationen. Das drückt sich in der Lebensweise der Bewohner und in der Architektur aus, in den Synagogen, Moscheen, Tempeln und Kathedralen der verschiedenen Religionen sowie in den Feiertagen. An jedem Tag des Jahres findet irgendwo auf der Insel ein religiöses oder weltliches Fest statt, ein hinduistisches wie *Diwali* oder *Ramleela*, wenn Lichterprozessionen mit Tausenden von brennenden Kerzen die Straßen erhellen, ein moslemisches Fest wie *Hosey* zu Ehren von Hassan, einem Enkel des Propheten Mohammed, das christliche *Feast of St. Rose of Lima*, das die Amerindios in Arima begehen, der *Emancipation Day*, der Tag der Sklavenbefreiung, der vor

Als wäre sie gestern erst hier angekommen – kleine Prinzessin beim Indian Arrival Day

allem von der afrikanischen Bevölkerung in Port of Spain gefeiert wird, und natürlich der **Karneval**, der an den Festtagen vor Aschermittwoch rund um den Queen's Park Savannah von Port of Spain ekstatisch, mit aufwändigen Kostümen und mit den größten Steel Bands der Karibik gefeiert wird – Calypso, Soca, Reggae und Mummenschanz haben Hochsaison.

Geschichte Als die erste Insel der Karibik wurde Trinidad um etwa 5000 v. Chr. von Südamerika aus besiedelt. Die Indios nannten sie *Ieri*, Land des Kolibris. Als Kolumbus sich auf seiner dritten Reise 1498 der Insel näherte, fühlte er sich durch die Silhouette der drei höchsten Berge im Südosten an die Dreifaltigkeit erinnert und nannte die Insel *Trinitas*. Da die **Taíno** ihn friedlich empfingen, ging er an Land und nahm die Insel für die **Spanische Krone** in Besitz. Bald darauf folgten spanische Siedler, die Plantagen anlegten. Im 16./17. Jh. begannen sich europäische Nachbarn für das Idyll zu interessieren. Engländer, Franzosen und Niederländer attackierten immer wieder das gut geschützte Trinidad, das durch den stark zunehmenden Schiffsverkehr zwischen Europa und Mittelamerika an Bedeutung gewann. In Port of Spain wurden die Karavellen für die Atlantiküberquerung zurück ins Heimatland ausgerüstet. 1783 gab Spanien die Insel sogar für katholische Auswanderer aus anderen Ländern zur Besiedelung frei. Besonders eifrig machten **Franzosen** von dieser Möglichkeit Gebrauch, sodass sich zeitweise mehr Franzosen als Spanier auf Trinidad befanden.

In den Napoleonischen Kriegen geriet Trinidad stark unter Druck. 1797 eroberte **Großbritannien** die Insel und erhielt sie im Frieden von Amiens (1802) auch zugesprochen. Es war die Zeit der Plantagen und der *Sklaven*. Bis zu 20 000 schwarze Arbeitskräfte waren auf Trinidad im Einsatz. Nach der Sklavenbefreiung wurden viele Schwarze zu Kleinbauern. Auf den Plantagen ersetzten sie Kontraktarbeiter aus Indien, Indonesien und China, die die ethnische Vielfalt noch vergrößerten. 1888 wurden Trinidad und Tobago zu einer *Kronkolonie* zusammengefasst. 1956

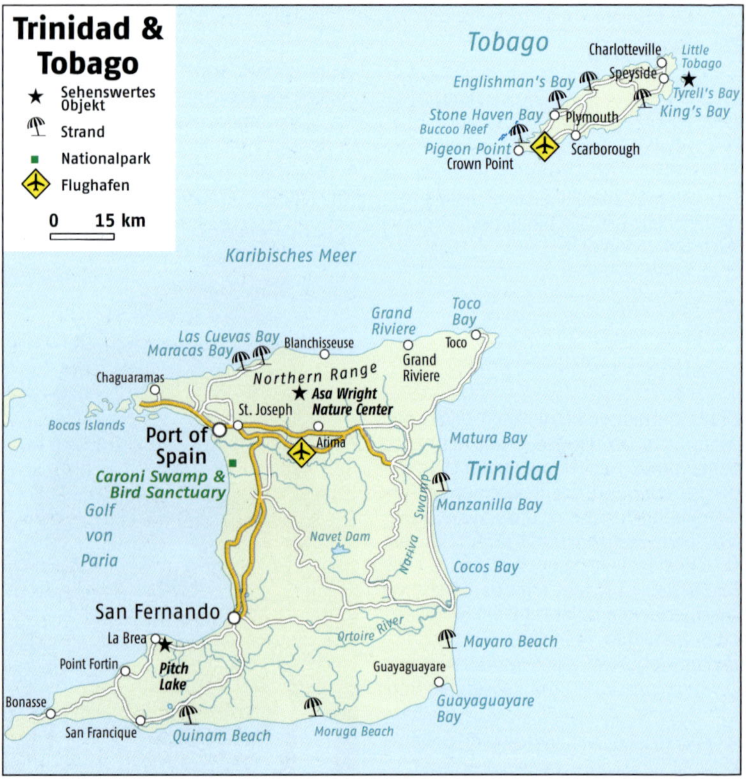

Die Idylle trügt – an der Maracas Bay tummeln sich oft Hundertschaften lebenslustiger Trinis

führte Großbritannien die partielle Selbstverwaltung ein. Die volle **Unabhängigkeit** erhielt das Staatengebilde Trinidad und Tobago 1962. Seit 1976 ist es präsidiale Republik. Heute kann T & T dank seiner *Bodenschätze* (Erdöl, Erdgas, Asphalt etc.) eines der stabilsten Wirtschaftssysteme der Karibik aufweisen. Doch leidet das öffentliche Leben in Trinidad seit Jahren unter Kriminalität und Korruption.

Port of Spain

In der **Downtown** der 1757 gegründeten Hauptstadt (51 000 Einw.), am **Woodford Square**, leuchtet das intensive Rot des Parlaments, **Red House** (1907), im Stil der Renaissance. Rund um den Platz mit seinen Springbrunnen und hohen Palmen befinden sich einige der wichtigsten Sehenswürdigkeiten von Port of Spain, darunter die neogotische anglikanische **Holy Trinity Cathedral** mit meisterhaften Schnitzarbeiten am Chor, das Gerichtsgebäude *Court* im viktorianischen Stil, das Rathaus und die Polizeistation mit ihrer neogotischen Fassade. Den Woodford Square tangiert auch **Frederick Street**, die Hauptgeschäftsstraße von Port of Spain mit zahlreichen Mode- und Sportgeschäften, Lebensmittelläden und Straßenhändlern.

Weiter südlich gelangt man zum **Hafen** mit der King's Wharf (Fähren nach Tobago) und dem Cruise Ship Pier. Das nahe **Fort San Andrés** wurde 1785 zum Schutz der Bucht errichtet. Hier legte der spanische Astronom Cosma Damián de Churruca 1792 den ersten Längenkreis der Neuen Welt fest.

Nun geht es zurück zu **Independence Square** und **Brian Lara Promenade**. Die parallel verlaufenden Boulevards sind beliebte Flaniermeilen und Bühnen für allerlei Festivals. Sie werden gerahmt von den Hochhauskomplexen *Nicholas Tower* und den Twin Towers der *Eric Williams Plaza* im Westen sowie der katholischen *Cathedral of the Immaculate Conception* (1832) im Osten.

Port of Spains **Uptown** entfaltet sich um **Queen's Park Savannah**, einem riesigen Rasenplatz und beliebtem Freizeitgelände der Städter. Es gibt hier sogar eine Pferderennbahn, und der *Grandstand* im Südteil der Savannah ist Schauplatz von großen Karneval-Events und Musikfestivals. Nahebei, an der Upper Frederick Street, lädt das **National Museum**

Am Queen's Royal Collage studierte einst V.S. Naipaul, der Literaturnobelpreisträger von 2001

and Art Gallery (Di–Sa 10–18, So 14–18 Uhr) zur Besichtigung ein. Es zeigt Exponate zu Archäologie, Kunst, Geschichte und Geologie der Insel und eine Kollektion fantastischer Karnevalskostüme.

Die die Savannah rahmenden Boulevards prangen mit Stadtpalästen aus der Kolonialzeit, so z. B. das **Knowsley Building** (Queen's Park West/Chancery Lane), ein Meisterwerk des Gingerbread-Stils und heute Sitz des Außenministeriums. Das **Boissiere House** (Ecke Cipriani Boulevard) ist ebenfalls reich dekoriert und zeichnet sich durch Glasmalereien mit Weinranken aus. An der Nordflanke der Savannah ist die Maraval Road Bühne für die **Magnificent Seven**, eine stolze Parade europäischer Architekturstile: Glanzstück unter den 1904–10 enstandenen Gebäuden ist **Queen's Royal College** nach Art der deutschen Renaissance. **Whitehall** ist ein Prachtbau im Sinne venezianischer Adelspaläste und **Stollmeyer's Castle** ein Märchenschloss, dem Palast Queen

In Bars wie dem Smokey and Bunty beginnt das spannende Nachtleben von Port of Spain

Victorias in Balmoral nachempfunden.

Nördlich der Savannah setzt sich das Parkgrün an den Ausläufern der Northern Range mit dem **Emperor Valley Zoo** (tgl. 9–18 Uhr) fort, den heimische Tierarten bewohnen. Nebenan verlocken die **Botanical Gardens** (tgl. 6–18 Uhr) zu einem Streifzug durch die Naturwunder der Tropen. Zur Kulisse gehört eine Villa von 1876, das heutige **President's House**, ganz versteckt liegt dahinter die **Prime Minister's Residence**.

Außerhalb des Zentrum sind vor allem zwei Viertel im Westen sehenswert: Der elegante alte Distrikt **Woodbrook** mit seinen hübschen Gingerbread Houses und **St. James**, ein früher hauptsächlich von Indern bewohntes Viertel. Das schillernde **Nachtleben** von Port of Spain entfaltet sich in diesen beiden Vierteln, entlang Ariapita Avenue, Cipriani Boulevard und Western Main Road.

Und zum Abschluss ein Panorama: Den besten Blick über die Insel hat man von **Fort George**, das 1804 auf einem 500 m hohen Hügel im Nordwesten von Port of Spain erbaut wurde, aber nie seine Stärke beweisen musste.

TOP TIPP Karneval auf Trinidad

Elf Monate dauert die Vorbereitungszeit. In den **Mas Camps**, den Hauptquartieren der vom Bandleader geführten **Masquerade Bands** (Karnevalsvereine), werden die kostbaren Kostüme entworfen und angefertigt, Steel Bands proben Calypso und Soca Songs, und die Tanztruppen trainieren ihre Choreographien ein. Und dann endlich – an den beiden Karnevalstagen vor Aschermittwoch entlädt sich die ganze Begeisterung der Mitwirkenden in einem sprühenden Feuerwerk. Dabei feiert Trinidad schon seit Wochen und hat sich auf öffentlichen Parties und Galas auf die tollen Tage eingestimmt. Jedes Dorf, jedes Stadtviertel hat seine beste Steel Band, seine brillantesten Sänger und kreativsten Tänzer zu den vielen Wettbewerbsvorläufen geschickt. Am Samstag vor Karneval findet schließlich das **Panorama**, das große Finale um die beste Steel Band statt. Und in der Nacht des **Dimanche Gras** (So auf Mo) wird der Sänger des besten Songs zum **Calypso Monarch** gekrönt, der Zweitplatzierte erhält die Auszeichnung *Road March King*. Wieder sind es Trommeln und Steel Pans, die die Geister des Karnevals wecken: Es ist vier Uhr früh am Karnevalsmontag, dem **Jour Ouvert** (J'ouvert). Aus allen Straßen strömen Menschen herbei, um am *Independence Square* von Port of Spain die Eröffnung des Karnevals durch den Bürgermeister per Startschuss mitzuerleben. Dies ist der Festtag der Individualisten und kleinen Gruppen, der frechen und skandalösen Kostüme und der lehmbeschmierten *Mud Men*. Der Karnevalsdienstag, **Mardi Gras**, ist der Tag der großen Parade. Die Masquerade Bands, darunter auch Gruppen von benachbarten karibischen Inseln, ziehen ab 9 Uhr morgens von *Queen's Park Savannah* durch die Stadt. Die Bands spielen Soca und Calypso, und beim Hit, dem **Road March**, singen alle mit. Auf dem Grandstand an der Savannah thronen die Juroren, die die besten Kostüme ermitteln. Hier entscheidet sich, wer **King and Queen of Carnival** und welche Gruppe **Band of the Year** wird. Später löst sich die Parade in einem fröhlichen Taumel auf. Der Rausch der Partyfreuden endet erst um Mitternacht, wenn **Last Lap**, das Ende des Karnevals, verkündet wird.

Fluchtort gestresster Städter – Macqueripe Beach an der Westspitze von Trinidad

Stippvisiten

Von Port of Spain kann man in Tagesausflügen die meisten Sehenswürdigkeiten Trinidads erkunden. Zum Baden fahren viele Städter am Wochenende zur Westspitze der Insel, nach **Chaguaramas** mit der vorgelagerten Inselgruppe der *Bocas* (Tauchgebiet). Am schönsten schwimmen kann man an der *Macqueripe Beach* der Nordwestküste. Und wer zur Abwechslung wandern möchte, erkundet auf einem der Trails den üppigen Regenwald des *Chaguaramas National Park*.

Große Landschaftsbilder entfalten sich auch auf der Fahrt entlang der Nordküste Trinidads zu Füßen der mächtigen, aus dem Dschungel bis zu 1000 m aufsteigenden **Northern Range**, die eine Fortsetzung der venezolanischen Küstenkordilleren ist. Vom Aussichtspunkt **La Vache** bewundert man das melodisch-urgewaltig komponierte, grüngepolsterte Hügelland über dem Meer und gewinnt bald darauf den Bilderbuchstrand **Maracas Bay**. Der breite weiße Sandsaum mit seinen Palmenhainen posiert in einer elegant ausschwingenden Bucht. Die Badeidylle verwandelt sich an Wochenenden und zu Festtagen in ein Schauspiel der Lebensfreude, wenn die ›Trinis‹ in großen Familienverbänden und mit umfangreicher Picknickausrüstung hier lagern.

Weitere, stillere Strände folgen Richtung Osten, darunter die schöne **Las Cuevas Bay**. Ein Wanderpfad führt von hier ins Inselinnere mit dem spektakulären **Rincon Waterfall** und den nahen *Angel Falls* (Touren z. B. Hike Seekers, Tel. 868-399-1135, www.hikeseekers.com).

Das pittoreske Dorf **Blanchisseuse** am Ende der Küstenstraße wurde 1783 von Franzosen gegründet. Es ist ein idealer Standort für entspannte Urlaubstage an der *Marianne Beach* und Touren durch den Regenwald, bei denen Flusslagunen und Wasserfälle zu erkunden sind.

Eine Straße führt weiter nach Süden durch die exotische Berglandschaft der Northern Range. Etwa 10 km vor Arima liegt das Vogelschutzgebiet **Asa Wright Nature Centre** (Blanchisseuse Rd Blanc, Tel. 868-667-4655). Von der Veranda des gediegenen alten Herrenhauses (heute Hotel) kann man die in allen Regenbogenfarben schillernden Piepmätze an den Futterstationen beobachten. Grundkenntnisse der Vogelbeobachtung erwirbt man auf einer Tour durch die renaturierten Gärten. Nur Hotelgäste können auf Trails durch den angrenzenden Regenwald streifen und in der *Dunston Cave* eine Kolonie des in Südamerika und Trinidad heimischen Nachtvogels *Guacharo* (Steatornis caripensis) besichtigen.

Wer von **Arima**, wo noch einige Kariben leben, wieder Richtung Westen fährt, trifft 12 km vor Port of Spain auf **St. Joseph**, die erste Hauptstadt Trinidads. Glanzlicht ist hier die *Mohammed Al Jinnah Memorial Mosque* mit ihren Kuppeln und Minaretten, errichtet zur Erinnerung an den Gründer Pakistans. Ein schöner Abstecher führt ins reizvolle *Maracas Valley* und zum *Maracas Waterfall*.

Etwas weiter südlich liegt an der Küste das 60 km^2 große Sumpfgebiet des **Caroni Swamp and Bird Sanctuary** (Tel. 868-675-16 19, Beobachtungsfahrten von 2–3 Std. per Boot tgl. ab 16 Uhr, Fernglas nicht vergessen, Voranmeldung empfohlen). Das Vogelschutzgebiet ist Heimat für Reiher, Flamingos und Pelikane. Bei Sonnenuntergang fliegen Scharen von feuerroten **Ibissen** aus Venezuela herbei, um sich zur Nacht in den Wipfeln der mächtigen Mangroven mitten in der Wasserlandschaft niederzulassen. Welle um Welle streifen die Geschwader über die Wälder und Lagunen heran und drapieren sich wie nach einem geheimen Masterplan in den Bäumen, die im sanften Abendlicht bald wie kostbar dekorierte Weihnachtsbäume erstrahlen.

Andere spannende Einsichten in die Wunder der Natur werden Asphaltcowboys an der Südwestküste Trinidads, am glühend heißen **Pitch Lake** (Tel. 868-623-60 22, tgl. 9–17 Uhr) bei La Brea, sammeln, wo einer der besten Asphalte der Welt aus dem Erdinneren quillt. Quelle des wie mit zähem Gummi überzogenen Sees ist ein gigantischer unterirdischer Schlammvulkan, in den vor 5–6 Millionen Jahren asphaltisches Öl floss.

Der hübscheste Ort an der malerischen Nordostküste (Route über Arima) ist das stille **Grand Riviere**. Sein schöner Strand ist der beste Platz, um *Lederschildkröten* bei der Eiablage zu beobachten (März bis Aug.). Auch die Ostküste mit ihren endlosen Sandstränden und kilometerlangen Palmenhainen ist ein Naturparadies. Im **Nariva Swamp** (Touren z. B. Caribbean Discovery Tours, www.caribbeandiscoverytours.com, Tel. 868-624-72 81) leben neben zahlreichen Vogel- und Reptilienarten auch *Manatees* (Seekühe) und *Anacondas*. Die bis zu 10 m lange Schlangenart ist das schwerste und größte Reptil der Welt. Weitaus idyllischer und weniger unheimlich geht es an der nahen **Manzanilla Bay** zu, wo man mit Meer, Sand, Palmen und dem Warten auf Schildkröten meist allein ist.

Schnappschüsse – Kolibri im Asa Wright Nature Center, Zuckerrohrdrosseln im Busch und Alligator in den Caroni Swamps

i Praktische Hinweise

Information

Trinidad and Tobago Tourism Development Company, Maritime Centre, 29 Tenth Ave, Barataria, Tel. 868-675-70 34, www.tdc.co.tt

Hotels

Hyatt Regency, 1 Wrightson Road, Port of Spain, Tel. 868-623-22 22, www.trinidad.hyatt.com. Schickes Designerhotel mit Spa, Infinity Pool auf der Dachterrasse und Waterfront Restaurant.

Laguna Mar Beach Resort, 65 Paria Main Road, Blanchisseuse, Tel. 868-669-29 63, www.lagunamar.com. An der Nordküste mit Strand und *Cocoos Hut Restaurant*.

Wild und grün zeigt sich Tobagos Küsten- und Hügellandschaft nahe Castara

40 Tobago

Die kleine Idylle mit schönen Stränden, fantastischen Tauchgründen und dem ältesten Regenwaldschutzgebiet des Westens ist ein Paradies für Naturfreunde.

Die kleine Schwesterinsel Tobago (50 000 Einw.) ergänzt Trinidad in idealer Weise. Hier findet man Ruhe und Beschaulichkeit, Natur pur, eine Unterwasserwelt, die zu den aufregendsten der Karibik zählt, und für jeden Gast mehr als 1 km herrlichen Strandes.

Geschichte Die **Kariben** verteidigten ihre Insel *Tavaco* (Indio-Wort für Tabak) lange erfolgreich gegen Eindringlinge. Kolumbus soll Tobago 1498 besucht haben, verbürgt ist das jedoch nicht. Die ersten **Briten** kamen 1580, und 1658 siedelten sich **Niederländer** an. Mit der friedlichen Koexistenz war es allerdings vorbei, als die **Franzosen** 1648 die Kontrolle übernahmen, sie wiederum wurden 1672 von einer starken britischen Flotte in die Flucht geschlagen. Bald darauf begann man, Plantagen im großen Stil anzulegen, produziert wurden Zucker, Baumwolle und Indigo. Ende des 18. Jh. lebten 14 000 *Sklaven* auf Tobago, sie schufteten auf 140 Plantagen, beaufsichtigt von nicht mehr als 800 Weißen. Diese hatten Mühe, die Unterdrückten in Schach zu halten und immer wieder kam es zu blutigen Aufständen. Tobago wechselte mehrfach den Besitzer, bis es 1813 endgültig britisch wurde. 1889 entstand eine Kolonie gemeinsam mit Trinidad, die 1962 in die **Unabhängigkeit** entlassen wurde. Tobago erhielt 1980 sein 1889 geschlossenes *House of Assembly* zurück und hat seitdem Entscheidungsbefugnisse bei einigen internen Angelegenheiten. Nach dem verheerenden Hurrikan Flora 1963 hatte man im Rahmen der Neuorientierung begonnen, die Entwicklung des **Tourismus** voranzutreiben. Auch weil dieser bis heute in einem verträglichen Rahmen geblieben ist, zählt Tobago zu den interessantesten Reisezielen der Karibik.

Crown Point bis Arnos Vale

Es fängt schon gut an: Vom *International Airport* in **Crown Point** kann man eigentlich direkt zum Strand, dem bei Tobagonians beliebten **Store Bay Beach**, gehen. Er ist nur 5 Min. entfernt. Das in den Lowlands, dem Flachland von Tobago, gelegene Crown Point ist das wichtigste Tourismuszentrum der Insel, mit Hotels, Guesthouses, Villen, Supermärkten, Restaurants, Nightclubs und Dive Shops.

Der Star unter den hiesigen Stränden ist der etwas weiter nördlich gelegene

Pigeon Point (tgl. 8–19 Uhr), ein postkartenschöner weißer Sandstrand mit Palmenhain und tropischer Gartenanlage, mit Bar, Restaurant, Shops und vielfältigem Wassersportangebot.

Aufs Meer hinaus geht es per Glasbodenboot von Store Bay oder vom nordwestlich gelegen Fischerdorf **Buccoo** zum vorgelagerten **Buccoo Reef**, einem 10 km^2 großen Unterwassergarten, und zum **Nylon Pool**, einer flachen, warmen, türkisschimmernden Badewanne über einer Sandbank mitten im Meer. Buccoo ist auch berühmt für die **Goat Races** im April, bei denen von Jockeys angefeuerte Ziegen um die Wette rennen, sowie die **Sunday School**, eine Sonntagnacht stattfindende Party. Sie spielt sich rund um den namengebenden Club (Calypso und Soca) und eine Strandbar (Reggae und Dancehall) ab. Zu Ostern wird daraus ein turbulentes Straßenfest.

Der **Mount Irvine Bay Beach** an der Nordküste unweit des einzigen *Golfplatzes* (18 Loch) der Insel ist ein beliebter Treffpunkt für Golfer, Fischer, Sonnenanbeter und Surfer. Die **Stone Haven Bay** (auch Grafton Bay), ein langer, im südlichen Teil wildromantischer Strand, ist häufig von mächtiger Brandung umtost. Die Kulisse bilden einige hübsche Ferienvillen und zwei All-inclusive-Hotels.

Vorbei am Dorf *Black Rock* geht es zu dem trotz Hotel und Ferienvillen verwunschen wirkenden **Turtle Beach**. Durchs Grüne schlängelt sich die Straße weiter nach **Plymouth**. Das nette Dorf liegt am Rande von **Arnos Vale**, einem tropischen Naturparadies rund um eine alte Zuckerrohrplantage mit mächtigen Baumriesen, plätschernden Bächen, versteckten Stränden und Tälern voller Bambus. Das **Arnos Vale Hotel** ist als Unterkunft zwar wenig empfehlenswert, blickt aber auf eine hübsche kleine Bucht mit öffentlichem Sandstrand und guten Schnorchelgründen. Und wer oben auf der Terrasse den Five-o'clock-tea nimmt, dem hüpfen zwitschernde Vögel auf den Kuchenteller.

Scarborough bis Charlotteville

Eine Rundfahrt um die 18 km breite und 32 km lange Insel kann im Südwesten von Tobago, im Hauptort **Scarborough**, beginnen. Das Zentrum der Stadt erstreckt sich vom Hafen (Fähren nach Trinidad) über die Hänge der die Bucht umringenden Hügel. Geschäftsleben und Alltagstreiben entfalten sich rund um den **Markt** und in den Hauptverkehrsstraßen mit ihren Bürohäusern und Shopping Malls, allerlei Läden, Bars, Banken und Supermärkten. Eine stille Oase etwas oberhalb des Hafens sind die **Botanical Gardens** und das nahe Orchideenhaus. Hoch über Scarborough thront **Fort King George** (18. Jh.) und bietet neben herrlichen Panoramablicken auch das kleine *Tobago Museum* (Mo–Fr 8.30–16.30 Uhr) mit interessanten Exponaten zur Inselgeschichte.

Von Scarborough nimmt man nun die *North Side Road* auf verschlungener Route quer über die Insel und genießt grandiosen Vistas der wild-lieblichen Hügellandschaft und Küstenkulisse. Beim pittoresken Fischerdorf **Castara** mit seinem breiten Strand und seinen kleinen Pensionen ist wieder die Nordküste erreicht. Vorbei an riesigen Bambushainen und brandungsreichen Felsbuchten gelangt man geradewegs ins Paradies, denn **Englishman's Bay** ist zweifellos *der* Traumstrand Tobagos. Hinter dem opulenten elegant geschwungenen Sandstrand mit Palmensaum erhebt sich die grüne Wand des Dschungels, und über nahe Felsen stürzen Wasserfälle ins Meer.

Auf der Weiterfahrt nach Norden genießt man noch den Ausblick auf die perfekt geschnittene, halbmondförmige **Parlatuvier Bay**, dann geht es hinauf ins Bergland des *Main Ridge* mit der **Tobago Forest Reserve**. Das im Jahre 1765 ein-

Tobago ist reich an schönen Stränden, doch keiner ist so malerisch wie Englishman's Bay

gerichtete Regenwaldschutzgebiet ist das älteste der westlichen Welt. Im Rahmen von *Touren* (z.B. mit Harris Jungle Tours, Tel. 868-639-0513, www.harris-jungle-tours.com) ist diese Wunderwelt der Baumriesen und Farne, der bunten Vögel und Schmetterlinge zu erkunden.

Man kann nun die Insel wieder Richtung *Roxborough* queren (oder über die Küstenstraße gleich nach Charlotteville, s.u.). Nahebei locken die eindrucksvollen **Argyle Waterfalls** (tgl. 7.30–17 Uhr). Weiter fährt man am Atlantik entlang gen Norden, wirft bewundernde Blicke auf die hübsche *King's Bay* und hält schließlich an einem spektakulären **Aussichtspunkt**. Ein Panorama wie aus der Vogelperspektive offenbart Schönheit und Größe der friedlich hingebreiteten *Tyrell's Bay*. Deren attraktiver Auftakt ist das stille TOP TIPP Fischerdorf **Speyside**, ihr landschaftsgestalterischer Triumph aber sind zweifellos die beiden in der geheimnisvollen Bläue treibenden Inselchen vor der Küste.

Vom Pier in Speyside flitzen Boote am hügelig-geheimnisvollen *Goat Island* (Privatbesitz) vorbei und landen auf **Little Tobago** (auch Bird of Paradise Island genannt). Das 180 ha große Schutzgebiet ist eine der größten Seevogelkolonien der Karibik. Um seine zerklüfteten Felsküsten treiben in der Seebrise Brauntölpel, Prachtfregattvögel, Aztekenmöwen sowie Rotschnabel-Tropikvögel (*Phaethon aethereus*). Wanderpfade führen mitten durch märchenhaften Tropenwald hügelauf und hügelab zu Aussichtspunkten von wilder Romantik.

Die größten Sensationen Speysides aber liegen unter Wasser, denn die Tyrell's Bay gehört zu den besten **Tauchrevieren** Tobagos. Klingende Namen wie *Japanese Gardens*, *Bookends* und *Blackjack Hole* sind nur Andeutungen dessen, was erfahrene Taucher hier erwartet: Sie schweben durch eine Wunderwelt kunterbunter Korallengärten und schläfriger Seegraswiesen, vorbei an Rochen und Haien, Schildkröten und Engelsfischen und begegnen der größten *Hirnkoralle* der Welt. Wie spielerisch hingeworfen liegt das Gebilde mit seiner verschlungen-mystischen Naturornamentik auf dem leicht gewellten Sand des Meeresbodens.

Wen es nach diesen überwältigenden Naturerlebnissen nach meditativer Abgeschiedenheit verlangt, quartiert sich vielleicht im kleinen Fischerdorf **Charlotteville** an der Nordostspitze Tobagos ein. Es verfügt über hübsche Strände wie *Man O'War Bay* und *Pirate's Bay* und lädt mit kleinen Cottages und Pensionen zu geruhsamen Ferientagen ein.

i Praktische Hinweise

Information

Division of Tourism and Transportation, ANR Robinson International Airport und Cruise Ship Complex, Scarborough, Tel. 868-639-2125, www.visittobago.gov.tt

Hotels

Mount Irvine Bay Hotel & Golf Club, Scarborough, Tel. 868-639-8871, www.mtirvine.com. Auf einer einstigen Plantage bietet das Hotel über dem

Die Tyrell's Bay rund um das Dorf Speyside, Goat Island und die Vogelinsel Little Tobago (re.)

Das fröhliche Kling-Klang der Stahltrommeln ist Lockruf jeder karibischen Steel Band

Kunterbunte karibische Klänge

Musik und Tanz sind auf den Karibischen Inseln allgegenwärtig. Den zahlreichen Richtungen und Stilen gemeinsam ist die bunte Mischung aus europäischen und afrikanischen Elementen. Auf Kuba z.B. wurde im 19. Jh. mit **Habanera** die Urform des **Tangos** geboren. Die Dominikanische Republik ist die Heimat des **Merengue**, zu dem auch witzige oder anzügliche Texte gehören. **Salsa**, Sammelbegriff für moderne lateinamerikanische Musik, entwickelte sich aus der kubanischen und puertoricanischen Volksmusik des frühen 20. Jh. und hat längst die Welt erobert. Eine dynamische Verbindung von Musik und Tanz bildet auch der **Calypso**, der auf **Trinidad** entstand. Calypso-Sänger wie *David Rudder* und *Machel Montano* sind gefeierte und gefürchtete Interpreten aktueller Ereignisse. Beim Carnival gibt heutzutage meist der schnellere, fetzigere **Soca** den Ton an, der die Tänzer in einem Freudentaumel mitreißt, begleitet vom fröhlichen Klanggewitter der großen **Steel Bands**. Die Stahltrommeln, ausgediente Ölfässer, hämmerten sich die ›Trinis‹ nach dem Zweiten Weltkrieg zu Instrumenten zurecht, den *Steel Pans*. Sie verfügen über ein wunderbares Klangrepertoire, und gespielt wird alles, was Spaß macht, auch Jazz und Klassik.

Über alle Maßen berühmt ist der jamaikanische **Reggae**. Der Sänger Bob Marley (1945–81) und seine Band, The Wailers, machten ihn in den 1970er-Jahren weltweit bekannt. Zur großen Botschaft avancierte sie durch die **Rastafari**-Bewegung [s. S. 44]. Bob Marley, Peter Tosh, Bunny Wailer u. v. m. wurden selbst Rastas und vermittelten durch ihre Musik Glauben und Philosophie der Rastafari als *Positive Vibrations* einem internationalen Publikum. Mit Tempo, Witz und großer Lippe kommen die Stars des **Dancehall Reggae** daher, der seit den 1980er-Jahren die jamaikanische Musikszene regiert. Wortgewaltige Botschafter wie Shaggy, Lady Saw, Macka Diamond, VYBZ Kartel, Busy Signal, Sean Paul und Mavado tragen ihn in alle Welt.

Die jüngste Musikrichtung der Karibik ist **Reggaeton**, eine Melange aus Reggae, Dancehall, Soca und Salsa, die im 21. Jh. von Panama aus über Puerto Rico die Weltbühne betrat.

Meer ein schönes Restaurant am Pool, einen 18-Loch-Golfplatz und am Strand eine Snackbar.

TOP TIPP **Top O'Tobago**, Arnos Vale Road, Plymouth, Tel. 868-639-3166, 868-687-0121, www.topotobago.com. Bildschönes Guesthouse in einem Paradiesgarten. Die Villa thront in Panoramalage, am Hang liegen drei hübsche Cabanas. Von der Poolterrasse schweift der Blick über grüne Hügel hinaus aufs Meer. Malerischer Fußweg zum Arnos Vale Beach.

Kleine Antillen

Inseln unter dem Wind

Herber Charme der Prärie im Washington-Slagbaai National Park auf Bonaire

Die Bezeichnung Inseln unter dem Wind geht auf die ersten europäischen Seefahrer in diesen Gewässern zurück. Sie teilten die Westindischen Inseln ein in solche über und unter dem ständig wehenden **Passat**, was windzugewandt bzw. windabgewandt bedeutet. Während auf den ersteren übers Jahr verteilt erhebliche Regenmengen niedergehen und für üppig-grüne Vegetation sorgen, herrscht auf den letzteren ein deutlich trockeneres Klima vor. Heute wie damals werden zu den Inseln unter dem Wind auch die **ABC Inseln Aruba, Bonaire und Curaçao** gerechnet, niederländische Territorien vor der Nordküste Venezuelas. Es sind flache bis leicht hügelige Kalkplateaus, die aus dem Türkis des Karibischen Meeres herausragen. Der Passatwind bläst darüber hinweg, ohne dass sich die Wolken abregnen. In dieser Trockenzone gedeihen vor allem Kakteen, Sukkulenten, Dornsträucher, Agaven und Divi Divi Bäume. Obst und Gemüse müssen künstlich bewässert werden, wozu das teure Nass aus Meerwasserentsalzungsanlagen vor Ort herangezogen wird. Doch auf den Inseln unter dem Wind scheint die Sonne an 360 Tagen im Jahr, und das verleiht ihnen touristisch gesehen besonderen Reiz.

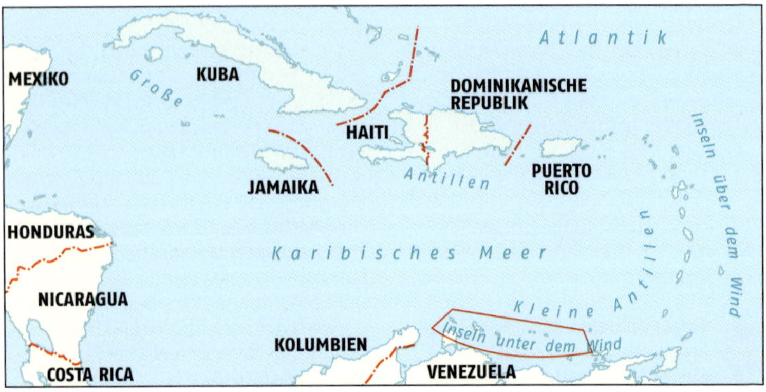

Niederländische Antillen

Südlicher Teil: ABC Inseln

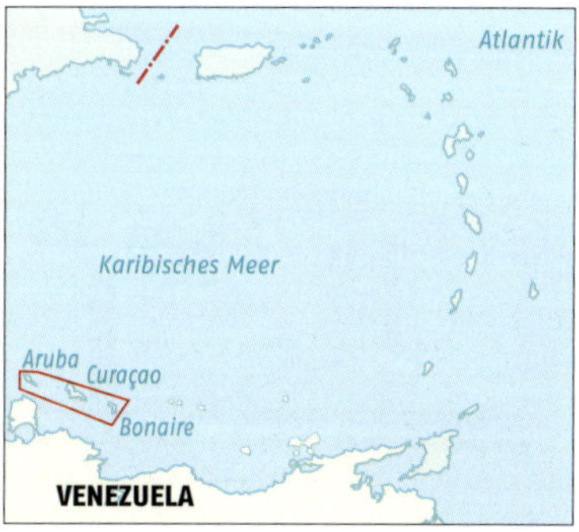

Jede der drei ABC Inseln Aruba, Bonaire und Curaçao hat ihr eigenes unverwechselbares Gesicht, dank attraktiver Strände, fantastischer Tauchgründe, bilderbuchschöner Kolonialarchitektur und für die Karibik ungewöhnlicher Wildwest-Naturkulisse. Eines eint sie jedoch, denn hier spricht man im Alltag **Papiamento**, eine bunte Mischung aus Holländisch, Spanisch, Französisch, Englisch und afrikanischen Idiomen.

Curaçao und Aruba wurden 1499 von *Alonso de Ojeda* entdeckt, Bonaire im selben Jahr von *Amerigo Vespucci*. Die Spanier hatten nur *ein* Interesse an den sonnenverbrannten Inseln: Sie brachten die dort ansässigen **Caiquitìos** vom Volk der Arawak als Zwangsarbeiter auf die Plantagen und in die Minen von Hispaniola. In den Jahren 1634–36 verdrängten Holländer die Spanier, und die Inseln entwickelten sich zu wichtigen Handelsstützpunkten. **Peter Stuyvesant** wurde 1643 erster Gouverneur der Niederländischen Antillen, und **Willemstad** auf Curaçao avancierte zur Hauptstadt dieser Besitzungen.

Die niederländische Handelsgesellschaft **West-Indische Companie (WIC)** exportierte bald große Mengen Salz und Fleisch von den ABCs nach Europa, auf dem Rückweg brachten die Schiffe Sklaven aus den afrikanischen Kolonien mit, die auf den Salzfeldern und Plantagen arbeiten mussten. Im 17. Jh. entwickelte sich Curaçao zum größten **Sklavenumschlagplatz** für die Karibik und Südamerika. Nach der Abschaffung der Sklaverei 1863 aber wurden viele der Plantagen stillgelegt, und die drei Inseln verfielen in einen Dornröschenschlaf. Erst mit Erschließung der **Ölfelder** vor der Küste von Venezuela Anfang des 20. Jh. und dem Bau von Raffinierien auf Aruba und Curaçao begann eine neue wirtschaftliche Blüte. 1986 wurde **Aruba** zu einem autonomen Staat mit eigener Verfassung und Regierung. Nach der Auflösung der Niederländischen Antillen am 10. Oktober 2010 erhielt auch **Curaçao** diesen Status, während **Bonaire** seitdem als ›Besondere Gemeinde‹ direkt zu den Niederlanden gehört. Wirtschaftlich spielen Öl und Salz bis heute eine wichtige Rolle für die ABC Inseln, doch seit den 1990er-Jahren hat der **Tourismus** die Führungsposition inne.

41 Curaçao

Tagsüber sind Tauchen, Schnorcheln und Shopping angesagt, abends in der reizenden Altstadt des ›Amsterdam der Karibik‹ Cocktails mit Curaçao Blue.

Autonomer Teil der Niederlande
Größe: 444 km²
Einwohner: 138 000
Hauptstadt: Willemstad
Sprachen: Niederländisch, Papiamento
Währung: Antillengulden (NAf)

TOP TIPP Mit seinen Grachten und Giebelhäusern erinnert **Willemstad** (44 000 Einw.), Hauptstadt Curaçaos im Südwesten der Insel, auf den ersten Blick an eine holländische Stadt des 17. Jh. (sie wurde 1643 gegründet), die in die Tropensonne der Karibik versetzt wurde. Die Renaissancefassaden der Kaufmannshäuser an der *Handelskade* im Stadtteil **Punda** leuchten in den herrlichsten Pastellfarben über dem tiefblauen Wasser der *Santa Anna Bay*. Das Gebäudeensemble ist ein berühmtes Wahrzeichen für Stadt und Insel zugleich, seit 1997 zählt das histo-

rische Zentrum zum UNESCO-Weltkulturerbe. Einem Gemälde Vermeers scheint die **Queen Emma Pontoon Bridge** entnommen zu sein. Die Pontonbrücke verbindet Punda mit dem Viertel Otrobanda westlich der Bucht, schwingt aber wie von Geisterhand gezogen zur Seite, wenn mal wieder ein Ozeanriese in die tiefe Hafenbucht einfährt.

Hinter der Handelskade mit ihren Prachtbauten, die heute Läden, Restaurants und Cafés beherbergen, öffnen sich die Haupteinkaufsstraßen der Stadt zwischen *Madurostraat* und *Breedestraat*. In den Duty Free Shops kann man einfach alles kaufen, auch den berühmten **Curaçao Blue**. Der bittersüße Likör wird aus den Schalen der pomeranzenartigen Curaçao-Frucht destilliert.

Südlich der Breedestraat bewacht das 1635 von der WIC errichtete **Fort Amsterdam** die enge Einfahrt zum Hafen. Nahe-

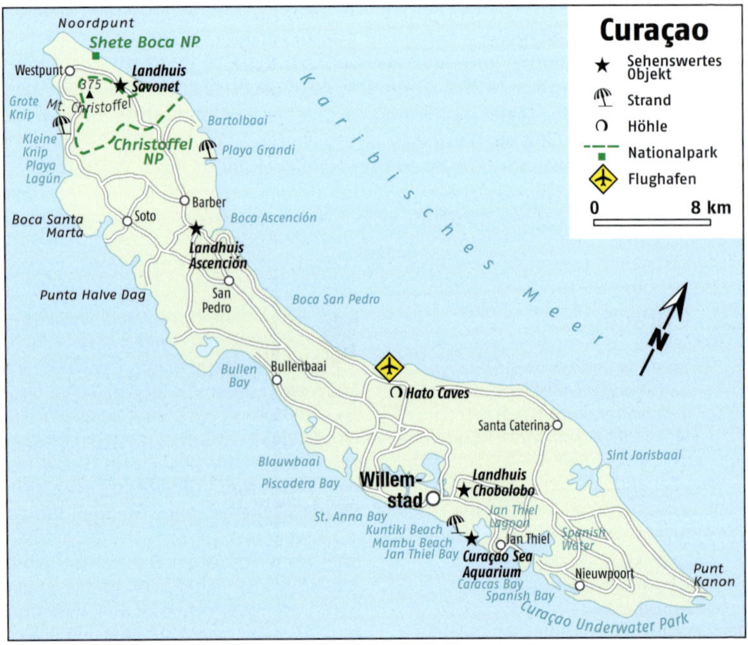

Willemstad – eine Märchenwunderstadt aus lauter bunten Zuckerbäckerhäuschen

bei erhebt sich die protestantische *Fort Church* von 1769, die älteste Kirche Curaçaos. Weiter südlich sieht man die Reste des **Waterfort** von 1634, in den einstigen Pulvermagazinen daneben sind heute Restaurants mit Meerblick ansässig.

Im Herzen von Punda steht das älteste noch genutzte jüdische Gotteshaus der Neuen Welt, die **Mikve Israel Emanuel Synagoge** (Hanchi Snoa/Columbusstraat, Mo–Fr 9–16.30 Uhr) von 1732. Sie beherbergt auch das *Jewish Historical Cultural Museum* mit kostbaren Thorarollen und anderen rituellen Exponaten.

Auf ein weiteres Stück Holland trifft man im Norden von Punda, den **Top Tipp** **Schwimmenden Markt** (tgl. bis etwa 12 Uhr) am Kanal neben der Sha Carpileskade. Hier werden von Booten aus, die ihre Segel als Schattenspender quer gestellt haben, Obst, Gemüse und Fisch verkauft. Die Händler kommen morgens von Venezuela übers Meer, um ihre Ware anzubieten. An den Ständen des nahen **Marshe Bieuw** köcheln lokale Spezialitäten in den Töpfen.

Apropos Insel: Im alten jüdischen Viertel *Scharloo* beleuchtet das **Maritime Museum** (Di–Sa 9–16 Uhr) anhand von Exponaten wie alten Karten und Schiffsmodellen die Geschichte der Seefahrt.

Auf der anderen Seite der Santa Anna Bay lockt im malerischen Stadtteil **Otrobanda** die Breedestraat (sic!) mit allerlei Shops zum Einkaufsbummel. Gleich nördlich von hier, in der Klipstraat, präsentiert das **Kura Hulanda Museum** (Di–Sa 10–17 Uhr) eine hochkarätige Sammlung von Kunst und Kunsthandwerk aus Afrika und als weitere Highlights präkolumbische Goldschmiedearbeiten aus Südamerika. Historische Hintergründe beleuchtet eine Dokumentation zum Sklavenhandel. Am Westrand von Otrobanda bietet das **Curaçao Museum** (Van Leeuwenhoekstraat, Di–Fr 8.30–16.30, Sa/So 10–16 Uhr) ebenfalls Einblicke in die Vergangenheit, mit archäologischen Exponaten, mit Möbeln, Gemälden und Kuriositäten.

Im Südosten

Ganz in der Nähe von Willemstad, im Südosten bzw. um die nordwestlich gelegene **Piscadera Bay,** haben sich viele Hotels und Tauchschulen angesiedelt.

Eine Attraktion südlich der Stadt ist das interessante **Curaçao Sea Aquarium** (Tel. 5999/461-6666, www.curacao-sea-aquarium.com, tgl. 8–17 Uhr). Neben zahlreichen Aquarien gibt es Streichelbecken und Touch Tanks, ein Unterwasser-Observatorium, von dem aus die Hai-Fütterung zu beobachten ist, und ein IMAX Kino. Weitere Angebote sind, mit Delfinen oder Seelöwen zu schwimmen, zu schnorcheln oder zu tauchen.

Nach solchen Erlebnissen wird es so manchen gleich zu den Tauchgründen des **Curaçao Underwater Park** vor der Südostküste ziehen. Zunächst aber laden Sea Aquarium Beach, Mambo Beach und Kontiki Beach zum Schwimmen oder Relaxen ein. Weiter östlich trifft man auf exzellente Wassersportzentren an der *Jan Thiel Bay* und im Freizeitpark *Caracas Bay Island* nahe dem Ort Jan Thiel.

Arrangement aus Hirnkorallen und Röhrenschwämmen im Boca St. Martha von Curaçao

Im Nordwesten

Den Nordwesten der Insel beherrscht der **Christoffel National Park** (Mo–Sa 7.30–16, So 6–15 Uhr, Haupteingang am Landhuis Savonet an der Straße nach Westpunt), eine faszinierende Landschaft mit exotischer Flora und Fauna rund um den höchsten Berg Curaçaos, den **Mount Christoffel** (375 m). Acht farbig markierte Wanderwege (20 Min. bis 5 Std.) und einige Autopisten erschließen das Terrain. Außerdem zeigt das Museum im *Landhuis Savonet* Artefakte aus der Vor- und Frühgeschichte der Insel.

Weiter nördlich bietet der kleine **Shete Boka National Park** Trails entlang der rauen Küste zu mehreren Grotten, von denen die *Boka Tabla* zu besichtigen ist.

Vorbei am Ort *Westpunt* geht es nun entlang der Westküste zum **Landhuis Knip**, einem gediegen eingerichteten Herrenhaus aus der Zeit um 1700 (1830 erneuert), von dem aus einst eine der größten und ertragreichsten Plantagen der Insel betrieben wurde.

An der hiesigen Küste findet man auch einige der besten Strände und Tauchgründe Curaçaos. Besonders beliebt sind die bilderbuchschöne Sandbucht **Grote Knip** und der Strand **Kleine Knip** weiter südlich. Auf dem Rückweg nach Willemstad kann man noch ein Auge auf das **Landhuis Ascension** (1672) werfen, das älteste Plantagenhaus der Insel. Auch ein Abstecher zu den Tropfsteinhöhlen **Hato Caves** (tgl. 10–17 Uhr) südlich des Flughafens bietet sich an. Ein bisschen ins Glas gucken kann man zum Abschluss im **Landhuis Chobolobo** (Mo–Fr 8–12 und 13–17 Uhr) nördlich der Stadt. Die hiesige Destillerie besteht seit 1896 und kann besichtigt werden. Zum krönenden Abschluss ist der köstliche Curaçao-Likör in mehreren Varianten zu probieren, von denen der ›Blue‹ am bekanntesten ist.

i Praktische Hinweise

Information

Curaçao Tourist Board, Pietermaai 19, Willemstad, Tel. 59 99-434-82 00, www.curacao.com

Hotels

Avila Beach Hotel, Penstraat 130, Willemstad, Tel. 59 99-461-43 77, www.avilahotel.com. Früheres Gouverneurshaus in Punda mit Privatstrand und Restaurant am Pier mit live Jazz.

Sandton Kura Hulanda Hotel & Spa, Langestraat 8, Willemstad, Tel. 59 99-434-77 00, www.kurahulanda.com. Wunderschönes, als Dorf aus Kolonialbauten des 18./19. Jh. angelegtes Resort, Mitglied der Small Luxury Hotels of the World. 80 geschmackvoll gestylte Zimmer, mit zwei Pools, Fitness Center, Spa und vier ausgezeichneten Restaurants. Transfer zum Beach Club und Golf Club.

42 Bonaire

Bonaire ist berühmt für den alle Küstengewässer umfassenden Marine Park mit fanastischen Tauchgründen, den kaktusbestandenen Nationalpark und das Flamingo Sanctuary.

Besondere Gemeinde der Niederlande
Größe: 288 km^2
Einwohner: 15 000
Hauptstadt: Kralendijk
Sprachen: Niederländisch, Papiamento,
Währung: US-Dollar (US $)

Bonaire, die zweitgrößte der ABCs, bietet entspanntes Ambiente und intakte Natur. Die 30 km lange und 10 km breite Koralleninsel in Form eines Bumerangs ragt nur wenige Meter aus dem Meer. Auf ihr leben 14 000 Menschen und etwa ebenso viele **Flamingos**, die häufig in Flugformation den Himmel über dem Eiland rosarot erstrahlen lassen. Die meisten Besucher aber kommen wegen der **Unterwasserwelt** nach Bonaire, die selbst für karibische Verhältnisse außergewöhnlich schön und vielgestaltig ist. Der im Jahre

Der Hafen von Kralendijk lässt Erinnerungen an zugige Amsterdamer Grachten verblassen

TOP TIPP 1979 eingerichtete **Bonaire National Marine Park** (www.bmp.org) umfasst alle Küstengewässer mit ihren Korallenriffen und jene der vorgelagerten Insel **Klein Bonaire**. Karten sind im Tourismusbüro erhältlich, den zum Schnorcheln und Tauchen benötigten *Marine Park Tag* erhält man in den Dive Shops. Die meisten der 86 Tauch- und Schnorchelgründe befinden sich vor der Südküste Bonaires. Die populärsten sind *Country Garden, 1000 Steps, Karpata, Rappel* und *Pink Beach* sowie *No Name* bei Klein Bonaire. Vor der Nordostküste des Inselchens gibt es kaum Flachwasserzonen, sodass Taucher schnell in große Tiefen gelangen können.

Kralendijk

Die Taucherhotels konzentrieren sich um den Hauptort Kralendijk (›Korallendeich‹, 10 000 Einw.) an der Südwestküste. Die pittoreske Hafenstadt mit ihren engen Gassen und farbenfrohen Häusern lädt zum Bummeln ein. Von der hübschen Uferpromenade **Kaya Jan N. E. Craane** mit zahlreichen Geschäften, Bars und Restaurants schlendert man nach Norden zu Karel's Pier und zur Harbourside Mall. Am südlich gelegenen **Town Pier** (auch North Pier) gibt es einen kleinen *Markt*, Stände findet man in der nahen **Wilhelminaplein**. Weitere Läden, Boutiquen und Restaurants säumen die **Kaya Grandi**. Auf dem Weg zum *South Pier* trifft man auf das kleine **Fort Oranje** (1817) in Küstenlage mit Leuchtturm und Kanonen, das heute als Rathaus dient. Östlich des Zentrums präsentiert das kleine, aber feine **Bonaire Museum** (Mo–Fr 8–12 und 14–17 Uhr) seine Sammlung zur Geschichte der Insel.

Gen Süden

An der Westküste geht es Richtung Süden zu vielen schönen *Tauchgründen* (Hilma

Kostbares Streugut – die Salinen im Süden Bonaires begründeten den Wohlstand der Insel

Hooker, Angel City, Alice in Wonderland) und zu den riesigen buntschillernden **Salinen** (Pans genannt), die von *Cargill Salt*, einem der größten Unternehmen Bonaires zur Gewinnung von Meersalz, betrieben werden. Bei Whitte Pan und Oranje Pan stehen am Rand der Salinen Gruppen winziger Steinhäuser, die **Slave Huts**, für die hier einst arbeitenden Sklaven. An der Südspitze Bonaires liegt das **Pekelmeer Sanctuary**, ein 55 ha großes Flamingoschutzgebiet. Hier hebt sich das Pink der Vögel apart von den weißen Bergen der Salinen ab. Unweit stehen die Reste des **Willemsoren Lighthouse** von 1837, des ältesten Leuchtturms der Insel.

An der Ostküste öffnet sich die **Lac Bay**, das beste Windsurf- und Kayakrevier Bonaires mit günstigen Passatwinden. Hier kann man Bretter und Boote ausleihen, und auch Kurse und Ausflüge per Kayak in die nahen Mangroven werden angeboten. Im Oktober findet in der Bucht der große *International Windsurfing Competition* statt.

Der Nordwesten

Von Kralendijk fährt man nun zum nordwestlich gelegenen, stillen Dorf **Rincon**, das im 16. Jh. als erste Siedlung Bonaires von den Spaniern gegründet wurde. Von hier sind es noch knapp 4 km bis zum **Washington Slagbaai National Park** (tgl. 8–17, letzter Einlass 14.45 Uhr), der den Nordwesten der Insel einnimmt. Rund um den **Subi Brandaris**, mit 241 m die höchste Erhebung der Insel, gibt es ausgedehnte Bestände der seltenen Riesenkakteen, und auf der Ostseite wachsen windgebeugte Divi Divi Bäume. In dem paradiesischen Nationalpark können Ornithologen bis zu 130 Arten exotischer Vögel beobachten. Das Gelände wird durch zwei Pisten erschlossen. Die *Grüne Route* (2 Std.) geht durch das hügelige Innere, die *Gelbe Route* (4 Std.) führt zunächst an der Küste entlang und stößt später im Inland auf die Grüne Route. Wenn die Salzbecken von **Salina Matijs** sich im Winter mit Regenwasser füllen, sind sie Sammelstelle für Hunderte von Flamingos. Am Weg liegen auch einige attraktive *Strände* wie Playa Chikitu, Playa Funchi und Playa Bengé. Schwimmen kann man am besten an der **Boka Slagbaai** südlich der Playa Funchi, die mit Picknicktischen ausgestattet ist. Dann geht es noch einmal ins Innere des Parks, zum Salzsee **Gotomeeer**, der ebenfalls von Pink Flamingos bevölkert wird.

i Praktische Hinweise

Information

Tourism Corporation Bonaire, Kaya Grandi 2, Kralendijk, Tel. 599-717-83 22, www.infobonaire.com

Hotels

Plaza Resort Bonaire, J. A. Abraham Blvd. 80, Kralendijk, Tel. 599-717-25 00, www.plazaresortbonaire.com. Luxusstrandresort mit großen Zimmern, Pool, gutem Restaurant, Casino, Strandbar und Tauchschule.

Captain Don's Habitat, Kaya Gobernador Nicolaas Debrot 103, Kralendijk, Tel. 599-717-82 90, www.habitatbonaire.com. Beliebtes Taucherhotel mit rustikalen Zimmern um Pool und Garten. Ein schöner Tauchgrund mit 70 Spots liegt gleich vor der Tür.

Buddy Beach and Dive Resort, Kaya Gobernador Nicolaas Debrot 85, Kralendijk, Tel. 599-717-50 80, www.buddydive.com. Angenehmes Hotel am Wasser mit Apartments, Pool und Restaurant. Die hauseigene Tauchschule bietet gute Dive & Drive-Komplettarrangements. Auch Schnorcheln, Biken, Fischen.

43 Aruba

Endlos lange Strände, elegante Luxushotels, jede Menge Casinos und Wassersport machen die kleine Insel zu einer der beliebtesten Destinationen in der Karibik.

Autonomer Teil der Niederlande
Größe: 184 km^2
Einwohner: 93 000
Hauptstadt: Oranjestad
Sprachen: Niederländisch und Papiamento
Währung: Aruba Florin (AFl)

Aruba, eine 30 km lange und 9 km breite Insel, erstritt als erste der Niederländischen Antillen 1986 den **Status aparte**, d. h. es wurde selbstständiges Mitglied im Königreich der Niederlande mit eigenem Parlament, eigener Fahne, dem Aruba Florin als Währung und Entscheidungsfreiheit bei inneren Angelegenheiten.

Besonders dank des strategischen Ausbaus des **Tourimussektors** seit den 1990er-Jahren ist die kleinste der ABC Inseln inzwischen ganz groß herausgekommen. Heute reisen pro Jahr über 1 Mio. Urlauber nach Aruba, um sich an den Bilderbuchstränden und an den

Lebkuchenhäuschen – der Lloyd G. Smith Boulevard ist Oranjestads ganze Zierde

Spieltischen der Casinos, in den Shopping Centern, an den Stränden und beim Wassersport vom Alltag zu erholen.

Oranjestad

Besonders lebhaft geht es in der Inselhauptstadt Oranjestad (20 000 Einw.) zu. Sie besitzt einen Tiefseehafen, an dessen *Cruise Ship Terminal* täglich Kreuzfahrtschiffe mit Tausenden von unternehmungslustigen Passagieren anlegen. Sie strömen zum **L. G. Smith Boulevard**, der gleich hinter dem Hafen verlaufenden Hauptverkehrsstraße der Insel, wo im Schatten von Palmen Shopping Malls, Duty Free Shops, Boutiquen, Casinos und Restaurants locken. Moderne farbenfrohe Bauten im niederländichen Kolonialstil prägen die Kulisse. Der Boulevard mündet in den **Wilhelmina Park**, den 1955 angelegten kleinen Garten mit exotischer Blütenfülle und einer Marmorstatue der Königin Juliana. Gen Osten geht es vorbei am gelben Bau des *Parlaments* und über die Oranjestraat zum 1796 erbauten **Fort Zoutman**, dem ältesten Gebäude Arubas. Der Leuchtturm **Wilhelm III Tower** kam 1868 hinzu, heute ist er das Wahrzeichen der Stadt. Das kleine *Historische Museum* (Mo–Fr 8–12 und 13–16 Uhr) im Fort dokumentiert u.a. mit Urnen und Werkzeugen die Vergangenheit der Insel.

Weiter östlich lädt das **Numismatic Museum** (derzeit geschlossen) mit seiner Münzsammlung zu einem Streifzug durch die Geschichte des Geldes ein. Das kleine **Archeological Museum** (Schelpstraat 42, Mo–Fr 10–17, Sa/So 10–14 Uhr) im Norden der Stadt präsentiert eine Sammlung präkolumbischer Funde, darunter Gräber und Grabbeigaben, Steinwerkzeuge von etwa 2000 v. Chr. und Keramik, die auf 500 n. Chr. datiert wird.

Der Norden

Die größte Attraktion Arubas sind die insgesamt 7 km langen, puderzuckerfeinen und weißen Sandstrände von **Palm Beach** und **Eagle Beach** im Nordwesten, die man über den J. E. Irausquin Boulevard erreicht. Eagle Beach ist der größere und beliebtere der beiden. Er wird gesäumt von Hotelanlagen, die sich meist harmonisch in die Umgebung einpassen. Zum Wassersportangebot gehören Windsurf- und Kayakverleih. Ganz anders, quasi im Großformat, präsentiert sich Palm Beach. Seine Hotelhochhäuser

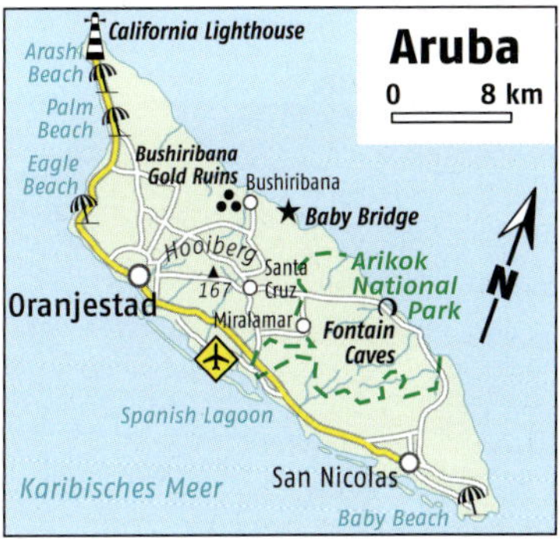

bieten bis zu 600 Zimmer, gigantische Pools, schattige Tropengärten, Wassersportzentren, quirlige Casinos, Tennis- und Golfplätze.

Etwas stillere Vergnügungen ermöglichen die nahe **Butterfly Farm** (tgl. 8.30–16.30 Uhr), ein idyllischer, von bunten Schmetterlingen bewohnter Garten, und das im Marschland gelegene **Bubali Bird Sanctuary**, von dessen Aussichtsplattform mehrere hundert Arten von Wasservögeln zu beobachten sind.

Die Strände weiter nördlich sind vor allem bei Surfern und Tauchern ein Begriff, **Hadicurari Beach** (auch Fisherman's Hut Beach) ist Treffpunkt der Windsurfer und Austragungsort internationaler Wettbewerbe. **Malmok Beach** und **Arashi Beach** sind Ausgangspunkte für die Erkundung der reichen Unterwasserwelt Arubas. Per Boot gelangt man zu Korallenriffen und Schiffswracks. Über 20 exzellente **Tauchgründe** hat Aruba aufzuweisen, aber auch beim Schnorcheln sind hier viele Naturwunder zu entdecken. Wer ganz tief hinab will, macht eine Exkursion mit dem **›Atlantis Submarine‹** (www.depalmtours.com, ab Oranjestad Adventure Center) bis in eine Tiefe von 50 m. Das U-Boot gleitet vorbei an bunten Fischschwärmen, bizarren Korallengärten und verwunschenen Schiffswracks. Aus den Sanddünen an der Nordwestspitze Arubas erhebt sich das gelbe **California Lighthouse** (1914), ein schöner Platz, um den Sonnenuntergang zu beobachten.

Von Malmok geht es über *Paradera* ins Zentrum Arubas, zu den geheimnisvollen riesigen Dioritblöcken von **Casibari** und **Ayû**. Sie sind geologische Ausnahmeerscheinungen im Vergleich zum Rest der Insel. Einige der Kolosse sind mit nicht weniger mysteriösen *Petroglyphen* geschmückt. Nahebei erhebt sich der wie ein riesiger spitzer Heuhaufen geformte, 167 m hohe *Hooiberg*.

Über eine Piste fährt man nun nach Norden zu den **Bushiribana Gold Ruins**. Zwischen 1824 und 1913 wurden in dieser Gegend Goldminen ausgebeutet, und das Rohmaterial wurde in Schmelzöfen weiterverarbeitet. In östlicher Richtung gelangt man zur Küste, wo bis 2005 eine 33 m lange Natural Bridge eine kleine Bucht überspannte. Seit ihrem Einsturz zieht die nahe begehbare **Baby Bridge** die Besucher an.

Einblicke in die Naturgeschichte Arubas vermittelt der 2000 gegründete **Arikok National Park** (tgl. 8–17 Uhr, Tel. 297-585-1234, www.arubanationalpark.org, Zufahrt über San Fuego), der sich im Nordosten von der Küste bis weit ins Inland erstreckt und durch *Wanderwege* erschlossen ist. An den Wilden Westen der USA oder an die australische Wüste fühlt sich der Besucher erinnert angesichts dieser rauen Einöde mit ihren roten Felsen, spindelförmigen Kakteen, windgebeugten Divi Divi Bäumen, Aloes, Agaven und Dornbüschen. *Cunucu Arikok*, ein interessanter Gesteins- und

Auf Aruba versprechen komfortable Hotels an ausgedehnten Palmenstränden Urlaub pur

Spielplatz der Riesen – Blick über die Dioritblöcke von Casibari auf den wunderlichen Hooiberg

Pflanzengarten, liegt auf dem Weg zum **Cero Arikok** (176 m), von dem man einen Ponoramablick auf den Park genießt. Südlich locken die alten Goldminen von *Miralmar* und der **Cero Jamanota** (188 m), die höchste Erhebung der Insel. Im Norden stimmen weiße Sanddünen auf die Küste ein. Weiter östlich weist der Meeressaum Höhlen und Grotten auf, in denen einst Indios vom Volk der Arawak lebten. Die **Fontein Caves** bergen zahlreiche Felszeichnungen aus jener Zeit. Der benachbarte **Fontein Garden** gehörte im 19. Jh. zu einer Plantage, und im Landhaus zeigt heute ein kleines *Museum* historische Exponate.

Stippvisite im Süden

Im Süden liegt **San Nicolas** (10 000 Einw.). der älteste und zweitgrößte Ort Arubas. Bis 1879 war er nicht mehr als ein Fischerdorf, doch dann begann der Boom, zunächst als Exporthafen für Phosphor in die USA, später, Anfang des 20. Jh., mit dem Bau einer Erdölraffinerie. 1951 lebten und arbeiteten hier 20 000 Menschen. Die Schließung der Raffinierie 1985 brachte den Niedergang, doch 1991 wurde das Werk wiedereröffnet. Die hübsche Promenade *Zeppenfeldstraat* und die legendäre *Charlie's Bar* (seit 1941) sind die einzigen Attraktionen. Östlich der Stadt aber verlockt der schöne **Baby Beach** zum Plantschen und Schnorcheln.

i Praktische Hinweise

Information

Aruba Tourism Authority, L. G. Smith Boulevard 172, Oranjestad, Tel. 297-582-3777, www.aruba.de

Hotels

Amsterdam Manor Beach Resort, Eagle Beach, J. E. Irausquin Boulevard 252, Tel. 297-527-1100, www.amsterdammanor.com. Hübsches gemütliches Hotel (72 Zimmer) im niederländischen Stil am kilometerlangen Strand.

Arubiana Inn, Bubali 74 (nahe Eagle Beach), Oranjestad, Tel. 297-587-7700, www.arubianainn.com. 18 nette, einfache Zimmer mit Mini-Küche und Terrasse am Strand.

Bucuti & Tara Beach Resorts, Eagle Beach, J. E. Irausquin Boulevard 55 B, Oranjestad, Tel. 297-583-1100, www.bucuti.com. Das freundliche Hotel für Erwachsene bietet auch Bungalows und Penthouse-Suiten. Außerdem gibt es ein Restaurant, Fitness Center und Spa.

Renaissance Aruba Resort & Casino, L. G. Smith Boulevard 82, Oranjestad, Tel. 297-583-6000, www.arubarenaissance.com. Renommierter großer Hotelkomplex mit Restaurants, Bars, Casinos, Shops, Golfplatz, Fitness Center, Spa und Privatinsel.

JAMAICA

Karibik aktuell A bis Z

Vor Reiseantritt

ADAC Info-Service
Tel. 0800 5 10 11 12 (Mo–Sa 8–20 Uhr)

ADAC im Internet
www.adac.de
www.adac.de/reisefuehrer

Arbeitsgemeinschaft Karibik
Prinzenstr. 21, 30519 Hannover,
Tel.: 0511/899 11 17

Caribbean Tourism Organization (CTO), Tel. 061 87/90 07 80,
www.karibik-info.de

Anguilla
Kunigundenstr. 28, 80802 München,
Tel. 089/54 34 87 63,
www.anguilla-vacation.com

Antigua & Barbuda
Tel. 00 44/12 45-70 74 71,
www.antigua-barbuda.de

Aruba
Kleiner Ring 7, 64342 Seeheim,
Tel. 062 57/507 69 50, www.aruba.de

Barbados
Josephspitalstr. 15, 80331 München,
Tel. 089/552 53 38 34,
www.visitbarbados.co

Bonaire
Tel. 00 31/23-543 07 04,
www.tourismbonaire.com

British Virgin Islands
Schwarzbachstr. 32, 40822 Mettmann,
Tel. 021 04/28 66 71,
www.bvitourism.de

Cayman Islands
Tel. 00 44/20-74 91 77 71,
www.caymanislands.co.uk

Curaçao
Arnulfstr. 31, 80636 München,
Tel. 089/51 70 32 98, www.curacao.de

Dominica
Postfach 140223,
70072 Stuttgart,
07 11/26 34 66 24,
www.discoverdominica.com

Dominikanische Republik
Hochstr. 54, 60313 Frankfurt,
Tel. 069/91 39 78 78,
www.godominicanrepublic.com

Grenada
Schenkendorfstr. 1, 65187 Wiesbaden,
Tel. 06 11/267 67 20,
www.grenadagrenadines.com

Guadeloupe
Postfach 140212, 70072 Stuttgart,
Tel. 07 11/505 35 11,
www.guadeloupe-inseln.com

Jamaika
Schwarzbachstr. 32, 40822 Mettmann,
Tel. 021 04/83 29 74,
www.visitjamaica.com

Kuba
Kaiserstr. 8, 60311 Frankfurt,
Tel. 069/28 83 22, www.cubainfo.de

Martinique
2, rue des Moulins, F-75001 Paris,
Tel. 00 33/(0)1 44 77 86 00, www.insel-martinique.de, www.martinique.org

Montserrat
Tel. 00 44/20-75 20 26 22,
www.visitmontserrat.com

Puerto Rico
Schenkendorfstr. 1, 65187 Wiesbaden,
Tel. 06 11/267 67 10,
www.seepuertorico.com

Saba
www.sabatourism.com

St. Maarten
Tel. 00 31/715-62 20 02,
www.vacationstmaarten.com

St-Martin
www.st-martin.org

St. Eustatius
www.statiatourism.com

St. Kitts & Nevis
Tel. 00 44/20 73 76 08 81,
www.stkittstourism.kn

St. Lucia
Kälberstücksweg 59, 61350 Bad Homburg, Tel. 06172/499 41 38,
www.jetzt-saintlucia.de

St. Vincent & the Grenadines
Tel. 00 44/20-79 37 65 70,
discoversvg.com

Trinidad & Tobago
Josephspitalstr. 15, 80331 München,
Tel. 089/552 53 34 05,
gotrinidadandtobago.com

Turks & Caicos Islands
Tel. 00 44/(0)20-70 34 78 45,
www.turksandcaicostourism.com

U.S. Virgin Islands
www.usvi.net

Allgemeine Informationen

Reisedokumente

Für die französischen Inseln genügt es, wenn man Personalausweis oder Reisepass vorlegt. Für alle übrigen Inseln ist ein Reisepass erforderlich, der mindestens noch sechs Monate gilt, sowie das Rück- oder Weiterflugticket. Für Puerto Rico und die U.S. Virgin Islands gelten die Einreisebestimmungen der USA. Auf den meisten Inseln wird bei der Ankunft ein Touristenvisum ausgestellt. Die ausgefüllte Einwanderungskarte muss man aufheben, weil sie bei der Ausreise wieder verlangt wird. Einige Inseln erheben eine zusätzliche Departure Tax.

Krankenversicherung

Der Abschluss einer privaten Auslandsreisekranken- und Rückholversicherung mit uneingeschränkter Kostenübernahme wird dringend empfohlen.

Impfungen

Für Europäer sind keine Impfungen vorgeschrieben. Sinnvoll ist jedoch eine Tetanus-Impfung, kombiniert mit Schutz gegen Kinderlähmung, Diphtherie und Keuchhusten sowie Impfungen gegen Hepatitis A, B und Typhus. Für die Dominikanische Republik ist trotz eines relativ geringen Risikos die Mitnahme eines Stand-by-Medikaments angeraten. Aktuelle Infos sollte man rechtzeitig einholen, z.B. auf: www.fit-for-travel.de.

Zollbestimmungen

Auskünfte über die Bestimmungen der einzelnen Staaten erteilen deren Botschaften und Tourismusvertretungen. Bei der Rückreise dürfen Reisende über 15 Jahre Waren zum persönlichen Ge- und Verbrauch bis zu einem Wert von 430 Euro zollfrei nach Deutschland einführen. Abgabenfrei sind zudem (ab 17 Jahren) 200 Zigaretten oder 100 Zigarillos oder 50 Zigarren oder 250 g Tabak, 1 l Spirituosen über 22 Vol. % Alkohol oder 2 l Spirituosen und andere Alkoholika bis 22 Vol. % und 4 l Wein sowie 16 l Bier. Aktuelle Infos: www.zoll.de

Service und Notruf

Notruf
Tel./Mobil: 112 (EU-weit: Polizei, Unfallrettung, Feuerwehr)

Notruf
in der Karibik s. S. 175–177

ADAC Info Service
Tel. 0800 5 10 11 12
(Mo–Sa 8–20 Uhr)

ADAC Pannenhilfe Deutschland
Tel. 0 180 2 22 22 22
(dt. Festnetz 6 ct/Anruf; dt. Mobilfunk max. 42 ct/Min.), Mobil-Kurzwahl: 22 22 22
(Verbindungskosten je nach Netzbetreiber/Provider)

Hilfe an Notrufsäulen
Unbedingt den ADAC verlangen

ADAC Notruf aus dem Ausland
Festnetz: +49 89 22 22 22

ADAC Ambulanzdienst München
Festnetz: +49 89 76 76 76 (24 Std.)

ÖAMTC Schutzbrief Nothilfe
Tel. +43 1 251 20 00, www.oeamtc.at

TCS Zentrale Hilfsstelle
Tel. +41 22 417 22 20, www.tcs.ch

Einsatzzentrale ETI
Tel. +41 58 827 22 20

Geld

Auf Anguilla, Antigua & Barbuda, Dominica, Grenada, Montserrat, St. Kitts & Nevis, St. Lucia, St. Vincent & the Grenadines gilt der **East Caribbean Dollar**, EC$, auf Trinidad & Tobago der **TT-Dollar**, auf Jamaika der **Jamaican Dollar**, auf Barbados der **Barbadian Dollar**, auf den Französischen Antillen der **Euro**, auf Curaçao und Sint Maarten der **Antillengulden/Karibische Gulden**, auf Aruba der **Aruba-Florin**, auf Kuba der **Kubanische Peso** und der **Peso convertible**, in der Dominikanischen Republik der **Dominikanische Peso**, auf den U.S. Virgins, auf Puerto Rico, Bonaire, Saba, Sint Eustasius und den Turks & Caicos der **US-Dollar**. Auf fast allen Inseln (nicht auf Kuba) kann man mit US $ bzw. US $-Reiseschecks bezahlen. Die gängigen *Kreditkarten* werden fast überall akzeptiert. An den Geldautomaten der Banken kann man per Kreditkarte oder Giro-Maestrocard Geld in der Landeswährung abheben.

Tourismusämter

Über Sehenswürdigkeiten, Touren, Feste, Sportmöglichkeiten, Hotels, Restaurants usw. informieren vor Ort die Tourismusbüros der Inseln (siehe *Praktische Hinweise* im Haupttext).

Notruf und Botschaften

Anguilla

Notruf: 911

Deutsche wenden sich an die Botschaft in *Trinidad & Tobago*.

Für *Österreicher* ist die Botschaft in *Großbritannien* zuständig: 18 Belgrave Mews West, London SW1X 8HU, Tel. 0044/20-73 44 32 50

Für *Schweizer* ist die Botschaft in *Großbritannien* zuständig: 16–18 Montagu Pl., London W1H 2BQ, Tel. 0044/20-76 16 60 00

Antigua & Barbuda

Notruf: 911, 999

Deutsche wenden sich an die Botschaft in *Trinidad & Tobago*.

Für *Österreicher* ist die Botschaft in *Venezuela* zuständig: Avenida Orinoco, Las Mercedes, Torre D & D, Oficina PT-N, 1060 Caracas, Tel. 0058/212-999 12 11

Für Schweizer ist die Botschaft in der *Dominikanischen Republik* zuständig.

Aruba

Notruf: 911

Deutsche wenden sich an das *Generalkonsulat*, Honthorststraat 36–38, NL-1071 DG Amsterdam, Tel. 0031/20-574 77 00

Für *Österreicher* ist die Botschaft in *Venezuela* zuständig (s. o.).

Für *Schweizer*: Lange Voorhout 42, 2514 EE Den Haag, Tel. 0031/70-364 28 31

Barbados

Notruf: 211

Deutsche wenden sich an die Botschaft in *Trinidad & Tobago*.

Für *Österreicher* ist die Botschaft in *Venezuela* zuständig (s. o.).

Für *Schweizer* ist die Botschaft in *Venezuela* zuständig: Centro Letonia, Torre Ing-

Hingerissen – jamaikanischer Bartender assistiert den Töchtern bei der Selbstdarstellung

Bank, piso 15, Av. Eugenio Mendoza y San Felipe, La Castellana, Caracas 1060, Tel. 0058/212-267 95 85

Bonaire

Notruf: 911

Deutsche wenden sich an das *Generalkonsulat* in Amsterdam (s. o.).

Für *Österreicher* ist die Botschaft in *Venezuela* zuständig (s. o.).

Für *Schweizer* ist die Botschaft in den Den Haag zuständig (s. o.).

British Virgin Islands

Notruf: 911, 999

Deutsche wenden sich an die Botschaft in *Trinidad & Tobago*.

Österreicher und *Schweizer* wenden sich an die Botschaften in *Großbritannien* [s. Anguilla].

Cayman Islands

Notruf: 911

Für *Deutsche* ist die Botschaft in *Jamaika* zuständig.

Österreicher wenden sich an die Botschaft in *Großbritannien* [s. Anguilla].

Für *Schweizer* ist das Generalkonsulat in *Atlanta* zuständig: 1349 West Peachtree Street NW, Two Midtown Plaza, Suite 1000, Atlanta, GA 30309, Tel. 001/404-870-20 00

Curaçao

Notruf: 911

Deutsche wenden sich an das *Generalkonsulat* in Amsterdam [s. Aruba].

Für *Österreicher* ist die Botschaft in *Venezuela* zuständig [s. Antigua & Barbuda].

Für *Schweizer* ist die Botschaft in den *Niederlanden* zuständig [s. Aruba].

Dominica

Notruf: 999

Für *Deutsche* ist die Botschaft in *Trinidad & Tobago* zuständig.

Für *Österreicher* ist die Botschaft in *Venezuela* zuständig [s. Antigua & Barbuda].

Für Schweizer ist die Botschaft in der *Dominikanischen Republik* zuständig.

Dominikanische Republik

Notruf: 911

Deutsche Botschaft, Torre Piantini, Piso 16/17, Calle Gustavo Mejia Ricart 196, Santo Domingo, Tel. 809-542-89 49

Für *Österreicher* ist die Botschaft in *Venezuela* zuständig [s. Antigua & Barbuda].

Schweizerische Botschaft, Ave. Jimenez Moya 71 (Churchill esq. Desiderio Arias), Santo Domingo, Tel. 809-533-37 81

Grenada

Notruf: 911

Für *Deutsche* ist die Botschaft in *Trinidad & Tobago* zuständig.

Für *Österreicher* ist die Botschaft in *Venezuela* zuständig [s. Antigua & Barbuda].

Für *Schweizer* ist die Botschaft in *Venezuela* zuständig [s. Barbados].

Guadeloupe

Notruf 17

Für *Deutsche, Österreicher* und *Schweizer* sind die Botschaften in *Frankreich* zuständig:

Deutsche Botschaft, 13–15 Avenue Franklin D. Roosevelt, 75008 Paris, Tel. 0033/1-53 83 45 00

Österreichische Botschaft, 6, Rue Fabert, 75007 Paris, Tel. 0033/1-40 63 30 63

Schweizerische Botschaft, 142 rue de Grenelle, 75007 Paris, Tel. 0033/1-49 55 67 00

Jamaika

Notruf: 119

Deutsche Botschaft, 10 Waterloo Road, Kingston 10, Tel. 876-926-67 28

Für *Österreicher* ist die Botschaft in *Kanada* zuständig: 445 Wilbrod Street, Ottawa, Ontario K1N 6M7, Tel. 001/613-789-14 44

Für *Schweizer* ist die Botschaft auf *Kuba* zuständig.

Kuba

Notruf: 106

Deutsche Botschaft, Calle 13 No. 652, Esquina á B, Vedado, La Habana, Tel. 0053/7-833 25 39

Österreichische Botschaft, Avenida 5ta A No. 6617, Miramar, La Habana, Tel. 0053/7-204 28 25

Schweizer Botschaft, 5ta Avenida No. 2005, Miramar, La Habana, Tel. 0053-7-204 26 11

Martinique

Notruf: 17

Für *Deutsche, Österreicher* und *Schweizer* sind die Botschaften in *Frankreich* zuständig [s. Guadeloupe].

Montserrat

Notruf: 999

Für *Deutsche* ist die Botschaft in *Trinidad & Tobago* zuständig.

Für *Österreicher* und *Schweizer* sind die Botschaften in *Großbritannien* zuständig [s. Anguilla].

Puerto Rico

Notruf: 911

Für *Deutsche* ist das Generalkonsulat in *Miami* zuständig:
Deutsches Generalkonsulat, 100 N. Biscayne Blvd., Suite 2200, Miami 33132, Tel. 001/305-358-02 90

Für *Österreicher* ist die Botschaft in *Washington* zuständig: 3524 International Court N.W., Washington D.C. 20008, Tel. 001/202-895-67 00

Für *Schweizer* ist das Generalkonsulat in *New York* zuständig: 633 Third Avenue, 30th floor, Tel. 001/212-599-57 00

Saba, St. Eustatius und St. Maarten

Notruf: 111 (St. Maarten 542-22 22)

Deutsche wenden sich an das Generalkonsulat in Amsterdam [s. Aruba].

Für *Österreicher* ist die Botschaft in *Venezuela* zuständig [s. Antigua & Barbuda].

Für *Schweizer* ist die Botschaft in den *Niederlanden* zuständig [s. Aruba].

St-Martin

Notruf: 87 88 33

Für *Deutsche, Österreicher* und *Schweizer* sind die Botschaften in *Frankreich* zuständig [s. Guadeloupe].

St. Kitts & Nevis

Notruf: 911

Für *Deutsche* ist die Botschaft in *Trinidad & Tobago* zuständig.

Für *Österreicher* ist die Botschaft in *Venezuela* zuständig [s. Antigua & Barbuda].

Für Schweizer ist die Botschaft in der *Dominikanischen Republik* zuständig.

St. Lucia

Notruf: 999

Für *Deutsche* ist die Botschaft in *Trinidad & Tobago* zuständig.

Für *Österreicher* ist die Botschaft in *Venezuela* zuständig [s. Antigua & Barbuda].

Für *Schweizer* ist die Botschaft in *Venezuela* zuständig [s. Barbados].

St. Vincent & The Grenadines

Notruf: 999

Für *Deutsche* ist die Botschaft in *Trinidad & Tobago* zuständig.

Für *Österreicher* ist die Botschaft in *Venezuela* zuständig [s. Antigua & Barbuda].

Für *Schweizer* ist die Botschaft in *Venezuela* zuständig [s. Barbados].

Trinidad & Tobago

Notruf: 999

Deutsche Botschaft, 19 St. Clair Avenue, St. Clair, Trinidad, Tel. 868-628-16 30, www.port-of-spain.diplo.de

Für *Österreicher* ist die Botschaft in *Venezuela* zuständig [s. Antigua & Barbuda].

Für *Schweizer* ist die Botschaft in *Venezuela* zuständig [s. Barbados].

Turks & Caicos Islands

Notruf: 911

Für *Deutsche* ist die Botschaft in *Jamaika* zuständig.

Für *Österreicher* und *Schweizer* sind die Botschaften in *Großbritannien* zuständig [s. Anguilla].

U.S. Virgin Islands

Notruf: 911

Für *Deutsche* ist das Generalkonsulat in *Miami* zuständig [s. Puerto Rico].

Für *Österreicher* ist die Botschaft in *Washington* zuständig [s. Puerto Rico].

Für *Schweizer* ist das Generalkonsulat in *New York* zuständig [s. Puerto Rico].

Elektrizität

Folgende Karibikinseln haben **220 Volt:** Dominica, Grenada, Martinique, St-Barths, St. Lucia. **110/220 Volt:** Antigua & Barbuda, Barbados, Curâçao, Gouadeloupe, Jamaika, St. Eustatius, St. Maarten/St-Martin. **115/220 Volt:** Trinidad & Tobago. **110 Volt:** Anguilla, Aruba, British Virgin Islands, Caymans, Dominikanische Republik, Kuba, Puerto Rico, Saba, Turks & Caicos. **220/240 Volt**: Grenada, St. Vincent & Grenadinen. **120 Volt:** U.S. Virgins. 110 Volt verlangt den US-Stecker, 220/240 Volt verlangt den GB-(UK-)Stecker.

Gesundheit

Generell ist Vorsicht beim Genuss von Eis, rohem Gemüse, Salaten und Trinkwasser angeraten. Wegen der intensiven Sonneneinstrahlung sollte man vor allem die ersten Tage besser im Schatten oder Halbschatten verbringen. Wichtig sind Kopfbedeckung und Cremes mit hohem Schutzfaktor.

Wassersportler sollten die *Ohren* regelmäßig unter der Dusche ausspülen, um Entzündungen durch Meerwasser vorzubeugen.

Vorsicht vor *Manchineel Trees!* Der milchige Saft sowie die apfelähnlichen Früchte dieses häufig an Stränden vorkommenden Baumes sind hoch giftig. An einigen Stränden wird man gegen Abend von *Strandfliegen* und *Strandflöhen* belästigt, außerdem gibt es in vielen Regionen der Karibik *Stechmücken*. Vorbeugung durch Insektenschutzmittel wird empfohlen.

Obwohl die Risiken von *HIV/AIDS* und Geschlechtskrankheiten allgemein bekannt sind, sei noch einmal besonders darauf hingewiesen, dass diese auch auf den Karibischen Inseln nicht zu unterschätzende Probleme darstellen.

Auf beinahe allen Inseln gibt es gute bis ausreichende medizinische Versorgung.

Trinkgeld

Die meisten *Restaurants* schlagen 10–15% Service auf die Rechnung, unabhängig davon erwartet das Personal ein angemessenes Trinkgeld. Bei den *Zimmerpreisen* ist oft kein Servicezuschlag enthalten, hier erhält das Dienstpersonal üblicherweise pro Person und Übernachtung etwa 1 US $. Auch *Taxifahrer* und *Gästeführer* sollten Trinkgeld bekommen.

Umweltschutz

Die Korallenriffe in der Karibik stehen unter Naturschutz, es gelten strenge Vorschriften zum Schutz der Unterwasserflora und -fauna. So ist es verboten, Korallen, Muscheln usw. mitzunehmen. Auch Harpunenjagd ist untersagt.

Zeit

In der östlichen Karibik von der Dominikanischen Republik bis Trinidad gilt die Atlantic Standard Time. Daher muss man gegenüber der mitteleuropäischen Zeit die Uhr um fünf Stunden (im Sommer sechs Stunden) zurückdrehen. In der westlichen Karibik mit Kuba und Jamaika gilt die Eastern Standard Time, das bedeutet eine Zeitverschiebung von minus sechs Stunden (im Sommer minus sieben Stunden).

Anreise

Flugzeug

Die Karibischen Inseln werden von einer ganzen Reihe von *Liniengesellschaften* angeflogen: Lufthansa, British Airways, Air France-KLM, Air Jamaica, Iberia, Cubana usw. Außerdem bieten *Charterfluggesellschaften* wie airberlin, Condor und TUIfly Direktflüge an.

Die Flugzeit von Mitteleuropa aus beträgt in der Regel etwa 10–12 Stunden.

Schiff

Man kann auch mit dem Schiff durch die Karibik reisen. Besonders beliebt sind *Fly and Cruise Arrangements*. So fliegt man beispielsweise nach *Miami* (Florida, USA) oder *San Juan* (Puerto Rico). Von dort aus starten zahlreiche Kreuzfahrt- und Segelschiffe in die Karibik.

www.aida.de, www.msc-kreuzfahrten.de, www.celebritycruises.com, www.fredolsencruises.com, www.cruise.com, www.cruisereviews.com

Bank, Post, Telefon

Bank

In der Regel sind die Banken in der Karibik Mo–Fr 9–12 Uhr geöffnet, manche auch am Nachmittag.

Post

Luftpostsendungen aus der Karibik nach Europa dauern etwa 8 Tage. Die Postämter haben meist vormittags, Hauptpostämter auch am Nachmittag geöffnet.

Telefon

Internationale Vorwahlen
Deutschland 011 49
Österreich 011 43
Schweiz 011 41
Karibik 001

Von Aruba, Bonaire, Curaçao, Guadeloupe, Martinique, Saba, St-Barths, St. Eustatius, St. Maarten/St-Martin: **00 49** usw.

Von Kuba: **119 49** usw.

Auch in der Karibik gilt: Telefonieren ist vom Hotel aus wesentlich teurer als von Telefonzellen oder Call Centers. Informationen zu Auslandstarifen gibt der Netzbetreiber/Provider. *Telefonkarten* fürs Festnetz und Mobiltelefon gibt es bei den

Telefongesellschaften und in den meisten Geschäften zu kaufen. Für Reisende mit geeigneten *Mobiltelefonen* kann es sich lohnen, eine SIM Card eines lokalen Anbieters wie Digicel oder bmobile zu erwerben, mit der man preiswert nach Europa telefonieren kann.

Einkaufen

Viele Karibikinseln verfügen über **Duty Free Shops** und **Duty Free Shopping Malls**, in denen man zollfrei Parfüm, Schmuck, Spirituosen etc. kaufen kann.

Farbenprächtige Souvenirs bieten die Kunsthandwerksmärkte (Craft Markets) und Märkte, die in den Hauptorten der Inseln stattfinden. Jede Insel hat ihre eigenen Souvenirs und Spezialitäten:

Kuba: Rum und Zigarren

Puerto Rico: Rum, Strohhüte, T-Shirts

Jamaika: Blue Mountain Coffee, Rum, Holzskulpturen, Reggae-CDs und -DVDs, Korbwaren

Grenada: Gewürze

Guadeloupe und Martinique: Blumen und Korbwaren

Antigua: Karibische Mode, insbesondere schöne Batikstoffe

Souvenirs mit kulturellem Symbolwert – Rastafari-Masken

Dominikanische Republik: Gemälde im Stil der Naiven Malerei von Haiti.

Wichtig: Weder von den Inseln ausgeführt noch nach Deutschland, Österreich und in die Schweiz eingeführt werden dürfen Schildpatt, Korallen und Muscheln. Missachtung wird geahndet.

Essen und Trinken

Speisen

Wer Vielseitigkeit, Exotik und Raffinesse liebt, wird die Küche der Karibik zu schätzen wissen. Die Einflüsse der verschiedenen Völker auf die karibische Küche sind enorm, denn jede Bevölkerungsgruppe brachte nicht nur ihre Kultur in die Neue Welt, sondern auch ihre *kulinarischen Besonderheiten*. Kolumbus kam und entdeckte, ihm folgten ganze Scharen: erst spanische Soldaten, dann englische Piraten, holländische Kaufleute, später Franzosen auf der Suche nach dem großen Abenteuer. Bereits zu diesem Zeitpunkt existierten in der Karibik viele verschiedene Gerichte und noch mehr *Gewürze*. Die afrikanischen Sklaven, die Arbeiter aus Indien und China brachten noch mehr davon aus ihrer Heimat mit. Und so kam die Karibik zu Orange und Limone (äußerst wichtig für die Rumdrinks!), zu Mango und Ackee, zu Reis, Kaffee, Zuckerrohr und schließlich zum Brotfruchtbaum, der aus Tahiti stammt.

Es gibt einige typische Gerichte, die in der gesamten Karibik auf den Speisekarten stehen: so etwa *Escoveitched Fish*, ein Fischgericht mit vielen Gewürzen und verschiedenen Gemüsen, oder *Blaff*, eine köstliche Fischsuppe, sowie die vielen mit Curry verfeinerten Fleischgerichte. Wer *Mountain Chicken* bestellt, wird allerdings kein Berghühnchen bekommen, sondern die zarten Schenkel eines Riesenfrosches, dessen Fleisch in der Tat nach Huhn schmeckt.

Auf allen Inseln gibt es auch *Callaloo Soup*, eine Suppe aus spinatartigem Gemüse, die von Insel zu Insel in Variationen auftritt: mal mit gepökeltem Schweinefleisch, mal mit Krabben, mal mit Schinken oder Ochsenschwanzstücken.

Jede Insel besitzt ihr Nationalgericht z. B. **Guadeloupe:** *Lambi* (das Fleisch der großen Meeresschnecken), **Jamaika:** *Ackee and Saltfish* (an Rührei erinnerndes Gemüse mit Stockfisch) und *Jerk Pork* oder

Jerk Chicken (gegrilltes, scharf mariniertes Schweinefleisch oder Huhn), allgemein *Jerk Barbeque*, **Dominikanische Republik:** *Sopa hamaca* (geschmorter Hummer und Fisch), **Dominica:** *Crab Stew* (mit Gemüse gekochte Krebse), **Puerto Rico:** *Pescado guisado* (Eintopf aus Fisch, Garnelen, Muscheln, Zwiebeln, Knoblauch, Kräutern und Tomaten). Auf den **Französischen Antillen** werden u. a. folgende Spezialitäten angeboten: *Acras* (in Teig gebackener Stockfisch), *Chatou* (Krake), *Colombo* (Zicklein, Huhn oder Schweineragout in Currysauce), *Oursins* (rohe Meeresfrüchte, z. B. Seeigel), *Ouassous* (Süßwasserkrebse) und *Féroce d'avocat* (Avocados mit gegrilltem Stockfisch, Maniokmehl und Piment).

Auf den Speisezetteln vieler Restaurants dominiert *Fisch* wie Red Snapper, Marlin, Thunfisch, es gibt aber auch Hummer, Langusten, Scampi und Conch (mittelgroße bis große Salzwassermuschel).

In manchen Hotels werden abends karibisch-internationale *Buffets* präsentiert. (Luxus-)Hotels verfügen in der Regel über Spezialitäten- und Gourmetrestaurants mit Köstlichkeiten aus aller Welt. Hier wird à la carte gespeist.

Getränke

Das Getränk der Karibik ist **Rum**, oft mit Eis und frischen Fruchtsäften gemixt und als *Rum Punch* serviert. Weitere beliebte *Cocktails* sind Planter's Punch, Daiquiri, Mojito, Zombie und Piña Colada.

Auf fast jeder Insel werden gute lokale *Biersorten* und eine ganze Reihe internationaler Marken angeboten. Manche Restaurants locken darüberhinaus mit exzellenten *Weinkarten*, vor allem auf den französischen Antilleninseln.

Für eine alkoholfreie Erfrischung sorgen neben der üblichen Auswahl an Softdrinks allerlei tropische *Fruchtsäfte* aus Limonen, Orangen, Maracujas, Ananas, Guaven, Mangos usw.

Festivals und Events

Jede Insel hat ihren eigenen Nationalfeiertag, dazu kommen zahlreiche religiöse Feiertage, die festlich begangen werden, und unzählige Musikfestivals. Der Termin für den *Karneval* variiert allerdings von Insel zu Insel und ist nicht immer an die Festtage vor Aschermittwoch

Ackee, das Nationalgericht Jamaikas, schmeckt wie Rührei, ist aber ein Gemüse

gebunden wie in Europa (bei der Reisevorbereitung Termine ggf. noch einmal verifizieren). Hier eine Auswahl:

Januar

Bequia: *Bequia Mount Gay Music Fest* (www.bequiatourism.com/bequiamusicfest): Drei Tage Jazz & Blues satt.

St-Barths: *St-Barths Music Festival* (www.stbartsmusicfestival.org): Ballett, Oper, Jazz und mehr – hochkarätig besetztes zweiwöchiges Klassikfestival.

Februar

Grenada: *Grenada Sailing Festival* (www.grenadasailingfestival.com): Zwei Regatta-Wochenenden ab der Port Louis Marina und am Grand Anse Beach.

Dominikanische Republik: Neun Tage *Karneval* (offiziell) bis zum Unabhängigkeitstag (27.2.), Hochburgen sind Santo Domingo und La Vega.

Jamaika: *Pineapple Cup Montego Bay Race* (www.montegobayrace.com): Alle zwei Jahre ausgetragene Segelregatta von Fort Lauderdale, USA, nach Montego Bay (2015, 2017 ...). – *Bob Marley Day*: Feiern zu Ehren der Reggae-Legende um den 6.2., Bob Marleys Geburtstag.

Februar/März

Sint Maarten/St-Martin: *Heineken Regatta* (www.heinekenregatta.com): Zweitägige Segelregatta um die Insel.

Trinidad: *Trinidad Carnival* (www.ncctt.org): Größter Karneval der Karibik mit Kostümen, Musik, Tanz, gutem Essen und ganz viel Spaß.

Februar–April

Jamaika: *Bacchanal Jamaica* (www.bacchanaljamaica.com): Musik, Jubel und Trubel um Ostern in Kingston.

März/April

Puerto Rico: *Heineken JazzFest* (www.prheinekenjazz.com): Jazz meets Musikhochschule – was für ein Genuss.

Barbados: *Holders Season* (www.holders.net): Shakespeare-Theater und meist klassische Musik in Herrenhaus aus dem 17. Jh. bei St. James.

Puerto Rico: *Carnaval Ponceño*: Beim traditionellen Karneval vor Aschermittwoch ist die Stadt außer Rand und Band.

St. Vincent: *Vincy Mas Carnival* (www.carnivalsvg.com): Bunter Karneval auf St. Vincent und den Grenadinen (März–Juni).

Tobago: *Buccoo Goat & Crab Race Festival*: Volksfeste mit Ziegen- & Krabbenrennen. *Tobago Jazz Experience*: Größtes Musikevent der Insel mit Stars wie Dionne Warwick, Trey Songz und Emeli Sandé.

Tortola: *BVI Spring Regatta* (www.bvispringregatta.org): Sieben Tage Frühlingsregatten und Festivitäten um die und auf den British Virgin Islands.

U. S. Virgin Islands: *Carnival* (www.vicarnival.com): Calypso und Steel Bands auf St. Thomas, St. Croix und St. John.

April/Mai

Antigua: *Antigua Sailing Week* (www.sailingweek.com) [s. S. 98]

Niederländische Antillen: *Koningsdag* – Geburtstagsfeier für König Willem-Alexander (27.4.) mit Umzügen, Sportveranstaltungen und Feuerwerk.

Mai

Barbados: *Gospelfest* (www.barbadosgospelfest.com): Göttliche Musik zur Freude der Zuhörer.

Cayman Islands: *Cayman Carnival Batabano* (www.caymancarnival.com): Maitanz und Paraden auf Karibisch.

St. Lucia: *Jazz & Arts Festival* (www.stluciajazz.org): Stelldichein internationaler Jazzer.

Mai–August

Barbados: *Crop Over Festival* (www.barbadoscropoverfestival.com): Großes Party-Sommerspektakel [s. S. 134].

Juni

Dominikanische Republik: *Cabarete Race Week* (www.cabaretewindsurfing.com): Turnier der besten Windsurfer.

Jamaika: *Ocho Rios Jazz Festival* (www.ochoriosjazz.com): Hier tritt auf, wer in der Szene Rang und Namen hat.

Kuba: *Ernest Hemingway International Billfishing Tournament*: Hochseeangeln wie es ›Papa‹ liebte. Außerdem: *Havana International Blue Marlin Fishing Tournament* (September) und *Havana International Wahoo Fishing Tournament* (November).

Juli

Dominica: *Dive Fest* (http://dominicawatersports.com): Schnuppertauchen, Kanurennen und ermäßigte Walbeobachtungstouren.

Jamaika: *Reggae Sumfest* (www.reggaesumfest.com): ›Mutter aller Reggae-Festivals‹ in Montego Bay [s. S. 38].

Tobago: *Tobago Heritage Festival* (www.tobagoheritagefestival.com): Tobagonians feiern ihre indianischen, europäischen und afrikanischen Wurzeln.

Kuba: *Carnaval de Santiago de Cuba* (www.santiagoencuba.com/carnaval.htm): Berühmtester Karneval in Kuba; geht über in die *Fiesta del Fuego*.

Juli/August

Anguilla: *Anguilla Summer Festival* (http://www.axasummerfestival.com): Beach Party, Parade, Bootsrennen, Calypso und Kulturnacht.

Antigua: *Antigua Carnival* (www.antiguacarnival.com): Stelzengänger, Paraden, Musik und Tanz in allen Straßen.

Dominikanische Republik: *Merengue Festival:* Im Zwei-Viertel-Takt durch Santo Domingo und Puerto Plata.

Martinique: *Tour des Yoles rondes*: Regatta-Finale der Kreuzung aus Gummibaumbooten mit europäischen Jollen.

Nevis: *Nevis Culturama Festival* (www.nevisculturama.net): Buntes Kunst- und Kulturfestival mit viel Musik.

August

Grenada: *Spice Mas* (www.spicemasgrenada.com): Karneval der Gewürzinsel.

Guadeloupe: Inselweit wird die *Fête des Cuisinières*, das Fest der Köchinnen, gefeiert, mit Prozessionen zu Ehren des hl. Laurentius und reichlich Essen.

Wie aus dem Leben gegriffen – Marktszene mit geschäftigen Händlerinnen in Acryl

St. Lucia: *La Rose Festival*: Rosenfest und Prozession von der Basilica Minor am Tag der Heiligen Rose von Lima (30.8.)

Trinidad & Tobago: *Carib Great Race*: Powerboot-Rennen von Port-of-Spain nach Crown Point.

September

Puerto Rico: *San Juan International Billfish Tournament* (www.sanjuaninternational.com): Hochseeangler wetteifern um Trophäen, Spaß haben alle.

St. Croix: *Jazz & Caribbean Music & Art Festival:* eine reine Freude für Musiker und Publikum.

St. Vincent & Grenadinen: Das *SVG National Dance Festival* ist Bühne für einheimische Tanzgruppen.

Oktober

Bonaire: *Bonaire Sailing Regatta* (www.bonaireregatta.org): Internationale Segelregatta mit Schiffsparade und Wettschwimmen nach Klein Bonaire.

Jamaika: *International Blue Marlin Tournament,* Schwertfischen vor Port Antonio.

St. Lucia: *Jounen Kweyol Entenasyonnal*: Hommage an die kreolische Kultur mit Essen, Folklore und Spielen.

Trinidad & Tobago: *World Steel Pan Festival* (www.pantrinbago.com): Internationales Steel Band-Treffen im ›Mutterland‹.

Dominica: *World Creole Music Festival* (www.wcmfdominica.com): Heiße Rhythmen u. a. im Botanischen Garten von Roseau.

November

Aruba: *Heineken Catamaran Regatta* (www.arubaregatta.com): Wettsegeln der schnellen Hochseeflitzer.

Cayman Islands: *Pirate's Week* (www.piratesweekfestival.com): Kostümspaß inklusive ›Pirateninvasion‹.

St. Lucia: *Atlantic Rally for Cruisers* (www.worldcruising.com/arc): Segeln von Gran Canaria zur Rodney Bay von St. Lucia.

Sint Maarten/St-Martin: *Concordia Day* (11.11.), Tag der niederländisch-französischen Freundschaft.

Trinidad: *Diwali* (www.diwalifestival.org/diwali-in-trinidad-tobago.html): Farbenprächtiges hinduistisches Lichterfest.

November/Dezember

Martinique: *International Jazz Festival:* spannende Plattform für internationale und einheimische Musiker.

Dezember

Jamaika: *Reggae Marathon* (www.reggaemarathon.com): Volle Distanz, Halbmarathon und 10 km in Negril. – *Junkanoo*: jamaikanisches Weihnachten (bis Neujahr) mit Musik und Umzügen. – *Christmas and New Year's Bashes*: viele Stage Shows mit Reggae- und Dancehall-Stars.

Kuba: *Festival Internacional de Nuevo Cine Latinoamericano* (www.habanafilmfestival.com): Großes internationales Festival des spanischsprachigen Films. – *Havanna International Jazz Festival* (www.jazzcuba.com): Tour über die Insel: eine Woche Jazz vom Feinsten.

Dezember

St. Vincent: *Nine Mornings Festival*: Karnevalsatmosphäre mit Steel-Drum-Konzerten, Straßenparaden und ausgelassenen Tanzparties.

Nationalfeiertage

Haiti: 1.1.; Grenada: 7.2.; Dominikanische Republik: 27.2., Anguilla: 29.5.; Turks & Caicos Islands: 30.5.; Kuba: 26.7.; Jamaika: 6.8.; Trinidad & Tobago: 31.8.; St. Kitts & Nevis:

Klimadaten Karibik

		Jan.	Feb.	März	April	Mai	Juni	Juli	Aug.	Sep.	Okt.	Nov.	Dez.
Barbados/	Sonnenstd./Tag	8	9	9	9	9	8	9	9	8	7	8	8
Bridgetown	Luft (°C) min./max.	21/29	21/29	21/30	22/30	23/31	24/31	24/30	24/31	24/31	23/30	23/30	22/29
Curaçao/	Sonnenstd./Tag	9	10	9	9	7	9	10	10	9	9	8	8
Willemstad	Luft (°C) min./max.	24/29	24/29	24/29	25/30	25/30	26/31	25/31	26/31	26/32	26/31	25/30	24/29
Dominikan. Rep./	Sonnenstd./Tag	6	6	7	6	6	7	7	7	7	7	6	6
Santo Domingo	Luft (°C) min./max.	19/29	19/30	20/29	21/30	22/30	22/31	22/31	23/31	22/31	22/31	21/30	20/30
Jamaika/	Sonnenstd./Tag	8	9	9	9	8	8	9	9	8	7	8	8
Kingston	Luft (°C) min./max.	20/30	20/30	20/30	21/31	22/31	24/32	23/32	23/32	23/32	23/31	22/31	21/31
Puerto Rico/	Sonnenstd./Tag	7	8	9	8	8	8	9	9	8	7	7	7
San Juan	Luft (°C) min./max.	21/27	21/27	21/27	22/28	24/29	24/30	24/30	25/30	24/30	24/30	23/29	22/27
St. Lucia/	Sonnenstd./Tag	8	8	9	8	8	7	7	8	7	7	7	8
Castries	Luft (°C) min./max.	22/28	22/28	22/29	23/30	23/31	24/30	24/31	23/31	23/31	23/31	23/30	23/29
Trinidad & Tobago/	Sonnenstd./Tag	7	9	8	7	8	7	8	7	8	7	7	7
Port of Spain	Luft (°C) min./max.	20/30	20/30	20/31	21/31	21/32	22/31	21/31	22/31	22/31	22/31	21/31	21/30

19.9.; St. Vincent & Grenadinen: 27.10.; Antigua & Barbuda: 1.11.; Dominica: 3.11.; Barbados: 30.11.; St. Lucia: 13.12.

Klima und Reisezeit

Auf den Karibischen Inseln herrscht tropisches bzw. subtropisches Klima. Die mittlere Temperatur beträgt 25 °C, sie schwankt nur geringfügig, doch die Spitzenwerte während der Sommermonate liegen bei über 30 °C (vgl. Tabelle). Auf den nördlichen Antillen erlebt man das ganze Jahr über kurze, heftige Regenschauer, auf den südlichen Inseln unterscheidet man in *Regenzeit* von Juni bis Dezember und *Trockenzeit* von Januar bis Mai. *Hurrikan-Saison* ist von Juni bis November mit Schwerpunkt auf den Monaten August bis Oktober, besonders häufig betroffen sind die Großen Antillen. Als *Hauptsaison* bezeichnet man die Zeit von Weihnachten bis Ostern, während der übrigen Monate ist Nachsaison – nicht zuletzt an den Preisen ist dies deutlich ersichtlich.

Kultur live

Musik und Tanz spielen in der gesamten Karibik eine große kulturelle Rolle, die Regionalmetropolen bieten darüber hinaus auch größere Theaterbühnen. Hier eine Auswahl:

Kuba: *Gran Teatro de La Habana*, Prado e/ San Jose y San Rafael (neben Capitolio), Havanna, Tel. 07/862-9473. Aufführungen des kubanischen Nationalballetts und der Staatsoper.

Jamaika: *Little Theatre*, 4 Tom Redcam Dr, Kingston, Tel. 876-926-6129, www.ltmpantomime.com. Theater, Musical und Kabarett; Vorstellungen der LTM *Pantomime* (26. Dez.–April); experimentelle Studiobühne.

Puerto Rico: *Centro des Bellas Artes Luis A. Ferré (CBA)*, Avenida Ponce de León, Parada 22 1/2 San Juan, Tel. 787-724-4747, www.cba.gobierno.pr. Kulturzentrum mit Theater, Oper, Konzert (u. a. Sinfonieorchester Puerto Rico). Und *Teatro La Perla*, Calle Isabel (Ecke Calle Mayor), Ponce, Tel. 787-843-4080. Oper, Ballett und Schauspiel.

Nachtleben

In der Karibik bieten die meisten größeren Hotels ihren Gästen ein abwechslungsreiches Abendprogramm mit Steel und Reggae Bands, Tanzgruppen und Limbo Shows. Manche Häuser verfügen außerdem über einen eigenen Nachtklub, der auch von Nichthotelgästen besucht wird. Das wahre karibische Lebensgefühl aber lernt der kennen, der sich außerhalb der Hotelanlagen ins Nachtleben stürzt. Urige bis stimmungsvolle Bars, spannende Discos, in denen man die neuesten Tanzstile studieren kann, aufregende Straßenfeste und sinnenfrohen Karneval gibt es überall in der Karibik und selbst noch im kleinsten Dorf.

Sport

Die Karibik gilt als eines der besten Sportreviere der Welt. In erster Linie kann man natürlich alle Wassersportarten ausüben: Schwimmen, Schnorcheln, Tauchen, Segeln, Surfen, Speedbootfahren, Wasserski, Hochseeangeln. Aber auch Reiten, Tennis, Golf, Parasailing, Hiking und

Ein Windsurfer pflügt durch Wasser und Luft

Biking, Kricket und Baseball kann der sportliche Urlauber betreiben.

Biking

Verleih von Mountain Bikes und Tourenrädern:

Antigua: *Paradise Boat Sales* (www.paradiseboats.com), Boot- und Radverleih

Guadeloupe: *Gwada-Loisirs*, Saint François (www.gwada-loisirs.com)

Jamaika: *Blue Mountain Bicycle Tours*, Ocho Rios (www.bmtoursja.com), *Rusty's X-cellent Adventures*, Negril (http://rusty.nyws.com/bikeshop.htm)

Martinique: *V.T.Tilt'*, Les Trois-îlets (www.caribin.com/vttilt, geführte Touren)

Montserrat: *Imagine Peace Bicycle Shop*, Brades

St. Barths: *Rent Some Fun*, Gustavia

St. Vincent: *Sailors Cycle Center*, Kingstown

Tortola: *Last Stop Sports Bike Rentals* (www.laststopsports.com)

Virgin Gorda: *3P Scooter Rental* (http://3pscooterrental.homestead.com, Roller)

Golf

Antigua: *Cedar Valley Golf Course* (www.cedarvalleygolfag.com)

Aruba: *Tierra del Sol* (www.tierradelsol.com)

Barbados: *Sandy Lane Golf Club* (www.sandylane.com)

Barbuda: *K Club* (www.kclubbarbuda.com)

Cayman Islands: *Britannia Golf Course* (www.britanniavillas.net)

Curaçao: *Blue Bay Golf & Beach Resort* (www.bluebay-curacao.com)

Dominikanische Republik: *Teeth of the Dog, Casa de Campo* (www.casadecampo.com.do)

Guadeloupe: *La Plantation Resort Golf & Spa* (www.laplantationresort.fr)

Jamaika: *Half Moon Golf Club* (www.halfmoongolf.com)

Martinique: *Golf Départemental de l´Esperance* (www.golf-club-albatros.com)

Puerto Rico: *Bahia Beach Plantation* (www.bahiabeachpuertorico.com)

St. Maarten: *Mullet Bay Golf Club* (www.stmaartengolf.com)

St. Croix: *Carambola Golfclub* (www.golf vi.com)

St. Kitts & Nevis: *Royal St. Kitts Golf Club* (www.royalstkittsgolfclub.com), *Four Seasons Resort, Nevis* (www.fourseasons.com/de/nevis)

St. Lucia: *Golf Resort & Country Club* (www.stluciagolf.com)

St. Thomas: Mahogany Run Golf Course (www.mahoganyrungolf.com)

Tobago: *Mount Irvine Golf Club* (www.mtirvine.com)

Trinidad: St. Andrew's Golf Club (http://golftrinidad.com)

Turks & Caicos Islands: *Provo Golf Club* (www.provogolfclub.com)

Hochseefischen

Die bedeutendsten Fischreviere befinden sich im Umkreis folgender Inseln bzw. Inselgruppen: Grand Cayman, Dominikanische Republik, British Virgin Islands, Kuba (Isla de la Juventud, Cayo Largo), Trinidad & Tobago sowie Turks & Caicos.

Reiten

Ausritte am Strand, über grüne Wiesen oder durch dichte Regenwälder – die Karibik überrascht erfahrene und Freizeit-Reiter. Im Folgenden eine Auswahl an Reitställen bzw. Resorts für Reiter:

Barbados: *Ocean Echo Stables*, an der Südostküste (www.barbados-horse-riding.com)

Dominica: *Rainforest Riding*, nahe Portsmouth (www.rainforestriding.com)

Jamaika: *Half Moon Club*, Montego Bay (www.halfmoon.com), *Chukka Cove Polo Club*, St. Ann's Bay (www.mysilversands.com), *Prospect Plantation*, Ocho Rios (www.prospect-villas.com)

Mustique: *Cotton House* (www.cotton-house.net)

Puerto Rico: *Tropical Trail Rides*, Carolina/San Juan und Isabela/Nordwesten (www.cottonhouse.net)

St-Barths: *St. Barths Equitation*, Ranch des Flamands, Anse des Flamands

St-Martin: *Bayside Riding Club*, Coconut Grove

Segeln

Im Traumrevier Karibik hat jede größere Küstenstadt einen Jachthafen. Übersichten zu den Marinas findet man bei: bahiaredonda.com/ip/marinas.php, www.caribbean-on-line.com/sailing/caribbean-marinas und marinas.com/browse/marina/CAR. Im Folgenden noch eine kleine Auswahl:

Antigua: *Antigua Yacht Club Marina*, English & Falmouth Harbours, St. John's (www.aycmarina.com)

British Virgin Islands: *Road Harbour*, Road Town, Tortola; *Bitter End Jacht Club*, Virgin Gorda (www.beyc.com)

Grenada: *Grenada Yacht Club*, St. George's (www.grenadayachtclub.com)

Guadeloupe: *Marina Bas-du-Fort*, Pointe-à-Pitre (www.marina-pap.com)

Jamaika: *Royal Jamaica Yacht Club*, Kingston (www.rjyc.org.jm)

Martinique: *Port de Plaisance*, Le Marin (www.portdumarin.com)

Puerto Rico: *Puerto del Rey*, Fajardo (www.puertodelrey.com)

St. Lucia: *Rodney Bay Marina*, Rodney Bay (www.igy-rodneybay.com)

St. Vincent & Grenadinen: *Lagoon Marina*, Blue Lagoon, St. Vincent; *The Yacht Club*, Admiralty Bay, Bequia (www.bequiamarina.com)

U. S. Virgin Islands: *Crown Bay Marina*, St. Thomas (www.crownbay.com); *Tamarind Reef's Marina*, St. Croix (www.tamarindreefhotel.com)

Jachtcharter und Segeltörns

Es gibt eine ganze Reihe Anbieter, die von Deutschland aus Jachtcharter in der Karibik vermitteln. Hier eine Auswahl:

Cosmos Yachting, Ungererstr. 25, 80802 München, Tel. 089/411 47 19 00, www.cosmos-yachting.de

KH + P Yachtcharter, Ludwigstr. 112, 70197 Stuttgart, Tel. 07 11/63 82 82, www.khp-yachtcharter.de

Moorings Deutschland, Theodor-Heuss-Str. 53–63, 61118 Bad Vilbel, Tel. 06101/55 79 15 22, www.moorings.com

Tauchen

Mit ihren fischreichen Riffen und dem klaren Wasser gehört die Karibik zu den besten Tauchrevieren der Welt: Zu den erstklassigen Tauchplätzen zählen:

Aruba: Barcadera Riff, Südostküste, Marine Park bei Arashi

Bonaire: Bonaire Marine Park rund um die Insel und um Klein Bonaire.

Cayman Islands: Little Cayman, Cayman Brac, Cayman Wall

Curaçao: Underwater Marine Park

Grenadinen: Tobago Cays und Molinere Reef vor Grenada

Kuba: Isla de la Juventud, Cayo Largo und bei Cienfuegos

Puerto Rico: Vieques, Culebra, Desecheo

St. Lucia: Anse Chastanet Reef, Coral Gardens, The Key Hole Pinnacles

Tobago: Speyside, Sisters, Diver's Dream, Mount Irvine Wall, Maverick Wreck

Turks & Caicos Islands: Providenciales, West Caicos, Grand Turk

British Virgin Islands: Virgin Gorda mit den Höhlen und Grotten von The Baths

Mal wunschlos glücklich sein – im Grenada Grand Beach Resort an der Grande Anse Bay

Sporthotels

Fast alle karibischen Resort und Hotels offerieren ihren Gästen zumindest Wassersport. Eine breiter gefächertes Angebot unterbreiten zum Beispiel folgende Sporthotels:

Antigua

St. James's Club, P.O. Box 63, Mamora Bay, Tel. 268-460-50 00, www.eliteisland resorts.com. Hotel auf einer Halbinsel mit zwei Stränden. Sportangebot: Tauchen, Wasserski, Reiten, Tennis und Segeln.

Grand Cayman

Grand Cayman Beach Suites, Seven Mile Beach, Grand Cayman, Tel. 345-949-12 34, www.grand-cayman-beach-suites.com. Luxushotel mit Segeln, Wasserski, Tauchen, Reiten. Auch U-Bootfahrten können arrangiert werden.

Grenada

Spice Island Beach Resort, Grand Anse Beach, St. George's, Grenada, Tel. 473-444-4258, www.spicebeachresort.com. Komfortable Anlage mit Spa und Fitness Center. Zum Sportangebot gehören Golf, Segeln, Tauchen, Radfahren und Tennis.

Puerto Rico

Hyatt Hacienda del Mar, 301 Highway 693, Dorado, Puerto Rico, Tel. 787-796-30 00, hyatthaciendadelmar.hyatt.com. Die Hotelanlage bietet Golf, Tennis, Reiten, Spa, Segelfliegen, Windsurfing, Wassersport und einen Flusswasserpool.

Sportveranstaltungen

Das ganze Jahr über jagt in der Karibik eine **Segelregatta** die nächste. Beliebte Treffpunkte für **Hochseefischer** sind u.a. Kuba, Jamaika und Puerto Rico (Event-Auswahl siehe Rubrik *Festival und Events*, s. S. 180). **Windsurfer** messen ihr Können bei der *International Windsurfing Competition* um Bonaire (Oktober), **Kiteboarder** beim *World Cup* in Cabarete in der Dominikanischen Republik im Juni.

Auch zu Lande werden zahlreiche Wettbewerbe ausgetragen. **Radsportler** treffen sich zur *Tour de la Guadeloupe* im August. **Allrounder** messen ihre Kräfte beim *Triathlon* in St. Kitts (Mai) oder Bonaire (Nov.). Marathonläufer finden sich zum *Semi-Marathon* (Nov.) in Fort-de-France, Martinique, ein oder zum *Reggae Marathon* (Dez.) in Negril, Jamaika.

Nationale und internationale **Golfturniere** richtet die Caribbean Golf Association, www.cgagolfnet.com) meist in Barbados, Jamaika oder der Dominikanischen Republik aus. Auf Trinidad steht **Feldhockey** hoch im Kurs, u. a. beim *International Indoor Hockey Tournament* (August).

Der wichtigste Zuschauersport in der Karibik ist **Cricket** (www.caribbeancricket.com). Die Gelegenheit, ein Spiel zu besuchen, Werfer und Schlagmann anzufeuern, hat man z. B. auf Jamaika, Trinidad & Tobago und Barbados.

Sprachen

Viele Völker, viele Sprachen. Auf den Karibischen Inseln gibt es neben den offiziellen Landessprachen *Spanisch, Englisch, Französisch* und *Holländisch* auch regionale, die Elemente aus europäischen, afrikanischen und südamerikanischen Sprachen beinhalten. Diese Umgangssprachen hört man je nach Insel in unterschiedlicher Ausprägung. Sehr verbreitet ist das im Wesentlichen auf dem Englischen basierende **Patois**, das ebenso wie das an die französische Sprache angelehnte **Créôle** zugleich eine faszinierende Verbindung mit den Sprachen der anderen Kolonialmächte einging, unter Bewahrung verschiedener afrikanischer Idiome. Auf den niederländischen Antillen wird **Papiamento** gesprochen, ebenfalls eine aparte Mischung aus Holländisch, Spanisch, Englisch und afrikanischen Elementen.

Unterkunft

Das Angebot an Hotels, Pensionen, Villen und Apartments in der Karibik ist riesig. Es variiert von einfach und preiswert bis zu luxuriös und superteuer. Grundsätzlich sind die Preise zwischen Weihnachten und Ostern sehr viel höher als in der übrigen Zeit des Jahres. In vielen Hotels sind die Preise flexibel, d. h. bei längerem Aufenthalt können günstigere Tarife ausgehandelt werden. In der Regel ist es günstig, Angebote der *Pauschalreiseveranstalter* wahrzunehmen, da jene generell Sonderkonditionen erhalten. Interessant sind auch Pauschalangebote (Packages) der Hotels, z. B. für Hochzeitsreisende, Golfer oder Taucher. Die *Praktischen Hinweise* im Haupttext nennen ausgewählte Hotels (ferner *Sporthotels*, s. S. 186). Zum Zimmerpreis kommen meist ca. 10–15 % *Room Tax*.

Honeymoon Hotels

Zahlreiche Hotel in der Karibik bieten spezielle Arrangements für Hochzeitspaare an. Die Preise umfassen auch die Kosten für alle Formalitäten, die Hochzeitszeremonie vor traumhafter Kulisse und das Festmahl.

Anguilla

Cap Juluca, Maunday's Bay, Tel. 264-497-66 66, www.capjuluca.com [s. S. 90]

Antigua

Galley Bay, Galley Bay, St. John's, Tel. 268-462-03 02, www.eliteisland resorts.com [s. S. 101]

Barbados

Coral Reef Club, St. James, Christ Church, Tel. 246-422-23 72, www.coralreefbarbados.com

Dominikanische Republik

Gran Bahía Principe, Samaná, Tel. 809-538-34 34, www.bahia-principe.com/BP/resorts/resort/Samana

Jamaika

Round Hill Hotel and Villas, Hopewell, bei Montego Bay, Tel. 876-956-70 50, www. roundhill.com

Puerto Rico

Horned Dorset Primavera, Apartado 1132, Rincón, Tel. 787-823-40 30, www.horneddorset.com

St. John

Caneel Bay Resort, P. O. Box 720, Caneel Bay, Tel. 340-776-61 11, www.caneelbay.com

Verkehrsmittel

Bus

Auf den meisten karibischen Inseln verkehren Stadtbusse und Busse für den Überlandverkehr. Hinzu kommen Kleinbusse und Sammeltaxis.

Mietwagen

Auf den Karibischen Inseln sind internationale und lokale Autovermieter vertreten. Einige Inseln verlangen einen Nationalen Führerschein, der gegen Vorlage des EU- oder Internationalen Führerscheins kostenpflichtig ausgestellt wird (meist von der Leihwagenfirma).

Achtung: Auf Dominica, Jamaika, den British Virgin Islands und St. Lucia herrscht wegen der britischen Kolonialvergangenheit *Linksverkehr*.

Taxi

Taxis findet man fast überall, man sollte jedoch vor Antritt der Fahrt den Preis aushandeln. Preisgünstiger sind *Sammeltaxis*, die in Städten und auf dem Land auf festen Routen verkehren.

	■ ADAC Reiseführer	■ ADAC Reiseführer plus
Ägypten	■	■
Algarve	■	■
Allgäu	■	■
Alpen – Freizeitparadies	■	
Amsterdam	■*	■*
Andalusien	■*	■*
Australien	■	■
Bali & Lombok	■	■
Baltikum	■	■
Barcelona	■*	■*
Bayerischer Wald	■	■
Berlin	■*	■*
Bodensee	■	■
Brandenburg	■	■
Brasilien	■	
Bretagne	■	■
Budapest	■*	■*
Bulgarische Schwarzmeerküste	■	■
Burgund	■	
City Guide Germany	■	
Costa Brava und Costa Daurada	■	
Côte d'Azur	■	■
Dänemark	■	■
Dalmatien	■	■
Deutschland – Die schönsten Autotouren		■
Deutschland – Die schönsten Orte und Regionen	■	■
Deutschland – Die schönsten Städtetouren	■	
Dresden	■*	■*
Dubai, Vereinigte Arab. Emirate, Oman	■	■
Elsass	■*	■*
Emilia Romagna	■*	■*
Florenz	■	■
Florida	■	■
Franz. Atlantikküste	■	■
Fuerteventura	■	■
Gardasee	■	■
Golf von Neapel	■	■
Gran Canaria	■	■
Hamburg	■	■
Harz	■*	■*
Hongkong & Macau	■	
Ibiza & Formentera	■	■
Irland	■	■
Israel	■	■
Istanbul	■	■
Istrien und Kvarner Bucht	■	■
Italien – Die schönsten Orte und Regionen	■	■
Italienische Adria	■	■*
Italienische Riviera	■	■*
Jamaika	■	
Kalifornien	■	■
Kanada – Der Osten	■	■
Kanada – Der Westen	■	■
Karibik	■	■
Kenia	■	■
Korfu & Ionische Inseln	■	■
Kreta	■	■
Kuba	■	■
Kykladen	■	
Lanzarote	■	■
Leipzig	■	■*
Lissabon	■	■*
London	■	■
Madeira	■	■
Mallorca	■	■
Malta	■	■
Marokko	■	■
Mauritius & Rodrigues	■	■
Mecklenburg-Vorpommern	■	■*
München	■	■*
Neuengland	■	■
Neuseeland	■	■
New York	■	■*
Niederlande	■	■
Norwegen	■	■
Oberbayern	■	■
Paris	■	■
Peloponnes	■	
Piemont, Lombardei, Valle d'Aosta	■	■*
Polen	■	■
Portugal	■	■*
Prag	■	■*
Provence	■	■
Rhodos	■	■
Rom	■	■
Rügen, Hiddensee, Stralsund	■	■
Salzburg	■	■*
St. Petersburg	■	■
Sardinien	■	■
Schleswig-Holstein	■	■
Schottland	■	■
Schwarzwald	■	■*
Schweden	■	■
Schweiz	■*	■*
Sizilien	■	■
Spanien	■	■
Südafrika	■	■
Südengland	■	■
Südtirol	■	■*
Sylt	■	■
Teneriffa	■	■
Tessin	■	■
Thailand	■	■
Thüringen	■	■
Toskana	■*	■*
Trentino	■	■
Tunesien	■	■
Türkei – Südküste	■	■
Türkei – Westküste	■	■
Umbrien	■	
Ungarn	■	■
USA – Südstaaten	■	
USA – Südwest	■	■
Usedom	■	■
Venedig	■	■
Wien	■	■*
Zypern	■	■

* mit Reise-Videos oder Audio-Features (abrufbar über QR-Code)

■ ADAC Reiseführer
144 bzw. 192 Seiten

■ ADAC Reiseführer plus
(mit Extraplan)
144 bzw. 192 Seiten

Foto: © Jens Wulf – Fotolia.com

Stand: 4/2013

Mehr erleben, besser reisen ... mit ADAC Reiseführern!

Register

Impressum

Chefredakteur: Dr. Hans-Joachim Völse
Textchefin: Dr. Dagmar Walden
Chef vom Dienst: Bernhard Scheller
Aktualisierung: Helmuth Meyer
Kartographie: ADAC e.V. Kartographie/KAR, Computerkartographie Carrle
Layout: Suse Uhmann
Herstellung: Barbara Thoma
Druck, Bindung: Rasch Druckerei und Verlag
Printed in Germany

Ansprechpartner für den Anzeigenverkauf:
KV Kommunalverlag GmbH & Co KG,
München, Tel. 089/92 80 96-53

ISBN 978-3-86207-114-2

Neu bearbeitete Auflage 2013

Bildnachweis

Titel: Der Petit Piton im Süden St. Lucias
Foto: Schapowalow/SIME (Danielle Devaux)

Reinhard Eisele: 170 – **Fan & Mross**: 10.2, 18.1, 153, 154.1, 155, 156, 160, 172.1 (Achterberg), 10.4, 172.3 (NN), 164 (Mross) – **Fotolia**: U4.2 (Patryk Kosmider) – **Franz Marc Frei**: 51 – **Getty Images**: 38 (S. Savenok) – **Rainer Hackenberg**: 40 – **Bildagentur Huber**: 5.1, 125 (Giovanni), 7.1, 123.1, 127 (Mehlig), 7.2 (Wh.), 8.2, 8.3 (Wh.), 16, 58.2, 60, 65, 69, 70, 73, 75, 87, 94, 98, 121, 142, 167.1, 169, 171 (Gräfenhain), 9.3, 43, 133, 135, 147.1 (Wh.), 149, 159, 172.5, 186 (R. Schmid), 10.3 (Reimer), 11.1 (Picture Finders), 50 (NN), 97 (Simeone), 110, 111 (Ripani), 129, 143, 144 (F. Damm), 175 (Kornblum) – **IFA Bilderteam**: 184 – **Rainer Jahns**: 45 – **iStockphoto**: U4.1 – **Gerold Jung**: 12.1, 12.2, 30, 31, 32, 53, 54, 57, 59, 63, 67, 83, 84.1, 84.2, 85.2, 99, 113, 116, 123.2, 157.2, 162, 167.2, 182 – **laif**: 6, 11.3, 58.1, 62, 104.2, 105, 114, 119, 126, 130.1, 151, 154.2, 157.1, 157.3, 161, 172.4 (Huber), 8.1, 9.2, 10.1, 22, 42, 55, 56, 64, 76, 78, 86, 92, 103, 117, 118, 130.2, 134, 137.1, 137.2, 140, 158 (Heeb), 9.1, 85.1, 165 (Reimer), 15.1 (Jose Goitia), 15.2 (Allpix/ Philippe Perusseau), 18.2, 21, 27, 28, 29 (Raach), 23, 35 (Tophoven), 25 (Gregor Lengler), 26 (Celentano), 34, 39 (Sasse), 71, 74, 179.1 (Gonzalez), 88 (Amme), 90 (Le Figaro Magazine), 108.1 (Bialobrzeski), 131 (Frank Heuer) – **LOOK**: 37 (NN) – **Mauritius-Images**: 48, 104 (inspirestock), 81 (Jose Fuste Raga), 82 (Peter Stone), 83, 95 (SuperStock), 100, 150 (Peter Phipp), 115 (Photononstop) – **Bildagentur online/Tips Images**: 108.2 – **Pixtal/F1online**: 33 – **Martin Sasse**: 41, 46, 180 – **Paul Seheult**: 147 – **Süddeutscher Verlag Bilderdienst (DIZ)**: 14 – **Martin Thomas**: 107 – **Dagmar Walden**: 44